ちくま文庫

古本大全

岡崎武志

筑摩書房

『古本大全』について

『古本でお散歩』（二〇〇一年）
『古本極楽ガイド』（二〇〇三年）
『古本生活読本』（二〇〇五年）
『古本病のかかり方』（二〇〇七年）

以上が、品切れになったちくま文庫における私の古本に関する著作である。二〇〇〇年代、隔年で出たことに今気づいた。私はまだ四十代。元気があったんだなあ。

ここに同文庫でまだ流通している『女子の古本屋』（二〇一一年）と『古本で見る昭和の生活』（二〇一七年）を加えれば、いかに私が古本に耽溺してきた男であるかがわかる。編著および共編著になるが、『愛についてのデッサン　野呂邦暢作品集』（表題作が古本屋小説）と『野呂邦暢　古本屋写真集』（古本屋ツアー・イン・ジャパンの小山力也さんと共編）もあるから、同じ文庫レーベルで、これだけ「古本」をテーマにした著作を持つ者はほかにいないと思う。よく飽きずに書いてきたものだと感慨があると同時に、よく辛抱して文庫にしてきてくれたものだと改めて筑摩書房さんに感謝申し上げたい。

今回、品切れとなった四冊に新稿と未収録原稿を加えて再編集し、合本として一冊にまとめることになった。私は自分の著作を振り返って読む趣味を持たず、再編集するにあたって読み返してみたが、自分で書いておきながら発見もあり、新鮮であった。とくに最初の一冊となった『古本でお散歩』は、憧れだったレーベルから本が出るということもあり、約二十年後いまになって読むと気負いが目立ち、全力投球であったとわかる。書けると思ったことは書き切ったつもりだったから、その後、次々と「古本」本が続くとは想像もしていなかった。

『古本でお散歩』が出た二〇〇一年と言えば、「ブックオフ」のような大型リサイクル古本店が生まれ、以後拡大し、ネット販売が普及し始めた時代であった。古本屋をめぐる環境がこの頃より大きく変わっていく。古本屋や古書即売会、古本市をめぐって、おもしろ本を発見し興奮するしかない牧歌的時代でもあった。じつは私の場合、その流儀は継続中である。ネットで購入することは、今にいたってほぼ皆無である（仕事で緊急に必要になった時のみ数回、利用したぐらい）。古本は古本屋で買う。これを岡崎武志商店の社是としたい。

思えばずっと、個人営業の小売店として個性的な店主が作る棚と店と向きあい、古本と対話することを無上の喜びとする人間である。この先、店売りが壊滅し（そんなことは起こりえないという確信はあるが）、古本を買うのはネットのみとなった時、私の役目は終わるし、このような情熱的「古本」本が書かれることはなくなるだろう。

古本を資料として活用するだけではなく、遊びとして楽しむ気風を持ち込んだところが、私の「古本」本の取柄ではないか。おもしろくなくちゃあ、こんなに長くは続けられなかった。この『古本大全』に娯楽としての古本の意味を納得していただけるヒントや教えが隠されている。ぜひ掘り出して刺激を受け、「ああいますぐにでも古本屋に駆け付けたい」と思っていただければ幸いである。

なお、二十年近くの懸隔を経た変化など、古びた情報についてはなるべく更新するよう心掛けたが、文章の流れ上、触らずそのままにした個所もある。この先、同様のまとまった古本に関する著作を書くこともないだろう。私の古本および古本屋とのつき合いを表す集大成のつもりで世に送り出す。

目次

第四章　愛書狂——二〇〇八年から二〇二三年の本の話　303

蟹工船ブーム／重い本・厚い本／おもしろい本はありますか？／人の命と作家の命／給付金を図書カードで／太宰治生誕百年／中公新書が二千点突破／出版社さん、神保町へ戻ってきませんか？／二〇五X年本の話／棺に納める一冊／若い人が好きな作家について／金子彰子という詩人／苦労人は裏方の「苦労」を知る／荻原魚雷と「森崎書店の日々」／「注解」小考①／好きな本を好きな人に売りたい／古書マニアの敵／本棚は「創作」だ／志が高い本・低い本／雑誌のスピリット／『赤頭巾ちゃん気をつけて』が新潮文庫に／図書館で借りるということの意義／「本」と「本屋」を巡る小説やマンガのこと／中公新書「刊行のことば」について／図書館への悪口は……／ポケミスの装丁／海文堂書店のこと／版下派装幀家のこだわり／紙の本は生きものなのだ／ヨシモトを読んでみるか／雑誌の「本屋」特集／個人の日記の魅力①——帝大生の日記／月刊小説王／肴になる本／作家の師弟関係／天才詩人ドルーエち

第一章 古本屋と古本のお作法

買った本、全部読むんですか？

古本のこと、わかってねえなあと一発でわかるリトマス試験紙のようなせりふがある。それは「買った本、全部読むんですか？」というものだ。いったい、これまで何十回、この言葉を浴びせられてきたか。

もういい加減慣れっこにはなっているが、それでも、瞬間的にうんざりして、心の中で「おめえさん、トウシロ（素人）だな」と賭場のやくざみたいな心境になる。それは、風俗嬢に向かって、「あなたはお客さん全員に愛を感じて相手をしているんですか」というようなものだからだ。

少しでも古本の泥沼に足を濡らした者なら、ぜったい吐けっこないのが、この「買った本は全部読むのか」というせりふだ。一年に古本を千冊以上買って、しかも新刊書にも手を出して、時々、著者から送られてくる贈呈本もあって、図書館から借りてくる本だってあるのに、読むわけないだろう、全部なんて。

いや、気持ちはわかるのだ。本は読むものだと思っている人にとって、読める許容量以上の本を買うのは無駄なことであると。

だからトウシロだと言うのだ。

だいたい、買った本を全部隅から隅まで読むなんてこと自体、下品なことなのだ。永江朗さんは、「本を最後まで読むのはアホである」（『不良のための読書術』ちくま文庫）、唐沢俊一さんは「古書は集めるためにあるものである。読むものではない！」（『古本マニア雑学ノート』ダイヤモンド社、のちに幻冬舎文庫）、とそれぞれ名言を吐いている。これぞ、プロというものだ。

せっかくお金を出して手に入れたのだから、読まないともったいないじゃないか、というのがトウシロの言い分だろうが、それじゃあなにかいお前さん、あんたは買った本は、本当に全部ちゃんと読んだという自信がおありかい、と脅しのひとつもかけたくなる。

「読む」という行為にも、さまざまなレベルがある。一般の人が小説を「読む」と言った場合、それはたいてい、プロットを追ったという程度のことだ。いや、それがいけないわけじゃない。ヒマつぶしの娯楽としてはそれで十分。いい趣味である。

あるいは流行ものの確認か。ベストセラーを読んでないと知人との話についていけない。だから、何が書いてあるかはだいたいすでに情報で知っているけど、一応自分の目で確認。

「あれ、読んだ？」

「読んだ、読んだ。おもしろかったねえ」

私は人並みからはずれていない。みんなと話も合った。今日一日無事で過ごせてよかったという確認。便通と同じである。

しかし、われら古本族の読み方というのは、新刊書の場合や、一般の読者とはかなり違っているのだ。

まずはタイトル、著者名を見る。ひいきの著者なら当然ひっかかってくるし、未知の書き手でも、タイトルが目を引けば手に取る。

次に装丁、造本などを点検する。「こりゃ装丁は恩地（孝四郎）じゃないか」「どうも青山二郎くさい」などと頭に浮かべながら子細に見ていく。奥付も見る。検印紙に変わったものが使われてあれば、それだけで買うこともある。

新聞や週刊誌の連載小説なら、挿絵が入ってないか確認する。目次も一通り見渡して、だいたいどんな内容かを把握する。「モダン○○」とか、東京や大阪の地名が入っているとしめしめと思う。

そんなふうに、あちこち手で観察し、目でなでながら買うことに決める。極端な話、もうその時点で元は取れているという考え方を私はする。つまり、もうその本は「読んで」しまったのだ。中身をじっくり追っていく、というのは、また次の段階の話だ。

寿司屋の職人は、入荷した魚を絞め、頭を落とし、腸を出し、骨と皮を取り除いて三枚に下ろして冷蔵ケースに収める。寿司ネタと変じた魚は、客の注文があるまで、さんざん職人の手で加工されたかたちでその時を待つ。

古本の場合、外見は何も変わらないから、入手者の加工があったことがわからない。しかし、先の品定めともいうべき「読む」行為は、職人が魚を寿司ネタに加工するのと同じなのである。それを買うと決めて、代金を支払った時点で、古本はすべて「読まれた」のだとこの際言っておきたい。

だから、今後けっして言ってはならない。

「そんなに買って、全部読む気ですか」と。

古本屋の作法指南

いろいろな店主から話を聞いてみると、本を棚から抜いて、それを同じ場所へ戻す仕草でその人が本当に本を好きなのかどうかが判るらしい。

松浦弥太郎『本業失格』
（ブルース・インターアクションズ・二〇〇〇年）

本を扱いなれていない人には、不思議に思えるかもしれないが、この話は本当です。私だってわかる。本をどれだけ愛し、幾千万冊の本を手のひらに乗せ、滑らせてきたかが、何げない所作に現れるのである。

楽器にたとえればわかると思うが、いつもその楽器を触っている人と、初めて持った人ではあきらかにそのたたずまいが違う。ミュージシャンで、平常はだらしなく、役立たずみたいに見える人が、ひとたび自分の楽器を持ったとたん、人が変わったようにシャンとし、ピタリと決まるところは想像するにたやすいと思う。

本もいっしょだ。本を扱いなれた人は、本棚の前に立って、ページをめくるとき初めてその人が格好よく見える。私もほかのことはてんで自信がないが、古本屋の本棚の前に立って、手に本を持たせればちょっとしたものだと思っている。

これだけは年季が違う。

長年、帳場から客を眺めてきた古本屋店主には、当然ながらそれがすぐわかるのである。そこで、古本屋初心者でも、ビクビクしないで堂々と古本屋とつきあえる作法を指南したい。あくびの作法を教える「あくび指南」という落語があるが、これはその古本屋版。茶道のお手前と同じく、古本道にも作法がある。それをわきまえて、古本屋回りをしないと、いい客にはなれないし、店主ともいい関係を作れない。これは古本にかぎらずどの分野でも同じだ。

傘、コートは畳んで入店すべし

まずは店の前に立ったとき。雨の日なら傘をまず畳み、水滴をよく切ってから、傘立てがあれば必ずそこへ傘を置くこと。本は紙でできている。紙は火と水が大敵だ。濡れた傘を腕にかけたまま店の中へ入ってこられたんじゃ、店主の心臓はいくつあっても足りない。

以下すべてに通用することだが、古本屋の商品である本はすべて返品不可能な、その店の財産なのだ。濡らしたり、傷めたりすると、買い取らない限り、それは強く言えば犯罪行為となる。よくよくこのことは肝に銘じておかねばならない。

また、寒い季節でコートなど着ているときはこれもできれば脱いだ方がいい。古本屋の通路は概して狭いから、着膨れしたまま本棚の前をウロウロされるのも困る。客側から言えば「私は万引きなどいたしません、ご安心を」という意思表示にもなる。同じ理由から、ナップザック、大きなショルダーバッグなども肩からはずしておこう。通路で他の客とすれちがうとき邪魔になるし、ついバッグの角で本を傷めないともかぎらない。大きな荷物は店内へ入ってすぐ帳場へ預けておけばいい。身軽になった方が本も落ち着いて見られる。

まだ、店には入ってはいけません。やることがある。風邪をひいたまま、マスクもせずに

咳やクシャミはなるべく店の外でしておこう。風邪をひいたまま、マスクもせずに店に入店に入り、「ガックション、ビャックション！」と連発された日には店主は気が気じゃない。唾や鼻水が本に飛ばないかと、心臓が早鐘を打つ。

あまり重い風邪のときは、古本屋などへ行くべきではないし、クシャミや鼻水が出そうなときはマスクをしていくべきだろう。

カップル厳禁

まだだよ、まだ入ってはだめ。

店にはなるべく単独で行こう。仲間連れやカップルで入って、本を手に取ってはベチャクチャくっちゃべっているのがいるが、店にも迷惑なら、他の客にも迷惑だ。なかにいるのです。「こないださあ、和田が電話かけてきてさ、あいつ何言ったと思う。とんでもねえの。バカじゃないかと思ってさ」などと、本とは関係ない、どうでもいい話を友人同士でしてる

輩が。（バカはおまえだよ）と私などいつも胸でつぶやいている。どうも、本好きの友人につきあって入ったはいいけど、本にはまったく興味がなくて、世間話をして場をつないでいるようなのだ。「おまえ、うるせえよ。外で待ってな」と、友人も注意してあげましょう。カップルもだめだ。

こんなジンクスがあるのだ。古本屋が店を開けて、最初に入ってきた客がカップルだと、その日は一日ダメ。まったく本が売れない。出久根達郎さんがエッセイの中でそう書いている。

よくいるのが、つきあい始めた彼女に対し、自分がどれだけ本好きで、文学にくわしいかを古本屋で滔々と講釈をぶってる男。

「大江は初期がいいよ、ノーベル賞取ってからダメだね。あ、知ってる？　大江の奥さんさ、伊丹十三の妹なんだぜ。あと、岡本かの子なんて読んでおくといいよ。やっぱ初期がいいかな。知ってる？　岡本かの子の息子が岡本太郎だよ」

おまえは区役所の戸籍係か！　と思わず突っ込みたくなる。どれだけ恥ずかしいことかわかってんのかねえ、古本屋で半可通の知識を並べることが。若気の過ちとは言え、その場をビデオテープに撮り、二十年後に見せられた日には、舌かみきって死にたくなるよ、きっと。

しかし、最近聞いた話では、このごろじゃカップルで来ても、本を熱心に見るのは女性の方で、手持ち無沙汰に身をよじりながら「よう、もう帰ろうぜ。飽きたよ」と言うのは男の方らしい。なんと、嘆かわしいことか。

古本屋は孤独になれる空間であるのがいいのだ。本棚に並んだ古い本と自分との対話を楽しむ。それが醍醐味だ。だからなるべく一人で行く方がいい。

ドアの閉め方、移動の作法

さあ、いよいよ店に入ろう。

ドアであっても、引き戸であっても、なるべくゆっくり音を立てないように開け閉めしよう。古本屋の店舗は、商店でありながらかぎりなく個人の家に近い。他人の家へ初めて訪問するときと心得は同じ。閉めるときもピシャン！　ではなく、十センチ手前くらいから、ゆっくり閉めるようにする。最後、閉まるとき、音がするかしないかぐらいがちょうどいい。まったく音がしないと、客が来たことに店主が気づかないこともあるから、十センチ手前からゆっくり閉めていって、最後に少しだけ気を入れて、チッ！　と音をたてる。

自信のない人は自分の家のドアや戸で練習しておくといい。この「チッ！」が自然に出せるようになれば一人前だ。

奥か入り口脇に帳場があって、店主の顔が見えたら、声は出さなくていいから、さりげなく会釈するのもいい。あんまり馬鹿ていねいにすることはない。頭の先を十五度ほど前に（横は変ですよ）、ペコリとやるので十分だろう。

そこまですれば「いらっしゃい」と向こうから声をかけてくれるはずだ。なかには、「いらっしゃい」を言わない店主もたくさんいるが、これも古本屋の場合は言わないことが愛想だとも考えられるわけで、けっして強要してはならない。どうしても「いらっしゃいませ」と言ってほしい人はファミレスかハンバーガー店へ行けばいいのだ。

何も卑屈になれ、と言っているのではない。ただ「おれは客だ、買ってやる」という態度では、初めから店主にケンカをうっているようなものだ、ということをいいたいのだ。

「けっして怪しいものではありません。欠点は多数ありますが、古本好きのごく、人のいい人間です。今日は、ちょっと本を拝見にまいりました。いい本が見つかったら、ぜひ買わせてもらおうと思っております」

……ちょっとそんなふうなことを口に出さず胸において、店内を巡れば、おのずと柔らかい空気が店主と自分の間を流れる。このあたりで、ほとんど勝負は決まる。

移動の際は、急激に動いたり、体を前後左右に揺すってはいけない。本棚に集中していると回りが見えないが、後ろへ下がったら、反対側の棚を見ている他の客とぶつかることはよくある。必ず前後左右を確認してから、滑るようにして移動しよう。

古本屋で気をつけねばならないことはいくつもあるが、例えば、店の中にある商品がすべて売り物であるわけではない。これがやっかいだ。

よくあるのが、本棚の前に積んである本だが、たいていは売り物ながら、たまに、未整理の本を倉庫に入れずに、そのまま床に積んであることがある。「未整理につき手を触れないでください」と、新聞チラシなどの裏に書いておいてある場合がほとんどだから心配はないが、勘定台の主人の席に近い場所に積んでいる本は、断りがなくても、手に取る場合は一言声をかけた方がいい。

それを知らずに、勝手に結わいてあった本を抜き出して、頭から怒鳴りつけられた奴がいる。これは客の方が悪いが、そやつは生まれてからあんなに大きな声で叱られたのは初めてだ、と言って店の外へ出てからベソをかいていた。お気の毒さま。

目の高さの棚にメインの本あり

初めての店で、どういう本が置いてあるかわからない場合には、本棚の目の高さ二、三段を、ひとわたり移動しながら目に入れていくといい。古本屋の棚の並べ方は、もちろん各店がそれぞれの特色や思惑によって異なるが、だいたい、人間の目の高さの棚に、売りたい本を並べるものなのだ。そこを見て行けば、だいたいその店がどのようなジャンルの、どのようなレベルの本を売ろうとしているかがわかる。

そうやって、その店のカラーをつかんだら、次には価格だ。高い、安いを言うなと、古本屋からすれば言いたくなるらしいが、客側からすればそうもいかない。ただ、口に出してはいけない。

「ギャッ！　高《た》けえなぁ。この本、どこそこの店じゃこの半分だぜ」

これを胸の中で思うのと、口に出すのとでは大違い。思うのは勝手だが、口に出すのは品位を問われる。人の家にお呼ばれして、そこの娘さんを紹介されたとき、当然の権利として遂行する心の中での美醜の批評と同じだ。

同じく、その店の値付けについてつべこべ言うことは許されない。野暮のきわみだ。いやなら他の店に行けばいいのだ。

よく本棚から片っ端から抜き出しては、売値だけ確認して、次々とまた本棚へ返していく客もいるが、古本屋からもっとも嫌われるタイプだ。本を内容ではなく、値段でしか見ない。だいたい、商品である本が出し入れすることで状態が悪くなり価値が下がる。帯が切れたらもうそれまで、という本だってあるのだ。

くれぐれも、本を棚から抜き出すときは慎重に。

古本に精通してくると、数冊を確認しただけで、だいたいその店の値付けレベルがわかるものだ。（ああ、この店はこれくらいだな）あとはその線にしたがって背表紙を見ていくだけで、だいたい値段の見当もつく。

本の抜き出しには息を止め

これぞ、と目をつけた本を抜き出すときには一旦深呼吸をして、次に息を止める。指先だけに力を入れて本を引っ張ると、一点に力が集中しすぎてカバーの上の部分が破れることがある。肘に力点を置いて、腕全部を梃子の要領で抜き出すとうまくいく。本が込み合って棚がきつくなっているときは、無理をせず、場合によっては店主に声をかけて抜き出してもらう手もある。

本を手に持ったら、中を開く前に、天地と小口の紙魚（ゴキブリの糞）や図書館、蔵書印の有無の確認も忘れずに。中を開いたら値段や奥付で出版年や初版か否かをチェックして、買う買わないの判断をして、本を閉じたとき、すぐ棚に戻すのは少し待て。表の表紙を自分に向けて、数秒見つめたあと、今度は背表紙をさらに数秒、最後にもう一度表の表紙を見てから、フンフンと軽く頭を振って、それからおもむろにゆっくり本棚へ戻すといい。

帯が歪んだりずれたりしているときは、自分のせいでなくてもそれを直し、本棚へ戻した際に、その列の本の背が一列に並んでいないときは、それもさりげなく揃えるなどの配慮もほしい。

それがすなわち本棚との対話である。

慣れるには場数を踏むしかない

古本屋の店主は、見ていないようで、じつは客の動きを目の端でちゃんと捕らえている。店内に入ってきてからの一連の行動から、その客がどの程度の古本好きか、だいたい見当がつくものである。

くれぐれも本を抜き出した同じ個所に、また戻すことが大事だ。古本屋の本棚は店主の自己表現といっても過言ではない。本の並べ方で同じ本が売れたり、売れなかったりするのだ。本の配列にはその店の浮沈がかかっている。それを、素人がいじくりまわしたあげくに、配列を狂わされたら、売れる本も売れなくなる。

「本は必ず元あった場所へお戻しください」

店内の本棚にそんな注文が貼ってあるのはそのためだ。

いろいろ本をいじくったあげくに一冊も買えないことがある。これはよくある。しかし、古本道をきわめるためには、多くの古本屋に足を運んで、とにかくたくさんの本を手にとって場数を踏んでいくしかない。

そのためには、空振りの古本巡りを重ねることもやむをえない。店主もそのことはよく知っている。たとえ買わなくても（買ってもらった方がいいに決まっているが）、客が訪れることでその店は呼吸をする。

初めての店で、気に入った本があればなるべく買おう。その際、「こういうジャンル（作家）の本を探しているんですが、ほかにはないですか」と訊ねてみるといい。古本屋はたいてい店に並べた分量の三倍は在庫を持っていると言われる。特に目録販売をしている古本屋は、別に倉庫を持っていないと商売にならない。

あなたの態度や、買う本の筋が店主の気にいれば、思いがけず値打ち本を出してくれるかもしれない。逆に、それまでの作法が悪ければ、たとえあっても「ないよ」と素っ気なく断られるだろう。

買う方も、売る方もいい気分になる。

そんな客になろう。

古本道への入口

まず私という人間が、一日に一度は、古本屋の軒先をくぐり、古本の匂いをかぎ、棚に並んだ背の文字を目にやきつけないと、身体の調子がおかしくなる人種だということを、申し述べておかねばならない。お通じのない日はあっても、古本屋へ行かない日はない。

今日は何かが出そうだと予感があると、雨が降ろうが、槍が降ろうが、宝くじの当籤券が降ろうが、一目散に「ふ」のつく楽しい場所へ駆け付ける。予感がはずれたらはずれたで、なにがしかの拾いものを見つけては腕に抱えて家路をたどるのだ。

つまり、ほとんどビョーキである。

だから初対面の人と話をしていて、どこに住んでいるかという話題になったとき、相手が「○○です」と答えたら、ついつい「あ、○○なら××書店がありますね」と、聞かれもしない所在地の古本屋を挙げてしまう。たいてい、相手は「?」という表情をし、返答に困っている。興味のない人にはまったく目に入ってこないものだ、古本屋は。(しまった! またやっちまったい)と、あわてて「パピプペパピプペパピプペポ……」などとごまかすことになる。

重度古本菌感染者である私にとってはほとんど信じられないことではあるが、ときどき、ライターや編集者のなかにも、「古本屋って行ったことないんです」などとのたまう輩がいる。「だって、人がさわった本なんてばっちいじゃないですか。本は新刊書店で買うようにしています」なんて、平気で言う。恥じらいもなく！

そんなときぼくは、「あっ、そう」と何食わぬ顔で返事はするが、心の中では（そんなに手を汚すのが嫌いやったら、宝石店にでも就職しなはれ。それから、今からお札やつり革には絶対さわったらあきまへんで）と激しく軽蔑することにしている。

だいたい、手垢で死んだ奴など過去にいないはずだ。かの谷崎潤一郎だって、「陰翳礼讃」の中でこう言っている。

われわれ（注／日本人を指す）は一概に光るものが嫌いという訳ではないが、浅く冴えたものよりも、沈んだ翳りのあるものを好む。それは天然の石であろうと、人工の器物であろうと、必ず時代のつやを連想させるような、濁りを帯びた光りなのである。尤も時代のつやなどというとよく聞こえるが、実をいえば手垢の光りである。

どうだい、これでも古本なぞ触れないと言い張るつもりかい。谷崎にケンカを売ろうってつもりかい（誰もそんなこと言ってません）。

だって、そうじゃないか。およそ、活字メディアから富を得て、活字メディアに還元していく仕事をしておいて、ここ数十年に出された本しか扱ってない新刊書店だけを相手に事足れりと涼しい顔をしているなんて、またそれを恥とも思っていないなんて、魚にさわれない寿司職人みたいなものじゃないか。雲を見ると眠たくなる航空機パイロットみたいなものじゃないか。カタカナ言葉を拒否する経済アナリストみたい……えっ、もういいですか、こんなもので。

古本屋の店主は編集者である

とにかく、これからおいおい書いてはいくが、古くは平安時代あたりから、つい昨日出版された本まで、あるいは書店には並ばなかった非売品の本までも扱うという意味で本当の意味での本屋とはじつは古本屋のことなのだ。しかも、そこには古今も東西も超越した、ありとあらゆる本の中から、店主の眼力と個性によって選ばれた本が、いかにして客の手に取らせるかを考えて並べられている。混沌の中から結晶を導きだし発光させるわけだ。つまり、古本屋の店主は編集者でもある。客は読者といってもいい。

そこのところを重々わきまえた上で、あまり古本屋になじみのない人に向けて、ぼくの知識と経験のいっさいがっさいをここに惜しみなく披露しながら、古本ツアーへみなさんをお誘いする。長いがここまでがリードだ。本編はここから。

そうはいっても、古本屋を敬遠する気持ちもわかるのだ。まずは、なんといっても古来からある古本屋というイメージがあまり芳しくない。集客をはなから無視したような素っ気ない店構え。ガタピシとにわかに動くことを拒否した入口のガラス戸。中は薄暗く、湿気とカビと埃の混じったような、独特の空気が漂う。ブンブンと低いうなりを上げて、今にも消えそうな蛍光灯。そのまわりを鱗粉をまき散らしながら飛ぶ太った蛾。正面の帳場には、この世の幸福と歓びを生まれたときから捨て去ったような、険しい顔の老人が、猫なんか抱いて座っている。背の壁には、誰が書いたか、何と書いてあるかわからない色紙額。客の気配を感じ、ずらした眼鏡から、上目遣いに、こちらの心臓を刺すような視線が飛ぶ。知らず知らずあなたの足は震え、泣き出しそうになる。

……とまあ、絵に描けば、こんなイメージを古本屋に持っている人は多いだろう。いまどき、こんな古本屋は探そうにもなかなかありませんけどね。あれば、行ってみたい。しかし、まったくないわけではない、というのもけっこう怖いが。たしかに店へ入ってきた客に「いらっしゃいませ」と声をかける店主は古本屋には少ない。これにもちゃんと理由があるのだが、ほかの一般の店……飲食店や、特にブックオフに代表される大型の古本屋に慣れた人にはけげんに映るだろう。

そこで大前提。古本屋という商売の特殊性についてお話しなければならない。脅かすわけではないが、ここのところがすとんと腑に落ちないと、なかなか古本屋といいつきあいはできない。

まず、なんといっても大事なのは、基本的に商品は委託で売れ残ったら返品が利く（例外あり）新刊書店と違って、古本屋にある商品はこれすべて、店の主人が代金と引き換えに買ってきたものだということだ。身銭を切った本なのだ。つまり、売れ残ったら返品できない。だから、古本屋にある本は、客の手に渡るまで、かぎりなく店主の蔵書に近い。売れて初めて商品となるのである。

本の扱い、立ち読み、冷やかしの客に対して、新刊書店より古本屋の方がはるかに態度が厳しいのはそういう背景があってのこと。そういうこともわからず、乱暴な本の扱い方をして平気な客が近年増えている。本の上に鞄を置く、棚から抜いた本を違う場所へ挿す、あるいはそこいらに放り出す、ページをめくるのに指につばをつける、ページを折り曲げる、必要な部分だけメモする……乱暴狼藉が極まると、桃太郎侍になって斬り付けたくなる。入ってきた未知の客に対して、つい店主の額に皺が寄ってしまうのもやむをえない。

客である以上、べつにへりくだったり卑屈になる必要はないが、人の家の本を見せてもらう、ぐらいの意識はあった方がいいと思う。事情は似ている。陶芸家の個展へ行って、陳列してある作品を、まさか乱暴に扱うことはないだろう。

古本屋は、単に古びた本を仕入れて、右から左へ棚に並べているのではない。その本がどういう価値を持つかを品定めして、ときには資料にあたって素性を調べ、汚れているカバーは拭き、破れている部分は補修し、中に鉛筆で線が引いてあれば消しゴムをかけ、半透明のパラフィン紙（グラシン紙）をかけるなどのメンテナンスを行う。けっこう棚に挿すまでに手がかかっているのだ。古本は店主の手技を経た作品でもある、とは言い過ぎか。

以上のことを踏まえて、古本屋側から見た嫌われる客を挙げてみよう。

1　若いカップル

いちゃいちゃデレデレして、本を話のネタにするだけで買わない。

「みて、みて。これ森田健作じゃない？」

「うそ、若いねえ。ハハハ、やっぱり青春って言ってるよ。バカだなあ」

（バカはお前や！）

2　風邪ひきの人

やたらくしゃみをする。それもマスクなしで、手で押さえることもしない。つばきや鼻水が本に付着しないかと気が気ではない。

3　うんちく野郎

いかに自分が古本にくわしいか、を滔々と述べる。家族や周りの人は相手をしないので、ここぞと知識を披露したがる。そして、結局買わない。

「この作家の初期作品は創元推理文庫に入ってるけど、絶版。S書房じゃ、〇万円つけてるって。無茶するよねえ。気持ちはわかるけどさあ。漫画家のKさんが、吉祥寺のF堂の均一で拾ったって自慢してました。あ、もちろん、ぼくは持ってます。その後著作集にも入ってるけどね、あのヒト、版が変わるとき、作品いじるからねえ、困っちゃうよ。まあ、気持ちわかるけど」

（ワシはあんたの気持ちがわかりまへん）

4　コートを着て、紙袋を下げている

万引きの意志はなくても、店主から見たらいかにものスタイル。気になる。

5　いばる客

お客さまは神様、お金を払えば何をしてもいい、と店や本にケチをつける。

6　百円の本に万札を出す

両替えのつもりか、少額の本一冊を買うのに万札を出して、しかも本を包んでくれと要求する。

7　値段確認魔

次々と本を抜き出し、さっと裏見返しの値段だけ見て、すぐ戻す。それを何度も繰り返し、けっして買わない。

8　子ども連れの母親

幼児を連れて店に入ってきて、あとは知らんぷりで立ち読みをしている。子どもは走り回り、泣きわめく。

9　入ってくるなり、とりあえず笑い出す客（そんなやつはいないか）

書きはじめるときりがないが、これらは特に古本屋、と限定しなくても、嫌がられる客であることは間違いない。

古本屋は時間を売る商売

もう一つ、古本屋の特殊性、ということで言えば、無目的に訪れる客が圧倒的に多いことも他の商売ではあまり見られない。いや、もちろん古本を買いに来るのだが、はっきりどの本を買う、と決めてくるケースが少ないのだ。もともと、先述したように、ほとんど無遍在といっていいほど、古今東西の広い範囲の本を扱うわけだから、一点の本を探しに来て、すぐ見つかるということが少ない。

どちらかといえば、非常に広く、大きく網を打って、その中に何か引っ掛かればいいし、何も見つからなくてもそれはそれでかまわない。客が何も買わずに手ぶらで出ていく確率が大変高いのが古本屋という商売だ。その点、飲食店とは違う。あまり、ないもんね。ラーメン屋に入って、メニューを見回した末に、今日はやっぱりやめとこう、って帰る客は。

できれば何かいいものが見つかればいいが、見つからなかったからといってがっかりすることはない。たとえ十五分でも二十分でも、古本屋の棚の前をうろうろし、背文字を追い、ときに目に止まった本を抜き出し、ぱらぱらとページをめくる。また棚に戻す。

そういった一連の動作、本棚との対話にすでに本好きの客を慰安する力があって、それはほかのどの場所でも得られない、まるで音楽を聞いているような大切な時間なのだ。古本屋のほうでも、そのことは充分わかっている。もちろん、店に来た以上は買ってほしいが、買わない客だって歓迎だ。本は、たくさんの視線で指紋をつけられることで熟成する。

古本屋へ行くという行為は、半ば、見返りのない無為な、それだけに純粋な時間を買いに行ってるようなところがある。探している本のみを追いかけて、目の色を変えて飢えた犬のように古本屋を回るのはなんだかいただけない。

さあ、ではそろそろ実際に古本屋を回ってみようか。まずはどこに古本屋があるかを知らなければならない。自分の住んでる町にだって、探せば意外なところに古本屋があったりするものだ。それを知るには地域別電話帳の「古本屋」の欄を探すのが一番手っ取り早い。そのほか、数年ごとに改訂される『全国古本屋地図』という本が日本古書通信社から出ていた（アップデイトが激しく、改訂版は休止中）。これは便利。私など、つねにこれを手元に置き、行ったことのない街の古本地図と各店の解説を読みながら、頭の中で仮想の古本屋巡りの旅に出るのが趣味だ。

また、古書籍組合がつくる「日本の古本屋」というサイト（www.kosho.or.jp）で、組合加入の全国二千七百軒の古書店が都道府県、専門分野、書店名別で検索できる。これも便利。

東京もしくは首都圏在住者なら、世界一の古本屋街・神田神保町や、東京大学前の本郷古本屋街、早稲田大学近くの古本屋街など、古本屋が固まって営業しているエリアがある。また、中央線沿線にも、各駅周辺に相当数の古本屋が集まっている。初心者は古本屋慣れするために、とりあえずこういった古本屋街をぶらぶら歩いてみるのも手だ。

店がたくさんあれば、効率よくたくさんの本に目が通せるし、また、何軒か自分と気の合った店を見つけることもたやすい。

しかし、なんといっても一度は訪れたいのが神田神保町。すごいよ、神保町。地下鉄でひと駅ぐらいの間隔のなかに、約百六十軒の古本屋が集まっている。ロンドンのチャリング・クロス、北京のルーリー・チャン、パリのセーヌ河畔と世界には名だたる古本屋の集まった通りがあるが、規模でいえば比較にならない。神保町は世界一の古本屋街である。

そもそも、地下鉄が開通するまでは陸の孤島とも言われたこの街に、なぜそんなに多くの古本屋が密集したか？　それは明治十年代に東京大学を始め、明治、中央、一橋など大学が数多く集まってきて、ここに学生街を作ったことに由来する。大学は本を流通させる水路みたいなものだから、自然と書店のみならず、出版、印刷、製本など本に関わる業種も引き寄せ、結果、同業種の密集度では並外れた街を形成することとなった。

関東大震災、高速道路建設問題、バブル時の地上げ攻勢と、何度か古本街解体の危機があったが、そのつど、「世界一の本の街」というプライドがそれらを乗り越えさせてきた。第二次世界大戦で、神保町が戦災に遭わなかったのは、ロシア生まれの日本研究家エリセーエフが、あの街が焼ければ世界的損失になると軍部に進言したため、といった「プロジェクトX」なみの逸話さえある。

神保町の古本屋はみな、この「神保町」という町名に店を構えていることへの強い自負を持っている。現在でこそ、マンガを揃えた古本屋も増えたが、ある時期まで、マンガを置くことを拒む空気がこの街にはあった。「マンガなんざ本じゃねえ！　俺の目玉の黒いうちは」なんて思っている店主はいまでも多い。

だから、よい子が住んでるよい町の普通の古本屋さんよりかなり敷居は高い。それぞれ専門性をはっきり打ち出している店がほとんどなので、軽い気持ちで「何か電車の中で読むものを」と入っていくとヤバい。いきなり畑違いの難しそうな本に囲まれ、情けない気分を味わうことになりかねない。

そこで、だ。いっそ、店内に入らないで神保町を歩いてみるといいのだ。じつは、私は仕事の関係で、週に最低一度、多い週は二度、三度とこの古本好きにとっては温泉地みたいな楽園を訪れるが、ほとんど店内には入らないのだ。それでいて、四冊、五冊と脇に戦利品を抱えてホクホクと「キッチン南海」でカツカレーなんか食ってる。

なぜに私は店内へ足を踏み入れないのか？　それはね、店頭に出ている「均一台」だけを漁って歩いているからです。バブル時には坪八千万円など言われた一等地に、百円の本が売られているというのもなんだかすごいが、ここなら恐ろし気な店主と対峙しなくてすむし、さっと見て何もなければ、次の島へ移っていけばいい。なんなら口笛を吹きながらでもいい。心の負担は非常に少ない。

それでも何を買っていいかわからないという人は、文学全集の端本あたりから攻めるといい。昭和四十年代ぐらいまでは、各出版社が競って幾種も出していた日本文学全集、世界文学全集、これがいまウソみたいに安い。たいていは著名な文学者が選定、編集にかかわり、その作家の代表作を集め、注や解説、年譜、あるいは口絵に作家の肖像写真を飾り、いたれりつくせりの実質を持っている。しかも造本はハードカバーで堅牢、いまめっきり少なくなった函入りにして二百円、三百円。

ときどき、もう軽く七十歳を超えた老人が、均一台でこの文学全集をうんうんうなりながら眺め、いまさらながら芥川龍之介集だの、堀辰雄集だのを買っているのを見るが、気持ちはわかるなあ。本の値段が高い時代に青春時代を送った人にとってはその冷遇が見るに忍びないのだ。

「こんなに内容があって、カロリー価も高くて、造本も立派な函入りの本が牛丼より安いとは……許せーん！」って。

そのほか、はっきりした専門を持つ店が、専門外の本を思いきり安くして均一台に並べるケースもある。だから、一応最初はすべての店の均一台をチェックした方がいい。慣れれば、自然にどの店とどの店を見ればいい、ということがわかってくる。

田村書店は、一階が詩書や文学書、二階が洋書を扱う良店で、作家や評論家などにもファンが多い。植草甚一、荒俣宏、鹿島茂、福田和也などがこの二階で育ったのだ。結局、店内の棚の質が良ければ、均一台もいい。また、その逆も言えて、いつも砂糖にむらがるアリのように、客が黒い頭をつきあわせて覗き込んでいるのが、田村の店頭均一台だ（現在、少し様変わりをしている）。

とにかく、最初は見たことのないような本ばかりが目につくはずで、どれを買ってよいかずいぶん迷うだろう。アドバイスは「いま、目の前でほしいと思った本を買う」としか言いようがない。そのうち、たくさんの背表紙で目を洗い続けていくうち、珍しいと思った本が意外にいくらでも目につくことに気がついたり、いつでも買えると思って見捨てた薄汚れた本が、唯一無二に近い、光り輝く名著だと知って膝をついたりするだろう。

どんな道でも最短距離を行こうとするのが間違いだ。遠回りしたり失敗したりしながら自分の道を見つける、これが本道だ。横着はいけません。私なんか、古本道においてこれまでどれだけ失敗したりむだ足踏んだり、苦い目にあってるか。同じ本を二度買うなんて初歩の初歩（といって、いまだによくやるが）、わざわざ訪ねていった古本屋が休みだったなんて序の口、探偵小説を買ったら前の持ち主がいきなり犯人の名前を一ページ目に書いていたなどは可愛いもので……もういいですか、こんなもので。

さて、古本屋という存在にある程度慣れたら、今度は、自分の買い方を見つけていく段階に入る。最初のうちは、流行や相場に左右され、あるいは著名人が紹介した本に目がいく。それはしかたない。しかし、いつまでも既成の価値に捕われていてはつまらない。品性も人相も悪くなる。人に影響されず、あくまで自分のものさしで、古本を選びたい。

西荻の某古本屋さんが言っていたが、あるとき大学生らしきアベックが入ってきて、「トンデモ本ありませんか、なんでもいいんっすけど、とにかくトンデモ本ください。いくらでもいいです」と言ったそうだ。店主は困ってしまった。「トンデモ本というのは、唐沢俊一さんたちが作ったジャンルだけれど、それを真似したって仕方がない。自分でおもしろそうな本を発見するのがトンデモ本だし、しかもそれを安く手に入れるのが楽しいのに」と悲しそうな顔をしていた。

例えばぼくは、昭和初期に出た本というそれだけの理由で本を買うことがある。犬の飼い方から玉突き術（ビリヤード）、社交ダンス、肺結核の治療法なんて実用書をおもしろがっている。そこに、モダンボーイ、モダンガールを輩出する、昭和モダニズムの鉱脈を見つけたというわけだ。現代の実用書は無用だが、昭和初年の発行、というだけで価値が生まれるのだ。

タイトルは時代をあらわす

または、昭和三十年あたりまで、やけに動物や生き物の名前をつけたタイトルの本が多いことに気がついた。それも学者や医者、新聞記者といったインテリと呼ばれる人たちやユーモア作家が書く随筆集に目立つのだ。少し挙げてみようか。

ありさか小象『象のあくび』
美土路昌一『鰐の命日』
金子健二『馬のくしゃみ』
薄田泣菫『猫の微笑』

小穴隆一『鯨のお詣り』
松波仁一郎『牛の込合ひ』
今村明恒『鯰のざれごと』
……と、これはほんの一部。どうです、なんだか楽しくなってくるでしょう。ぼくはほかにもまだまだこういう本をたくさん持っている。いまはあんまりないでしょう、インテリの著者で、こういうタイトルつける人。そうなると、ここにも、硬いと思われている人がわざと柔らかい（お茶目、と言ってもいい）タイトルをつける時代の気風があったことが古本を買うことでわかってくる。
古本屋で大正や昭和初期ぐらいの本を買い漁るまでは、ぼくもじつはそうだったのだが、なんとなく、昔の人はユーモアがなく、頭が硬そうなイメージがあった。これは学校の教科書も悪い。漱石、鷗外、谷崎、志賀といった文豪の文章ばかり載せて、『象のあくび』なんて本からは決して採用しない。中身もめちゃくちゃ楽しい本ですけどね。肖像写真だって、なんだか気難しそうな顔ばかりが並んでいる。つい、写真の上から鼻の穴を黒く塗りつぶしたり、顔にヤクザの傷を書き込みたくなる。
ところがそんなことはない。大正から昭和初期（満州事変以前）には、なんとも人を食った、洒落た本がたくさん出ている。いまは忘れ去られた大流行作家・奥野他見男という人など『おへその宙返り』『おなかの逆立ち』『蛸のあたま』と、人を食ったようなタイトルの本ばかりを出している。これは、ちょっと人に言えないでしょう。

「奥野先生、今度本を出されるそうですね、タイトルは?」

「『おへその宙返り』です」

……って。

こうして見ていくと、いま現在書かれてあるようなこと、つくられているような本の元となるアイデアは、たいていもうこのころに出尽くしていることがわかるのだ。だから、古本屋の棚を眺めているだけで、編集のアイデアがどんどん湧いてくるはずだ、という話になってくる。ネタの宝庫ですよ、はっきり言って古本屋は。

また、中央線の西荻周辺に最近でき始めた、まだ三十代ぐらいの店主による古本屋は、中央線沿線に住む編集者、デザイナー、ミュージシャン、ライターなどの関心や動向を素早くキャッチして、店主側から情報を発信するような本の集め方、並べ方をしている。棚を見ているだけで、それが伝わってくる。店名を挙げれば、興居島《ごごしま》屋、音羽館、夢幻書房、スコブル社等々(現在営業するのは音羽館のみ。盛林堂書房、にわとり文庫も営業中)。私は、今後、町の古本屋さんが生き残っていけるかどうかのカギを、これら西荻の古本屋群が握っていると思う。

もし、今挙げた古本屋を一通り回って、?も、!も、浮かばないようだったら、編集者なんかやめたほうがいいよ、本気で私はそう思う。

どう、この挑発にのるかい?

だったら、もう行くしかないよ、古本屋へ。

値段はどこに書かれているか？

古本屋を回っていると、じつにいろんなことがあるものですが……。いまでもちょくちょく出合うのが、古本屋という存在をよく知らない人たちだ。店頭の雑誌ラックから、編物関係の本をレジへ持っていった中年女性が、「〇〇円です」と、定価より安い額を言われて驚いている。または、古本の値段がどこに表示されているかがわからず、本をぐるぐる回して、あげくに店主に「値段はどこに書いてあるか？」と尋ねる人、これはけっこうあります。*1

たしかに、ほかのいろいろな商品……食品、衣類、文具それに新刊書籍などを思い浮かべても、中を開かないと値段がわからないものなどほかにあまりない。古本とは何か？　を定義づけるとき、値段が外にすぐわかるかたちで表示していないことも、条件に挙げられるだろう。本体に表示するブックオフはその点で画期的だった。古本好きにはすでに自明のことだが、よく考えてみるとこれは商法からいって、かなり特殊なことではあるまいか。そして、中を開いて値段を確かめること、心拍数を少しだけ上昇させ、そっと値段を確かめる……そのスリル。これがあるから古本屋めぐりはやめられないのだ。

古本めぐりの修行を重ねて、もうクタクタの、古漬けのキュウリやナスみたいになると、店構え、店内の雰囲気を一瞥し、棚に並んだ本を一、二冊リサーチするだけで、あとは中を開かなくてもどの本がどれくらいの値段かが、かなり高い確率で当てられるようになる。この場合、胸算用したより、安い値段がついているとうれしいわけだ。

まだ、頭で思っている分にはいいが、これが口に出るようになると危ない。

(うーん、千五百ってところかな。アッタリー!)

(こいつは八百円。八百五十か、かすったなあ)

(えっ、これが三千円。そりゃないよ、そりゃあ。高えぞぉ~ドロボウ!)

店から追い出されてしまう。

ところで、話は始めに戻って、古書価がどこに表示されているかという問題。あくまでわたしの経験に限ってだが、九割は、裏表紙をめくって右ページの右上が定位置である。ほとんどの場合、迷わずこの定位置を確かめればよい。たまに例外に当たると、どこに表示してあるかしばらく迷うこともある。

筆記には鉛筆書きという古典的方法がまだ根強く残っていて、荻窪「ささま書店」の独特の細みによる個性的な字体は、値段の表示を見ただけで、「ささま書店」の本であることがわかる(現在は値段票を添付して表示)。大阪名物、故天牛新一郎翁の鉛筆による奔放な太字は、中川一政タッチで、これもすぐに翁の字と判別できた。*2 いま思えば、どれか一冊ぐらい、新一郎翁直筆の鉛筆値段を残しておくべきだった。「ささま書店」はその後閉店したが「古書のワルツ」が引きつぎ営業中。

別に法律で決められたわけでもないだろうに、この裏表紙をめくった右上という位置を、ほとんどの店が遵守しているのは興味深い。まだ岩波書店（前身は古書店）が古書界で初めて価格表示をする前、古本には値段を表示しないのが通例だったという。この定位置を発見した古書店はどこなのだろうか。

あとの一割が、その他もろもろである。どこの古書店かは忘れたが、同じ定位置でも、右下のコーナーに鉛筆書きしてあるケース。西荻窪の「花鳥風月」（二〇二〇年閉店）さんのように、表表紙をめくった上部に値段票が貼ってあるケースもある。同じく表表紙をめくった左上に鉛筆表示するのが、三軒茶屋名物「江口書店」さん。これは非常に珍しい表示法のため、業者市に江口さんの本が流れると、それだけでわかるらしい。

阿佐ヶ谷「千章堂」[*3]さんは、文庫の値段を表カバーの袖に鉛筆書きし、買うと店主が消しゴムで取ってくれる。家に帰ってから、買った本の値段を記録しているわたしとしては、思い出せないことがあり、けっこう弱ったりするのだが……。

そのほか、数は少ないが、裏表紙に直接表示する店などもある。

自前の紙帯などを使って外側に表示する店……これはたくさんある。大阪「浪速書林」さん、大阪「三鈴書林」さん、名古屋「大学堂」さん、東京・神保町「佐藤書店」さんなどが直ちに思い浮かぶ。本棚から出し入れする度に本は傷むから、貴重な商品の防御策として当然の方法だが、値段を想像して、確かめる喜びが奪われるのが難点。

＊1　〈開業してみて、意外だと思ったのは、「この本はいくらで売っていますか」という質問をしょっちゅう受けることです。古本の値段の表示方法を知らない人が非常に多いのです。また三冊百円の均一本を見て、驚きの声をあげながら去っていく人もたくさんいます〉（刑部泰伸「駆け出し古本屋の記」／高橋輝次編『古本屋の自画像』（燃焼社）所収）

＊2　自店専用のシールを作り、そこへ書名、初版かどうかの付記、値段などを表示する店も多い。池谷伊佐夫さんの『東京古書店グラフィティ』（東京書籍・一九九六年）には、全国古書店のシールがコレクションされていて、目にも楽しい。また、デパート市や古書展へ出品している店は、そこで使った値段票が自店でもそのまま貼ってあることもある。

＊3　鉛筆書きの値段を消しゴムで消すのは、国立の「谷川《やがわ》書店」（のち、現在三日月書店になる）もそのやり方だ。

古本はねぎるな！

学生時代、京都の某古本屋で、前から欲しかった『映画事典』を発見。ところが定価から三割くらいしか値を引いていない。定価は二千円以上したから、貧乏学生だった当時としてはなかなか痛い額だった。それで、めったにやらないことだが（というか、ほとんど初めて）店主に、「これ、いくらかまけてもらえませんか」と言ったのだ。そのときの店主の対応がよかった。結果として値は引いてくれなかったのだが、手渡した本と店の売価を見ながらこう言ったのだ。

「うーん、そんなこと言《ゆ》わんと、この値段で買《こ》おときなはれ。こんなもんでっせ。ええ本や。百円、二百円引いても本がかわいそうでっせ」

そのときは、妙に納得して、その値段で買った。以後、こちらから「まけてくれ」とは一度も言ったことがない。

世の中には同じような話があるものだと思ったのは、植村達男さんの随筆集『本のある風景』（勁草出版サービスセンター・一九七八年）を読んだときのこと。「京都の古本屋」というタイトルの一文に、こんなことが書かれてあった。

「京都の街のどの辺であったか記憶は定かではないが」と前置きして、ある古本屋の棚にオーストラリアの原住民の研究書があるのを見つけた。神戸大学経済学部の学生だった植村さんは、自分の卒論のテーマ「オーストラリアの植民史」の参考書として「紙質も粗悪なまことに見すぼらしい」この本を求めることにする。

あまりに粗末な風体であることと、内容が全くポピュラーなものでないことから、私は代金を払う前にこう言った。

「こんな本、置いといても買う人はおらんのちゃうか、もちょっと勉強（注／値引き）してくれへんか？」

すると、古本屋の親父は無表情な顔を向けてやんわりと言った。「何ゆうてはりまんねん。あんさんみたいな人がちゃんと買うてくれまっさ」。この言葉に私はあまりに感心してしまい、二の句がつげず、黙って百円五枚（であったと思う）を差し出した。

よく言われることだが、新刊書店と違って、古本屋に並ぶ本はすべて店主の蔵書かつ財産で、その値付けには、深い経験からくる鑑識眼と明日の生活がかかっている。いわば、レーゾンデートルである。それを「高い」と口に出して言うのは（思うのは勝手だから、私もしょっちゅう思う）、店主を否定することでもある。どうしても欲しい本が見つかって、そのときちょうど持ち合わせがない場合でも、少しだけ前金を置いて取り置きしてもらって、また後日、残金と本を取りに行けばいいだけのことだ。

向こうに本の値打ちを決める権利があれば、われわれにも、値段が高ければ買わない権利もある。その五分と五分で渡り合っていくのが、古本屋と客の関係である。ところが、ときどきだが、本の値段をまけろと、交渉している客と出くわすことがある。そんなときは「いやな場面になったなぁ」と、少し困惑する。

某月某日、某古本屋でのこと。やっぱり、そういう場面に遭遇してしまった。

客は七十歳ぐらい。会社を定年退職して、好きな歴史の本を集めている、といった感じの痩せた老人である。店は、町の古本屋ながら、マンガやエロ雑誌を置かずに、法律、経済、国文学、歴史など堅い品揃えを主体とした、かなり歴史のある古本屋である。

さっきから店内をあちこち本を引っ張り出しながら、その老人は店主にさかんに話しかける。この本はもともとどういう由来でできた本だ、とか、これは以前どこそこで買ったが値段はこの半額くらいだった、とか、この著者はどの本まではよかったが以後はだめになった、とか物知りなのは事実である。しかし、古本屋の主人とすれば、先刻ご承知の知識ばかりであるのも事実。

横目でチラと見ると、店主はあきらかにイライラし始めている。本を買いもせず、やたら棚から引っ張り出しては講釈を並べる。たしかに、店主に成り代わって考えれば、こういう客は困る。あげくに、一冊の雑誌のバックナンバーを取り出し、やっと買うかと思ったら、「これ、なんとかならんかね」と言うのだ。そう言えば、値引きしろという意味だとわからないはずはないが、店主はさっきからのいきさつもあって、ちょっととぼけてみせた。

「なんとかならないか……とはどういうことですか？」

「いや、値段が高いので、少し下がらんかということだ」

　そこで初めて店主は、客が差し出した雑誌を点検しながらこう言った。

「これ、千円の本ですよ？」

　つまり、ここには（数万円もする本なら利益率も高いから、多少の値引きをしないでもないが、古本屋で千円しかつけられなかった値を、それ以下にはならない）という言外のニュアンスが込められている。ところが、客はそのニュアンスに気づかぬか、気づかぬふりをしているのか、なおも「もう少し安ければ買えるのだが……」とダメを押す。

　この瞬間、店内にピンと緊張の糸が張った。（こりゃあ、店のおやじ、おこるな）

　そう思った直後、「まあ、それじゃあ、気持ちだけ百円、引かせてもらいましょうか」の声。

　よく言ったぞ、おやじ。思わず膝を叩きそうになりましたが、こんなところでいきなり膝を叩けば変人だ。我慢をした。

「それじゃ……」と客が言い、交渉成立かと思いきや、客はその雑誌を引き取って、もとの棚に返して、また別の本を見始めた。

　そのときの店主の顔といったらなかった。

「千円の本をいったいいくらにすれば買うというんだ！」

　そういう、怒りと恥辱と困惑が混在した、複雑な表情をした。いまは亡き、西村晃が演じれば、さぞうまくやったろうと思える場面だ。客は三木のり平か……。いいなあ、役者だなぁ。こういうドラマが拝めるのだから、古本屋めぐりはやめられません。

ただ、何度も言うが、けっして値切っちゃいけませんよ。植草甚一が、よく古本の値を自分で書き換えたというエピソードは有名だが、あれは植草とその店の信頼関係があって成り立ったことで、普通は違反である。

よくしたもので、店によっては、こちらから申し出なくても、「少しですがお引きしておきましょう」と、向こうから値を下げてくれることだってある。それがたった一割とか二割であっても、それはそれで妙にうれしいものである。

東京・武蔵野市吉祥寺の「藤井書店」の二階、こけしに囲まれた藤井正さんは、よく値段を引いてくれたものだった。もともと値付けは安い店だったのだが、それでももっと安くしてくれた。これまで述べてきたことと矛盾するようだが、それだけで「藤井書店」はいい店だと思ってきた。

どことは言わないが、長らく棚にあって売れない本は、機を見て値段を下げる店もある。要するに、古本屋と一口に言っても、やりかたはいろいろなのだ。そのどれが正しい、間違っているということではない。古本の値付けと同じく、各店主がそれを信念として経営しているからだ。何度か通ううち、その店の方針や、店主の人柄が次第に見えてくる。その店の個性を知ったのちに、それぞれに合わせた付き合い方をすればいい。

友人を作るときとアプローチの方法は同じだ。

本を売るのに王道なし

「書物を売るという事は、書物を買うのと同じように人間を賢くするものだ」

薄田泣菫は『茶話』のなかでそう書いた。

名言である。

わたしが毎月買う本の量は、ざっと古本で約百冊、書評用に送られてくるものも含めて新刊で約五十冊ほど。もっと増える月も、この半分の月もある。しかし、確実に年に千冊は増えていっていると思う。スチール五段本棚（一段に前後二列で本を置くやり方で約三百五十冊）に換算すると、年に三本ずつ増えていることになる。五年たてば十五本の本棚が……ゾゾー（背筋が寒くなる音）。

これはピンからキリまでいる物書き業者では標準、もしくはまったく大したことのない数字だと思う。比べるもおこがましいが、井上ひさしさんが寄贈した蔵書を中心に、山形県の南部にある故郷の川西町に図書館（「遅筆堂文庫」）が建てられたが、その寄贈した本の数が約十三万冊。町の小さな図書館の蔵書数がだいたい三万冊と言われるから、その並はずれた規模がわかる。

書店や出版など、本まわりの事情にめっぽうくわしいライターの永江朗さんにして、蔵書は本棚六本分に限り、新しく買った本をその本棚へ残す場合は、それまで買ったものから要らない本を処分するという方法を取っている、と『不良のための読書術』に書かれている。たしかに、蔵書数が二千を超えると、個人の管理能力の限界を越えるようだ。そうなれば、我と我が身のため、本は処分するしかない。つまり、「捨てる」か「売る」しかないのだ。

上京の際に二度に分け処分

ところが、この本を売るという行為がなかなかに難しい。書評用に送られた本や、取材の資料用として買った本などは、すんなり処分用の場所（わたしの場合、玄関脇の靴箱の上）に積まれる。これは三十冊、四十冊と溜まった時点で、近くのチェーンの新古本屋さんへ持ち込む。駐車場があることと、いついかなるときも即時に評価してもらえる点が利点である（少し古くなったり、汚れがあると引き取ってもらえない、もしくは十円ぐらいになってしまう）。まったく中を開いていない新刊も含まれているので、だいたい定価の一割ぐらいで引き取られる。これは本を売ることへの気持ちの負担は少ないケースだ（現在は知り合いの古本屋さんに引き取ってもらっている）。

そのほか、引っ越し時などに大量処分をする。

十年前に大阪を捨て、東京へ出てくるとき、蔵書を二回に分けて大量処分した。それでもまだ、二・五トントラックにほとんど荷物は本だけという状態だった。最初は未練たらしく、せっかく処分と決めて壁際に分けた本を、また床にしゃがみこみ読み始めて、また元に戻すこともあった。しかし、それでは一向にらちがあかず、ほとんど目をつぶるように本を積み上げ始めた。個人全集の端本だけでもかなりあったが、個人全集を読むというのがどうも性に合わなく、志賀直哉、太宰治、小林秀雄、外村繁、吉田健一、花田清輝など、いずれも不揃いながら、思い出すだけでもかなりの量をエイヤッと手放した。引き取りに来た古本屋さんは、「これ、ちゃんと揃うてたらエエ値になるんやけどなあ」と言ったものだ。

それでも二十箱ばかりを廊下に積み上げ（部屋の中は乱暴狼藉を極めていて作業ができない）、全部で十二万円ぐらいになった。百円の均一台で拾った古い文芸書も多く、それらには値はつかなかったろうと思う。エレベーターなしの四階という苛酷な部屋に住んでいたので、古本屋が本のつまった箱を階下まで降ろすのを手伝った。

しかし、少し落ち着いて本の整理をし始めると、二十箱分はどこに入っていたのかと不審に思うくらい、蔵書が減った感じがしない。これではだめだと、一週間ほど間をおいて、再び同じ古本屋さんに参上願った。このときもエイヤッ、エイヤッと二十箱近く処分した。今度は、要するに前回の取りこぼしということで、本としてはあまりいいものはない。まあ、前回の半分として五万か六万と値を踏んだら、なんと「二回目はやっぱりアカンなあ。勉強して一万五千円かな」というのである。その場でヘナヘナと腰を抜かしそうになった。いま冷静に考えれば納得する部分もあるのだが、本を売って引っ越し費用を出そうと目論んでいたわたしとしては、これには参った。しばし放心し、今度は本を一階まで降ろすのを手伝わなかった。かわいそうに、古本屋さんの店員は帰り際にあいさつに来たときヘロヘロになっていた。

しかし、これで本は半減した。そうして大手の引っ越し会社に見積もりを頼んだところ、五十万円と言われて仰天。蔵書をすべて売っぱらってもまるで届かない。さてどうしたものかと思案し、そのことを大学時代の友人に話すと、「よっしゃ、おもろい。おれがレンタカー借りて東京まで行ったる」と言って、本当に東京までトラックを運転して引っ越し荷物を運んでくれた。なぜか彼は中型の免許を持っていた。だから運転は交替なし。全行程を彼ひとりで運転した。

行きに荷物を積み込むときは大阪の友人たち六、七名を動員したが、東京では知る人もなく、その友人とたった二人で段ボール箱八十個からの本と家財道具を降ろした。終わったのはその日の深夜で、倒れるように床の上で仮眠を取った翌朝、レンタカーを返すために友人はそのままトラックに乗り込み帰阪した。ゲルピン（金欠）だったわたしは、彼にちゃんとした礼もできなかった。

いま、そのことを振り返ってみて、友人が住む方角へ向かって直ちに頭を下げたくなってくる。どこの誰がわたしごときに、無報酬でそんな徒労のまねをしてくれるだろうか。例えば、わたしだったら断る。ありがたいと思う以上に、彼の底抜けの善意に驚くばかりである。

少し本稿の趣旨とズレたが、ここで改めて礼を言っておこう。

井上敏郎よ、ありがとう！

古本屋は本など見ない

その後も、上京してから一度、また引っ越し費用を捻出するため大量処分をしている。このときは神保町の大きな古本屋さん（会社と言っていい）に来てもらった。今度は、前回の経験を生かして、雑本や雑誌類、古い色あせた文庫はすべてゴミとして処分した。キネマ旬報のバックナンバーが約百冊ほど、その他、小型本になってからの「宝島」、集英社の美術全集などもすべて数回に分けてゴミとして出した。*1

今回は、大学時代に集めた美術関係の評論や、文芸評論などを売ることにした。特に美術評論はスチールの本棚に二本はあったのを、そっくりそのまま売り飛ばした。買い取りに来た番頭ふうの店員が言った言葉でふたつ覚えているのは「評論が多いですね。小説はお読みにならないのですか？」と、「これは店に戻ってから、値のつけがいがあります」。なかなかの買い物だったという意味だろう（これは三十年前の話。現在はまったく値の付かない分野だ）。

「ユリイカ」と「現代詩手帖」のバックナンバーもかなり揃っていたが、これもそっくりそのまま売り飛ばした。段ボール箱は使わず、この店はヒモで束ねる方式だったので、どれくらいの冊数があったか不明だが、全部で十七万円になった。このときのぼくの皮算用が四、五十万円だったから、かなり低めの額だったがいたしかたない。これはもうそういうものだとあきらめた。

その後に二回、合計四回の大量処分を経験して言えることは、古本屋さんは、本を一冊一冊手に取って評価したりはしない。いくつかのグループに素早く本を仕分けし、二十冊から三十冊ほどの本の塔を作り、あとは背表紙を、というより冊数をざっと数えただけで、メモ用紙に素早く数字を書き込む。[*2]
「えーと、これが〇〇〇の小説で、まだ文庫にはなっていない。一応初版か。定価が千八百円ね。そうすっと、まあ三百円ってとこかな」……なんてことは言わないのである。最初に処分したときには、このことに一番面食らった。古本屋さん側から言わせれば、本当はそこまでしなくても、一分ほどざっと見渡せばおおよその値段が出て、それは一冊一冊見て出した値段とほとんど変わらないという自信があるのだろう。たぶんそれはそのとおりだと思う。しかし、売る方にしてみれば、その一冊一冊ごとに違う値段を払って、一冊一冊ごとに買ったときの思いがあるから、つらいものがあることも確かだ。

出久根流古本処分術

さらに言えば、大量処分というのが、そもそも本の売り方としては下手なのだ。月刊・文庫情報誌『IN★POCKET』(講談社・一九九八年十二月号)で、逢坂剛・出久根達郎・関口苑生の三名が「本と闘う人々」というタイトルで鼎談を行っている。これが増え続ける本に苦労している人間にはおもしろい。関口が文芸書を中心に、約三千冊を売ったところ、〈古本屋はいちいち本を見ないんですね。「何本ありますか？　あっ、百三十本（注／二十三、

四冊ずつ縛った束)」、それで電卓をはじいて「四万円でどうですか」〉

処分した古本屋さんの名前を聞いて、出久根は、〈ああ、とても良心的なところですね。でも関口さん、いまはそういう時代なんですよ〉と慰めた。なおも出久根は、ふだん自分が客から本を買い取りする側らしく、大量にまとめ売りをするのは客の損だとアドバイスする。〈関口さん、いっぺんに処分してはダメ。小出しが基本。古本屋だって、一度に三千冊の手間は大変なんです。ほんとは五百冊くらいを何度かに分けるんです〉

処分していい本、いけない本については、こう言っている。〈自分が目を通したもの、読んだ本はとにかく処分してはダメ〉

普通の感覚とは逆である。なぜか？

〈目を通していない本はその内容を思い出しようがないから、あとで資料にすることがない。ところが一回目を通してしまうと、あの本のあそこに書いてあったというように、ふたたび必要になるんです。（中略）これは鉄則です。本を売る売らないの目安は、まず雑本を売るな、一回読んだ本はできるだけ売らない〉

うーん、これは卓見です。やはり本職の言葉は違います。

しかし、現実的に言えば、まだ読んでいない本というのは売りにくい。いつか読もう、いつか読もうと思ううち月日はたって商品価値はどんどん下がっていく。これがおおかたの読書人が抱える煩悶ではないか。

理想を言えば、一度読んで用なし（じつはほとんどそうなのだが）の本や、買ったがパラパラめくっただけで、向こう一年の間に読む可能性が低い本は、その足で売りさばくことだ。少し部屋に滞留した本は、ジャンル別に分けて、五十冊単位ぐらいの量で、そのジャンルに強い古本屋へ売る。これがもっとも利口な売り方だと思う。結果、自分が考えた評価より低くても、それはしょうがない。この本を手放すと決めたときから、もうその本とは縁が切れたのだ。

それでいいのだ、とわたしは思っている。もともと利殖のために本を買うわけではない。あくまで本を買うという行為そのものから始まる、ほかのことに代え難い楽しみなのだ。よく酒飲みが外で飲むことを、「ウチで飲めば安くつくのに、なんでわざわざ高い金払って外で飲んでくんだい」とカミさんに叱られるのと似ている。そうは計算ずくでうまく行くもんか。ねえ、みなさん。

ただ、本の売り方で、ほとんど唯一感心したのは、詩人で評論家の安東次男の場合だ。篠田一士『読書の楽しみ』（構想社・一九七八年）に紹介されている話だが、安東は篠田が知るかぎり二度の大きな蔵書処分をしており、終わったあと「なにもかもなくなって本当にさっぱりしたよ」と言ったという。篠田によれば、安東は「一番大事なものから手放す」のだそうだ。なるほどすごいなあ。

安東のところに出入りしている古本屋さんが、篠田の家にも来て、ふとしたきっかけで安東の噂をしたところ、こう言った。「それにしても、安東先生はすごいですね。あの方が本をお出しになるときは、気魄がみなぎっていて、買う方がこわくなります」

まるで果たし合いである。

このすさまじい本との訣別を、篠田はこう分析している。

〈文学がそこにあった、いや、あると思っている本をすっかり手放すことによって、もう一度初心にかえろうという狂気。それをたえずくりかえすことが、まさに文学の業ではないかということで、その勇猛果敢な実践家が安東さんなのである〉。

古本屋さんが明かす買い取り法

次に、業者側が明かした、本の買い取り値のつけかたを紹介しておく。東京都杉並区西荻窪の「よみた屋」[*3]さん作成の「西荻窪古本屋MAP」の裏面に、「古本Q&A」という初心者向けの案内が載っている。

Q　本の買い取り値はどうやって決まるの？

Q　古本の市場ってなに。私たちも入れるの？

Q　売値はどうやって決まるの？

の三つの問いに、ていねいな説明がされている。

うち、最初の質問の答えを以下引用する。

買い取り価格の決め方は、それぞれの店によって違うと思うので、以下の話はよみた屋の場合に限ってのことです。

まず、持ち込まれた本を、市場へ出品するもの（A）・自店で売るものに分けます。実際には、とりあえず店に置いてみるけれども、売れなかったら出品するという本もありますがそれは自店扱いとします。店で売る本は、店頭の均一および外に置く雑誌（B）・定価の半額以下で売るもの（C）・定価の半額を超える値段で売るもの（D）・定価以上で売るもの（E）の四種類に分けます。

AとEは市場の値段の半額程度で買い取りします。Bは売値の一割で買い取りします。Cは売値の三分の一前後、Dは売値の半額程度です。汚れやセットものの不揃いなど、売れ行きの悪そうなものは、そのぶん買い取り値が下がります。

古本屋の買い取り方法は、いわば企業秘密でなかなか明るみに出ないだけに、買い取り側からのこういう公開は貴重だし、とても参考になる。

客から買った本が、すべてその店の棚に並ぶのではない、ということを知らない人も多いだろう。これは先の質問の二番目に説明されているが、業者の組合に加入している古本屋は、業者同士で交換会をしているのだ。例えばそこでは、自分の店の専門外の本を仕入れたとき、出品すると、それぞれの専門店が入札するので思わぬ高値になる可能性もある。古本屋の仕事は「売る」ことより「買う」ことだ、というのはここを指す。

また初心者が勘違いしやすいのは、本を売るとき、「だいたい定価の何割ぐらいで引き取ってもらえますか？」とよく質問している場面に出会うが、極端な話を言えば定価など関係ないのだ。古本の値段はつまるところ需要と供給の関係のうえに成り立っている。箱入りの、とても豪華な句集で、定価が五千円ついていても、それは店頭の百円均一の台にほうり込まれてしまう。つまり自費出版に近い歌集・句集・詩集などほとんど需要がないからだ。逆に、実家から独り立ちして、いまは妻子と暮らす息子の勉強部屋を母親が整理していたら、押入れの奥から、およそ二十年前の古いヌード雑誌（『ＧＯＲＯ』『スコラ』等）が出てきた。母親の反応はたぶんこうだ。

「あのバカタレ。こげなものを。ほんま、いまどき廃品回収も持っていかんわ、こんなお下劣な雑誌」と悪態をついて燃えるゴミの日に出してしまう。

ちょっと待った！　いまやこの手の古いヌード雑誌は、有名女優や歌手がその昔、事務所のいいなりになって脱いだ、貴重なヌード写真が収まっている可能性があるのだ。それらのなかには、一万円近く値がつくものさえある。

ことほどさように、本に限らず、中古売買の業界は商品価値の基準が広範かつ複雑である。わたしの経験から言えば、刊行されて三カ月以内の、まだ新刊書店で並ぶピカピカ本と、逆に、母親が見て「こんな汚い本、捨ててしまい」とケナされた本は見込みがある。本当に、単に汚いだけで、一銭の値うちもないものがほとんどだろうが、万が一ということもある。自分でわからなければ店に尋ねてみることだ。

＊1　いま、この時処分した「宝島」を買い戻している。バカみたいだが、仕方がない。そういうものなのだ。
＊2　のちに、古本屋の業者による交換市を取材してわかったのだが、業者市では本を二十〜三十冊の束にして評価するのだ。
＊3　「よみた屋」はその後移転。現在、武蔵野市吉祥寺南町二—六—十で営業中。

美本VS補修

古本好きの中には、美本完品主義の人が多い。

函、カバー、帯にこだわることはもちろん、古書目録の表示を見ていると元セロ、元パラこれは、発売された当時に使われていたセロファン、パラフィンがそのまま残っているの意味。背少し破レ、背焼ケ、経年の劣化など暗号のような表示もある。表紙カバーの少しの傷み、もっとも陽に焼けやすい背表紙が変色していることが、美本、完品主義の人には許せないのだ。

つまり、発売されたそのままの状態であることがもっとも貴ばれる。できるなら、新刊書の段階で、製本所から出荷する前に入手し、真空パックして冷暗所で保管したような本がいいのだ。

その気持ちはわからないでもない。私だってきれいであれば、それに越したことはない。また、古本を利殖の対象にしている人にとっては、状態が完品、極美本であることは死活問題だ。

しかし、私などは、あまりにも神経質な美本主義の人に対してはやや距離をおく。

一度、古書マンガのマニアを取材した時に、いやはや美本マニアとは大変なものだと思った。コレクションの中から、手塚治虫の非常に希少なお宝マンガを見せてもらうのに、彼はやおら部屋のカーテンを閉め、本を触るときには、おごそかに白い手袋を嵌めた。もちろん、私ごときには指一本触れさせてもらえなかった。顔を近づけてしゃべるのも厳禁。なぜって、

「ツバが飛ぶだろ」

ですと。

冗談を言ったのかと思って笑う用意をして顔を見たら真剣そのもの。笑いかけた口の両端をあわてて引き締めた。

いいよ、もう……喉のところまで出かかった言葉を、ピンポン球ほどの空気をゴクリと飲み込んで、後は事務的にさっさと取材を済ませた。

このことを裏返せば、本の状態をあまり気にしなければ、いくらでも安く手に入るということになる。状態が落ちれば、それだけ古書値も下がるからだ。少しでも安く、たくさん古本を買いたいレベルの私としてはありがたいことだ。

「函なしでっせ」

「ええよ、函くらい。中身があるがな」

「カバーが破れてまっせ」

「かまへん、かまへん。これもまた縁や」

「奥付が切れてまんねん」

「よろし、よろし。欲しい奴にくれてやりましょ」

「ゴキブリの糞が小口にこびりついててどもならん」

「ペーパー（紙やすり）でこするがな」

「これはなんぼなんでもあきまへんやろ。本体がおまへん、函だけ」

「なんの、なんの。読む手間はぶけて大助かりや」

難ありのために値段が安い本は大歓迎。むしろ、少し破れてたり、ほつれてたり、函が壊れたりなど、ガタがきている本を持ち帰り、さまざまな手で補修するのが、これはこれで楽しいものなのだ。

私の古本補修七つ道具は以下の通り。
・ハサミ
・消しゴム
・木工用ボンド
・シールはがし
・紙やすり
・和紙
・パラフィン紙（グラシン）
まず、本についた埃や汚れはティッシュペーパーや布でふき取る。縁などについた汚れは消しゴムでこするとよく取れる。表面にコーティングされた本の場合は、ぬるま湯で作った石鹼水をガーゼにふくませ、優しく拭いてやると見違えるようにきれいになる。

それでも取れないものについては、やや乱暴だがなるべく細かい目の紙ヤスリでこすってやる。天地や小口の汚れたものでも、ていねいに紙ヤスリをかけてやると、元の初々しい紙の白さがよみがえる。

紙という素材は不思議なもので、長い年月の風化で摩滅したり、毛羽だったり、脂や埃がつくことで、表面の肌合いがソフトになる。手によく馴染むように変質するのだ。

表紙カバーが破れていたり、函が壊れている場合は、百円均一でも買えるような木工用ボンドが活躍する。一般的なノリより使い勝手が良くて、最初は白いが、しばらくたつと透明になるので、函の補修などには最適。跡が残らないのである。水性と速乾性があるが、後者の方をおすすめする。徳用サイズは一度に必要以上に出てしまったり、容器が大きいため使いづらい。ここはケチらず五十グラムの小型を買おう。

カバーが破れていたりする場合は、裏から紙を適当な大きさに切って張り付けるのだが、この場合の接着剤も木工用ボンドがいい。紙は和紙がいい。紙屋で買ってきてもいいが、古い和本で格安のものを買って、それを使う手もある。洋紙に比べて糊のつき具合がよく、丈夫で変色しない。

言っておくが、セロハンテープは絶対禁物。便利は便利なので、ついチータカチータカ貼ってしまうが、何年かすると変色し剝がれる上に貼った跡が茶色くなり、これはどうやっても取れない。見た目にも非常に汚い。目録でも、必ず「セロハンテープ補修跡あり」と明記されるほど忌み嫌われている。外国の古書店のサイト目録を覗いたら、やっぱり同じように「セロハンテープ補修」と記載があった。事情は海外でも同じらしい。

　本の補修に関してセロハンテープは百害あって一利なし、と言っておく。むしろ一時的な補修ならメンディングテープの方がいい。

　また、壊れた本を補修することで、本がいかにして作られるか、その造本の仕組みが分かったりもする。「おお花ぎれってこんなふうについてるのな」とか。これも、美本主義では得ることのできない副産物だ。

「シールはがし」とは、その名のままにスプレータイプのものが市販されている。新古本屋などに多いのだが、スーパーと同じく、価格表示をラベル（シール）で打ってある場合がある。これも爪ではがそうとすると途中で破れる、下の本体まで傷つけるなどロクなことはない。腹立たしい限りのものだ。

　これが「シールはがし」スプレーを上からシュシュと吹きかけた後、数分待って、端っこからちょっと爪の先で触ると、魔法のようにきれいにはがれる。少し糊の跡が残っても、液で濡れている間にガーゼなどで拭き取ってやると、これもきれいに消えてしまう。スプレーをかけた後が一部濡れたようになるが、揮発性なのでこれもまたやがて消える。

　私も一番最初に試したときは「こんなもので本当に取れるのか」と半信半疑だったが、何もなかったかのようにシールがはがれた時には、おおげさでなく感動してしまった。

　仕上げはグラシン紙。半透明のこの薄紙を、本の大きさに合わせて切ってくるんでやる。

歳月と風雪に吹かれ叩かれして、所帯やつれして古本屋の店先に転がっていた本が、あれやこれや手をかけてやると、男前が一段も二段も上がる。垢だらけの不精な独身男が、風呂へ入って、散髪をしたあとくらいには変身する。

難ありの物件が、美本とまではいかないまでも、それなりに買ってきた時より状態がよくなった時は、その本と自分の関係がより近くなりいっそう愛着がわくものだ。最初から状態のいい本は、売るときも手放しやすいが、自分で補修した本はなんとなく売るのがためらわれるものだ。

骨董好きで知られる装丁家の菊地信義は、やはり煤や埃で汚れ、少し難のある古物を買うことを嫌わず、買った後に自分であれこれ手をかけるそうだ。

〈磁器の皿は漂白液に浸しさらに洗剤で洗い上げると、手の内から思いの外のいい笑がこぼれ出た。名も無い欠け皿だけれど、永年に菜種油との馴染みが仕立てたおっとりとした肌合がいとおしい。不憫な欠けをパテで繕って初めて、縁の小さな注ぎ口に気付いたりする。何を見ていたのか、粗雑な我が目が情け無い。それでも固まったパテを紙ヤスリで整え、漆を塗り金泥を振り掛けるようにのせる頃には、皿へ何をあしらってみようかと心いそいそとしてしまう〉（『わがまま骨董』平凡社）

私など、こういう部分を読むと「やってる、やってる」とつい微笑んでしまう。

古本と骨董……ものこそ違え、物と人が関係を作るためのアプローチの方法は同じだ。

パラフィン紙と至福の時間

わが古本生活における必需品のひとつに、パラフィン紙（グラシン紙とも言う）がある。古本に限らず、新刊書でも箱入りの単行本や、豪華本にかけられているあの薄い半透明の紙のことである。あれは、埃や手垢、箱から出し入れするときの痛みから保護する役目をしている。

古本屋でも、このパラフィン紙がついた本がある。これは緊張しますよ。しかも一部が破れていたり、箱に収まらないでくしゃくしゃになっている場合、本棚から抜き出すとき、ひどく気を遣う。ゴソ、ガシャ、ピリ、ピリピリピリ……（あ、やっちまった！）。別に高価なものではなく、破れたからどうということもないのだが、店のおやじへの気兼ねから、パラフィン紙がかけてあると腰が引く。また、こういう店はおおむね値段も高い。

しかし、これは本を良好の状態で長期保存するためには、重宝な方法なのだ。材料費は安く、方法はいたって簡単。日焼け、埃、手垢で汚れるのをかなりの程度防ぐ。特に仕事部屋、書斎に書棚を持つ喫煙家は、ぜひともパラフィン紙での保護をすすめる。

本の保護のためだけではない。パラフィン紙をかける行為は、買って来たままではまだ自分の所有物であるかどうか不安な本を、パラフィン紙をつけてあげることで、自分の手になじませ、がっちり確保する儀式のようなものだ。そこで初めて、買って来た本が自分の本になったような気になるのだ。つまり、パラフィン紙掛けは一種の自装と言える。私など、買った本を机に積み上げ、ハサミとノリを手元におき、そのすべてにするのではなく、これはそのほうがよくなると判断したものにのみ掛ける。忙しくて、たまにその作業をしない時期がしばらく続いて、ひょっこり時間が空いたとき、たまった本のパラフィン紙掛けをまとめてすることがあるが、それをやっていると一時間ぐらいはすぐたってしまう。その間、手だけを動かして、頭は何も考えていない状態。ジャズなど聴きながら、まさに手作業に没頭する。だんだんと技術も上達してくれば、まさに職人のように、的確にリズミカルに仕事が進んで行く。その快感はこの作業をするようになって、初めて知ったことだ。

特に、新刊書はいまほとんどカバーにコーティングが施され、妙にツヤツヤ光る表紙が多いが、それもパラフィン紙でつや消しの効果が出て、品がよくなる。逆にもともと装幀の美しい小沢書店の本となると、いっそうその個性がはっきりと出る。

私は文庫にだってパラフィン紙を掛ける。講談社文芸文庫やちくま文庫などにはすぐ掛けたくなるが、ほかの社の文庫でも、もちろん絶版でありながら保存状態の良いものや、表紙の美しいものにはそうする。

いまはむしろ大きさの異なる二種類のトレーシングペーパーを、判型に合わせて使うようにしているが、長らくパラフィン紙派だったときは、その補充に難儀した。

　というのは、いまでこそこれが「パラフィン紙」という名称であることを知ったが、昭和三十二年生まれの私のそれまでの認識では、これは「硫酸紙」である。小学生のとき理科の実験かなにかで使って、口に当ててしゃべるとビービーと声が震えるので「ビービー紙」とも呼んでいた。で、大人になってそれが必要になったわけです。ところがこれが文房具店に通じない。つまり正式名称を知らずに、買いに行くと、こういう会話になるわけです。

「あのぅ、すいません。あの、半透明な薄い紙ってあるでしょうか」

「は？　なんですか」

「いや、あのよく本の本体のほうを包んである、あの薄い紙ねぇ」

「……？」

「ほら、あの口に当ててしゃべるとビービーと音がする」

「お客さん、あのうちは文房具店ですよ。何を買いにお越しになったんですか」（と、奥へ引っ込みそうになる）

「ああ、ちょっと待ってください。ひっこまないで。あ、そうそう、その紙、たしか硫酸紙とも呼ぶんです」

「硫酸！　そんなもの、うちは置いてません」

　まるで出来の悪いコントみたいだが、これはそっくりそのまま私が文房具店で体験したできごとだ。

　その後、この紙はパラフィン紙およびグラシン紙と呼ぶことを知り、別の機会に、別の文房具店（一度右のような事態を迎えると、二度とそこへ出入りできなくなる）にでかけたときのこと。今度は店番が女性（おばさん）だったもので、意外に話は早く通じて、無事買うことができた。ケーキのクリームを絞るなど料理ではよく使われるそうだ。男性より女性がよく目にするものなのか。男で買いに来る人は珍しいとも言われた。そのとき店内には、私のほかに、店番のおばさんと友達らしい、もう一人のおばさんがいた。彼女はさきほどから私と店のおばさんとのやりとりを聴いていて、私が帰ろうとすると、そのおばさんが声をかけてきた。

「変なこと聞いてすいませんが、それ、何に使うんですか?」

別に隠すようなことではないので、私は、これで本を包むこと。これをかけておくと本が変色せず、煙草のヤニや埃を付着させず、本自体がきれいに見える、と答えた。すると、そのおばさんも、店のおばさんも同時に、

「へ――っ!」と、こっちがドギマギするほど驚いてみせた。

「いいこと聞いたわ。そんなこと全然知らなかった。なるほどねぇ。本て置いておくと汚くなるものね。へーっ、そうなの。うちでもやってみるわ」

はっきり言って感心しすぎだが、これも実話。パラフィン紙にはさまざまなエピソードがつきまとうことを、肝に銘じていたほうがいい。一度、これを都心の大きな文房具店で購入し、電車に乗って帰るとき、網棚へ置き忘れてしまったことがある。この際にも遺失物係の担当者と、同様なやりとりがあったのだが、それは省略。

古本屋のＢＧＭ

（ほうっ、クール・ストラッティンじゃないの。いや、おなつかし）

（サティなんかが妙にこの、古本屋の空間にあったりするなあ）

（おっと、こいつは可楽だ。「らくだ」だ）

……古本屋というのは、店売りにかぎれば、客があまり来ない店がけっこうある。一日十人とか二十人とか、ゼロという日だってあるという。ゆえに暇である。業者市や客からの買い取りで外へ出ている方が楽で、店番が一番キライと明言する店主もいるくらいだ。いくらなんでも、店をやってて店番が嫌いじゃあねえ……。だが、気持ちはよくわかる。

そんなわけで、退屈をまぎらわすためか、店内で音楽をかけている古本屋にときどき出合う。ほかの業種なら、ＢＧＭは客向けに流すんだろうが、こと古本屋に限っては、あまり客の数が（いや、何度も言っちゃあいけない）……なので、どちらかと言えば店主のために流されている。当然、そこに店主の音楽の趣味が出る。

古本屋にはジャズが似合う

古本屋が店内で音楽をかけていることを、もっとも早く意識したのは、高校生のころ。大阪・千林《せんばやし》商店街に、「空閑《くが》文庫」という若い男性が始めた古本屋があって、ここではいつも六〇年代末から七〇年代にかけての、日本のフォークがかかっていた。それも、中津川フォークジャンボリーのライブや、レコードにはなっていないような聞き覚えのない音源のものがかかっていることもあった。店主はヒゲ面、長髪で、そのまま「私たちの望むものは」を店内で歌いだしても不思議はない雰囲気だった。ここは人文書、文芸書など品揃えはよかったが、千林商店街と言えば、大阪のおばはんが左手にイカやきを持ちながら、ダイエーで特売の下着を買うような土地柄なので、少し高踏的すぎたかもしれない。そのうち、店が開いたり閉まったりの不安定な営業形態となり、ついに目録専門の店になってしまった（大阪市北区天神橋一―二十―十五　共同ビル二〇五号スペースAK内で営業していたが閉店、現在ネット営業か）。

ところで、古本屋に一番似合う音楽は何だろう。クラシックはつねに無難なBGMだが、勝手な意見を言わせてもらえれば、それはジャズではないだろうか。夏のバリバリ鳴るスタン・ゲッツのボサ・ノヴァもいいが、冬にひっそりと音を響かせるビル・エバンスのピアノトリオもよござんすよ。やっぱり「ワルツ・フォー・デヴィ」か。オーネット・コールマンやセシル・テイラーはダメですよ。古本に前衛はいけません。やっぱりトリオかカルテットの編成のフォービートがいい。時を遡り、古い時代の本と対するのに、ジャズのBGMはよく似合う。

ジャズをかけてる店はけっこうある。わたしが今すぐ思いつく中でも、大森の天誠書林さん、自由が丘の西村文生堂さんの一号店などは、店の雰囲気もいいが、かかってるジャズの趣味もいい（後注／あくまで二十年以上前の話です）。わたしもいまだに仕事をしていると き、何か音楽をかけていることが多い。ジャズも学生時代から継続してずっと聴いていて、日本のフォークソングとともに一番親しみのある音楽ジャンルだ。

ジャズに関しては、学生時代にはもっとものめりこむように聴いていた。ジャズ喫茶でかかっていた盤を、レコード屋へすぐさま買いに行き、下宿へ持ち帰って五、六回立て続けに聴いたこともあった。まだCDが普及する前、レコード盤に針を落とし、A面こんどはB面とひっくりかえして聴いていた。だから、ジャズがかかっているだけで、その古本屋を好意的に見てしまうし、天誠さん、文生堂さんのように、ジャズをかけてる店は古本屋としてもいい店が多いような気がする。京都「古書・善行堂」は、ジャズ喫茶なみの音響装置で、ジャズやクラシックを流している。

古本屋でときに気詰まりするのが、無音の狭い空間に、奥で正面を向いて座る店主と、客としての自分が一対一で対峙せねばならないときだ。本一冊を抜き出して、値段を確かめるのにも緊張する。わざとセキばらいをしたり、結局何も買えないで出てくるときには、店主と視線を合わさぬようにして、息を止めて店の外へ転がり出る。そんなとき、音楽でなくとも、ラジオ、テレビでもいい、何か音が鳴っていると客としては妙に安心するものなのだ。

しかし、音が鳴っていればいいというものでもない。いまはもう無くなったが、東武東上線沿線の某駅にある商店街の中に、「K」という古本屋があったが、ここがいつもシャンソンをかけていた。なんと小粋な、と思うでしょう。ところがその音が、ものすごいボリュームなのだ。客が何か訊ねてもその声が聞こえない、というほどだ。やりすぎだよ。それも朝から晩まで、棚に積もった塵も吹き飛ばす音で。いったいシャンソンって、あんなに大きな音で聴くものかしらとしばし首をかしげたものだ。

脱サラした女性が始めた「古書　日月堂」（大田区　※青山に移転後、再び大田区へ）では、いつもFM放送のJ-WAVEがかかっていた。しかし、人によると、「あそこはムーンライダースだよ」という証言もある。日月堂さんは知り合いなもので、店主の佐藤真砂さんに電話で確かめてみると、ひとしきり笑ったあとで「ムーンライダースがかかってるときは、私が落ち込んでいるときですよ。客があっても誰も買ってくれないことが続いたり、あーあとため息つくようなときに、ムーンライダースをかけるんです。そしたら、世の中まあそんなものか。元気出していくか、と思っちゃう」と言った。何も買わずに帰った客の背中を見ながら「マスカット・ココナッツ・バナナ・メロン」と歌っているのだろうか。

変わったところでは、埼京線「十条駅」の板橋寄りの踏切近くにあった（いま古本屋地図で調べたが確定できない）古本屋が、いつもではないが、時々落語のテープをかけていた。店にも落語関係の本や、落語のテープも売られていた。一度は志ん生の「妾馬《めかうま》」がかかっていて、あまりにおもしろく最後まで店内に居座って聞いてしまった。古本屋で落語というのも、これもまた一興である。

中央線「高円寺」駅ガード下の「球陽書房分店」では、あるじが沖縄出身ということで、よく沖縄民謡がテープで流されている。運が良ければ、店主自身が三線《さんしん》を抱え、弦をつまびくシーンにでくわすかもしれない。また、それが妙に合う店なのだ（最初は驚いたけど、先代店主はその後他界し、閉店）。

これと対になる話を友人から聞いた。阪神淡路大震災で特に被害の大きかった神戸市長田区にあった古本屋で、マンガ中心のセコハン屋なのだが、昼間ひまなとき、三十くらいの店主が、必ずといっていいほどフォークギターで弾き語りをしていたというのだ。アパートの自分の部屋を古本屋として開放したような雰囲気だ。

こうなると、尺八や横笛を吹く店主がいる店があってもよさそうだが、そんな話は聞いたことがない。ましてや、帳場へドラムセットを持ち込んで、ズカズカドンドコやるってのは、これは願い下げにしたい気持ちだ。古本屋に似合うのは、やっぱり和楽器か（そういう問題か）。

新玉川線「三軒茶屋」駅近くにかつてあったマンガ専門店「3軒茶屋の2階のマンガ屋」を、某誌の取材で訪れたとき、店内を浸していたのは六〇年代から七〇年代にかけてのCMソングだった。天地総子、浜口庫之助、山崎唯なんて人が、あれこれ懐かしい歌を歌っている。その少し色が褪せたような、脱力したムードが、少年期に読んだマンガたちを前にして妙に心に沁みたものだった。

早稲田の古本街では、ちゃんと調査したわけではないが、印象としては民放ラジオを流している店が多いように思う。特に、土曜日の昼前後にこの古本街を訪れると、どの店もがTBSに周波数を合わせている。永六輔がパーソナリティを務める、五時間半にも及ぶ生放送「土曜ワイド」を、行く店行く店で聴くことになる。前の店で聴いた続きが、次の店で聴けるので、リレーでけっこうの時間、放送を聴けてしまう。早稲田のTBSラジオ聴取率はかなり高いのではあるまいか。

最近増殖を続ける、いわゆる「新古本屋」では、いまJ－POPとか言うそうですが、若者向けの音楽を有線でかけている。わたしは、散歩がてら、ほとんど毎日のように近隣の新古本屋（自転車で回れる範囲で六軒ある）に足を運んでいるが、そこで今はやりの歌はほとんどチェックしてしまった。宇多田ヒカルの歌なんか、何十回と聞かされ、無意識のうちに音楽に合わせて体を揺らしていることに気づき、周囲をみて、あわててその場を立ち去ったこともある。

古本屋では、音楽などかかっていないほうがいい、という客も大勢いるだろうから一概には言えないが、いつも生活の中で音楽が流れていることがごく普通の世代が、これから将来は多数を占めていく。無理することはないが、FM放送を小さなボリュームで流してはどうだろうか。何も音楽がなかった以前より、客は店内に入りやすく、気楽に本を選べるようになるのではないか。その方がかえって集中できる……とも言えるのだ。

牛にいい音楽を聞かせると、良質な乳を出すという実例もあるらしく、古本屋にも音楽があれば、本はいい本になるし、客側も購買欲がそそられるような気がする。

クラシックが似合う店は限定される

ＢＧＭの王道と言えばクラシックということになろうが、ひごろ注意していないせいか、意外にこれを流している店が記憶にない。

それでも東京・神田神保町の洋書専門店「北沢書店」などはすぐ思い浮かぶ。靖国通りに面した大きなガラスから差し込む光と、磨き込まれた床、革の背表紙が重々しく並ぶ本棚など、そこが日本だと忘れさせるような空間（現在、一階は「ブックハウス神保町」）で、さすが、この店で流れるクラシック音楽（バロックが多いか）はよく似合う。同じ意味で、京都の「アスタルテ書房」で流れるクラシックも、みごとに同店の持つ雰囲気とマッチしていた。靴を脱いで、選び抜かれた蔵書が並ぶマンションの一室に身をおくと、王族を血筋に持つ趣味人の個人部屋を訪れたような気分になる。

近くでは、地元小平市、西武国分寺線「鷹の台」駅から歩いて五分の「古書ゆめや」でも、よくクラシックが流れていて、美術書が揃ったこの店を好ましくしている。ときに、女性が店番をしているとき、インド音楽が流れることもある。しかし、クラシックを流す店というのは、なんとなく限定される気がする。ヌード写真集やマンガ、ファミコンのソフトなどが並ぶ店には、やはり似合わない。それなりの品揃えがされていないと、音楽に店が負けてしまうのだ。

インド音楽と言えば、東京・阿佐ヶ谷の「ラトナ書房」（のち、「古本　元我堂」に。現在、閉店）は民族、宗教、思想など置いてある本も少し変わっているが、店のご主人も長髪を後ろでくくった風体で、当然のごとく店内にもインド音楽が流れている。これはこれで〝言文一致〟というか、店の色をうまく押し出した音楽の使われ方である。

ベストセラー狂躁曲

タイタニック号沈没についてこんなジョークがある。数の足りない救命ボートには女性と子どもが優先された。残った男たちは冬の海に飛び込むしかない。それは死を意味した。乗員はいかに説得したか。そこにお国がらが表れるというジョークだ。

イギリス人には「あなたはジェントルマンだ」と言えばよかった。彼らはプライドを重んじて我れ先に海に飛び込んだ。

アメリカ人には「これであなたはヒーローになれます」、ドイツ人には「これがルールなのです」と告げた。いずれも納得して死を選んだ。

いったい日本人にはどう言えばいい？　これが傑作だ。こう言えばいい。

「ほかの皆さんもそうなさってます」

ソフトバンクの孫正義さんの作と聞くが名作といっていい。なにより他人の思惑を気にして、横並びを旨とする日本人の体質をよく表している。隣の人が飛び込むのを見てから安心して自分も飛び込む……。

前置きが長くなったが、昨今のベストセラー事情はまさしく「ほかの皆さんも買ってらっしゃいます」状態なのだ。つまり、内容の良しあしではなく、まわりが買うから自分も買うだけ。五十万、百万人が買うのは「話題」ということになる。だから、彼らは読者ではなく「消費者」にすぎない、と詩人の荒川洋治さんは言う。

ところで、この大量消費された本たちはどこへ行くか。大半は読まれないまま古本屋に流れる。売れている最中なら、けっこういい値で取引されるが、台風が過ぎ去った翌年に持ち込むと、すでに市場に大量にダブつき、古本屋のオヤジからは悪性の伝染病を見るような顔をされる。気の毒に元ベストセラーの行く先は本の墓場だ。

ところが、大量廃棄されたベストセラーはそれゆえに、数十年後に読もうと思うと今度は入手困難となる。かつて某雑誌でベストセラー本の特集を企画したとき、過去のベストセラーを古本屋で集めたら意外に苦労したと聞く。

いま古本業界では、一九七二年の大ベストセラー、田中角栄『日本列島改造論』(日刊工業新聞社)が探求書リストの上位に挙がるという。いま読もうと思っても読めないからだ。大量に売れ大量に抹殺されたおかげで、「歩」が「金」となった。なんだか角さんらしい話じゃないか。

十年前の本は古いが、三十年たてば新しい

ちょっと矛盾するようなタイトルですが、古本世界においては、これはまぎれもない事実なのです。例えば、地図。このめまぐるしい東京では、数年前の版ならまだしも、十年前の区分市街図となると、あちこち変化があり役立たなくなってしまう。『TVスター名鑑　〇〇年版』なんてのもそう。浮き沈みが激しい芸能界では、にわかタレントが十年後も同じ名鑑に名を残すのは至難の技。事務所の住所や電話番号も変わっていることが多いしね。古本屋でも、十年前の地図帖やタレント名鑑を、買い取ることはまずないだろう。商品価値が限りなくゼロに近いからである。

ところが、同じものでもそれが三十年以上前に出された本だとしたら、今度はがぜん商品価値が生まれてくる。こういうところが古本買いのおもしろさである。

いま手元にあるのが、『一九五一年度　現代日本の人物事典』（自由國民社）、裏表紙の広告によれば、いまでも毎年発行されている『現代用語の基礎知識』も、同社から発行される「自由國民」の特別号として出された。そんなに昔からあったのか、と少し意外な気がした。ただし、このころは年刊ではなかったようだ。猪瀬直樹「ニュースの考古学」（「週刊文春」

連載）によれば、この年鑑は、「九八年版が創刊五十年号である。百万部を発行したこともあるが、『イミダス』『知恵蔵』など類似誌の出現で三十万部ぐらいに落ちた」そうである。『現代日本の人物事典』も同じく「自由國民」の特別号として、昭和二十六年三月に発行された。政、財、教育、文学、芸能、映画・演劇など各界の代表的人物を簡潔に紹介する。執筆者は各界の専門家が担当。例えば、「教育と社会事業」を大宅壮一、「評論家と随筆家」を扇谷正造、「演芸連中」を安藤鶴夫といった具合である。

各人の文字量はおおむね百字から二百字程度。その多寡は、取り上げた人物の重要性プラス執筆者の好みが入っているようで、けっこう辛辣な紹介文もあり、そこがおもしろいところだ。わりあいよく知っている「文芸」の項を例にとって、どういうところがおもしろいのか見てみよう（生年月日、出身地、学歴、現住所は省き、旧字は新字に改める）。

武田泰淳

昭和七年から「中国文学研究会」、戦後は「批評」「近代文学」同人、北大助教授など。「夜の虹」など支那文学にドストエフスキーを継ぎ木したような独特の体臭を持った作品で認められる。

と、まあここまではいい。このあとこう続く。

僧職の家に生まれ乍ら破戒の大酒飲みでストリップショウを好む。

人物事典の「文芸」の項で「ストリップショウを好む」には驚いた。非常に多くの字数が与えられていたなら、まだご愛嬌にこういう挿話を入れることもわかるが、この少ない字数内でわざわざこう断るところがすごい。たしかに、武田泰淳の一種大陸的で放埒な人物像がこの二行でよくわかる。

この「〇〇を好む」という言い方は、ほかにも、上林暁「酒と名士のサインを好む」、尾崎士郎「素人相撲の大関で易学、浪速節を好む」、吉屋信子「洋酒を好む」などがある。「漫画」の横山泰三の「終電車の愛好家」にも、何か感じがある。単なる業績を並べるのではなく、その時代に生きた人間の息遣いを拾っている。

書かれた本人にすれば「余計なお世話」だと思われる表現もある。宇野千代「五十過ぎだが猛烈な若作り」、久保田万太郎「二四貫の大兵だが神経質で知らぬ床屋には髪も刈らせない。過去愛惜の夢を追うクセがある」。こんなこと、現在もし『現代用語の基礎知識』の人物紹介でやったら大変なことになる。五木寛之「洗髪を嫌うは、あるいはカツラか?」なんてね。しかし、当人には悪いが、この余計なひとことがおもしろい。特に、久保田の「過去愛惜の夢を追うクセがある」には笑ったな。久保田の作風を皮肉り、かつ、その弱点をついている。

ときにもっと踏み込んで、「余計なお世話」程度で済まない記述もある。

徳永直
弾圧期には自分の手で著書の絶版を宣言し一時非政治的となり党が重大な決定を迫られるような会合には必ず欠席するという洞ヶ峠の戦術者。

執筆者である本多顕彰は、よほどこの徳永が気に食わないのだろう。辛辣を越えて悪意を感じる。読点を一カ所も使わず書き通していることも不気味。外村繁の項で「戦後は亡妻や新妻もので台頭、おのろけ小説の別名もあり」と書くのも、外村の小説をあまり評価していないことが感じられる。

川端康成の弟子で流行作家だった北條誠にも手厳しい。「柔軟な短編作家として期待されたが濫作に陥り、一日に六十枚位書くという健筆が伝説になった。代表作に乏し」「代表作に乏し」と言われたら、そりゃそうなんだけど、ほかに言い方はないのかと、北條は言いたくなるだろう。

これが「映画・演劇界」ともなると、執筆者が、当時泣く子も黙ると恐れられた、朝日新聞映画欄のQ氏こと津村秀夫だけに、舌鋒はもっと鋭い。

なにしろ、津村に言わせれば、上原謙は「拙劣で演技は単調」、三船敏郎は「声の質は良くなく、セリフの調子も未だ単調」、笠智衆は「『晩春』の如く知性を必要とする役は不得手」、京マチ子にいたっては「演技は未熟で度胸だけ」とまで書かれる。もともと厳しい批評で売った人ではあるが、この切り捨てるような書き方はあまり後味がよくない。

しかし、公明正大、正確を期した人物事典もいいが、こういった多少の偏見を含んだ記述によるほうが、あとになって読むと、その人物像を、彷彿とさせる気がする。人間くさい事典といってもいい。サトウハチローの項の「五尺五寸五分、二三貫」という身長・体重も、ふつうは書かれないことで、しかし本人に会うことができなかった後世の者にとっては、大事な情報となる。「噂の真相」などが、この人物事典を真似て、最新版『現代日本の人物事典』を作ってくれないだろうか（注／「噂の真相」は〇四年三月休刊）。

背の汚い本こそ見逃すな

植草甚一が「読書のたのしみ」と題されたインタビュー（『ぼくの読書法』晶文社）のなかで、こんなふうに語っている。

以前、溜池の裏で暮らしていたもんで、よく六本木の古本屋を歩いたんです。近くにアメリカ大使館があるせいか探偵小説の古本がかなり出るんですね。とくに汚れているヤツを買う。汚れているのが面白いんですよ。きれいなのはつまらない。で、汚れてるのをたくさん読みました。

ここで植草が「汚れているヤツを買う」心理は、本当に内容の面白い探偵小説なら、何人もの人の手を経ているはずだから、必然的に汚れる。その汚れこそ、面白さを証明する印だということだろう。いかにも植草らしい言い草であり、実戦向きの教えである。

それとはちょっと違うニュアンスで、私も「背の汚い本こそ見逃すな」と言いたい。勘違いしてもらうと困るのは、同じ本があっても、きれいなものより汚いもののほうがいい、と言っているわけではないのだ。そりゃ、誰だってきれいな本のほうがいいに決まっている。ただし、古書展やデパートでの古書即売会など一度に大量の本を見て行く場合、一冊一冊丹念に見ているとやたら時間を食うし、第一途中で疲れてしまう。そこで、ある程度のスピードを保ちながら良書を見逃さない目安として、先の法則を提言するのである。

古書展その他の、たくさんの本が並ぶ場所で、本を選ぶ基準は十人いれば十人違う。一つはジャンルで、文芸、歴史、美術等々。そのジャンルのなかでもさらに細分化される。または著者名で。自分の好きな著者、研究のため探している著者の本を拾って行くのもポピュラーな買い方だ。または、東京ものと呼ばれる、広く東京という地勢と都市としての歴史などを扱った本、という限定の仕方もある。これは本当に種々さまざまだ。

そのなかに一つあらたに押し込むだけの価値があるのが「背の汚い本」である。本棚に並ぶ本を眺める場合、情報は背表紙だけだ。現物を丸のまま見たことがなくても、背だけを見ておくと、あとでその本を探す効率は飛躍的に上がる。ところが、本と呼ばれる物体のなかで痛みやすいのも、またこの背の部分なのである。煙草のヤニなどの汚れ、長年日光に晒されたことによる退色、あるいは破れた個所をセロハンテープで補修したが年月を経て変色してしまう場合、ひどいときには背の部分がそっくりはがれ落ちている場合さえ珍しくない。

せっかくの情報部分が戦力を低下させては、速読術で本の背を見て行く客の目からは排除されてしまう。汚く文字が読みにくい背の本を、目を止めて確認する人は意外に少ない。さて、そこが付け目だ。

吉原のおいらんは、厚化粧して美顔をつくり素顔を隠したが、この場合はその反対。真っ黒に塗りたくった墨を洗い落とせば、その奥に目にも鮮やかな素顔が出てくる場合があるのだ。私は、右の法則を守って、かなりの確率で良書を獲得してきた。さらに「背の汚い本」の利点は、値段も安いということだ。これはあたりまえのことだが、状態が悪ければ、出品する古本屋は安い値をつける。何度か出品して売れ残れば、見切ってダンピングすることもある。だから、背に難点のある本は漏らさず見て行くことだ。

そうして見つけた本を最近のものから紹介すると、杉山平助『文學的自叙傳』（中央公論社・昭和十一年）。布貼りの表紙の背の部分は破れ、下地の紙が穴から顔を覗かせている。背文字のタイトル・著者名ともにかすれて読みにくい。先代の持ち主は板橋区在住のKさんで、彼はこの本を九二年八月に早稲田にある某古本屋から千五百円で購入している。それが私の手に渡ったときには二百円になっていた。美本なら軽く三千円はする本なので、まあこの場合は得した方だろう。

ところで、なぜこの本の来歴が詳しくわかったかと言えば、本のなかに、先代の持ち主が挟んだまま失念した、古本屋からの請求書が入っていたからである。こういうこともまた、古本買いのおもしろさである。

そのほか、後で補修したために、現在は多少見栄えがよくなっているが、宇井無愁『鏡』（大阪新聞社・昭和二十一年）は五反田の古書展で五百円で掘り出した。これも紙装の粗末な表紙で、本文も百ページ強という薄さのため、背の力はもともと弱い。それに加えて、背の半分ほどが、背表紙が浮いて、部分部分がちぎれていた。著者名はなんとか読めるが、タイトルは表紙で確認しないとわからない。そこで確認のため、棚から引き出した。すると表紙に私好みの絵が入っている。誰だろうと、装幀者・挿絵担当者のクレジットが入った扉裏を見て驚いた。挿絵が横井福次郎なのである。横井は北澤楽天に師事し、戦後に子どもマンガ『ふしぎな国のプッチャー』を発表、人気を得たマンガ家だ。彼は大人マンガも描いていたが、このような挿絵の仕事もしていたことを、この本で知った。

屁理屈をこねて言えば、このことも、背が読みにくかったことの功である。

古本は絶対美本。函・帯完備、初版とこだわる人には、はなから相手にされないような提言だが、背に難点があっても、中身は十分きれいだし、本全体の雰囲気は上々というならけっこう……そんな深い懐をお持ちの方なら納得してもらえると思う。

視力がよくなる？

四十過ぎてから、それもとくに最近、細かい文字が見えづらくなってきた。もともとひどい近眼で、度の強いメガネをかけて暮らしているのだが、メガネあるかぎり、これまではふつうに字を読むだけならそれほどの苦労はなかった。ところがそれがどうやらいけなくなってきた。地図を見ていて、細かい数字を探すのに文字がにじんで見えるようになってきた。そんなときは、雑誌の仕事で写真の確認のため使うルーペを、文字を見るために使う。図書館で虫メガネを使って新聞を読んでいる老人を見かけることはあったが、自分はまだ遠い先の話だと思っていただけに、まさか、まさかのことであった。

仕方ない。老眼である。近眼、乱視、老眼である。三役揃い踏みである。一度、ほかに必要があって目医者にかかったが、網膜には異常はなかったのでひと安心。しかし、これからはわからない。本が手放せなく、しょっちゅう目を使う仕事なので、目が見えなくなるのは困る。いろんな機能が衰えるのは仕方ないが、目だけは一番最後にしてもらいたい。ま、あそこもそうですが……。

ところが、面妖なことを言うが、古本探しにおいては、年経るごとに視力はだんだん良くなっていくものなのである。今日、ある一軒の古本屋に立ち寄ってあらためてそう思った。

前の住所（小平市）に引っ越して丸五年。最寄りの駅には、どこを使っても徒歩で二十分から三十分かかる不便なところなのだが、主に、中央線の国分寺駅と武蔵小金井駅を利用している。最初の一年はほとんど国分寺駅を使っていたのだが、それ以降は武蔵小金井駅を使うことのほうが多い。古本屋はどちらの駅周辺にもあるのだが、国分寺を使わなくなった分、そっちの古本屋への足も遠のいていた。

特に、北側の路地裏にひっそりある一軒へは、すっかりごぶさたをしていた。町の普通の古本屋らしく、半分はマンガや文庫、雑誌など若者向けの品揃えなのだが、あと半分が、人文、歴史、文学などなかなかの良書が並んでいる店だった。しかし、わたしがこの本で紹介しているような本を本格的に集め出したのは、ほんのここ三、四年ほどのことで、以前、この店に出入りしているころは、いわゆるクロっぽい本に、それほど注意を向けているわけではなかったのだ。

それが、某日、国分寺駅前に用ができて、その帰りに、本当にひさしぶりに同店を覗いてみると、昔からあったはずの本で、以前には気づかなかった本が何冊か目に飛び込んで来た。例えば、今日買った徳川夢声ほか八人の執筆陣による『親馬鹿読本』[*1]（鱒書房・昭和三十年）などは、いまなら絶対見逃すわけがない類いの本であるが、たぶん、ずっと以前からこの店に置かれっぱなしの風情なのに、五年前の目には入らなかったのだ。

だいたい、古本屋で本棚を眺めるとき、すべての棚をチェックするわけではない。全体の三分の一とか半分とか、自分の気になるジャンルの棚を散策するにすぎない。それも背の文字を一冊一冊すべてを認識して見ているわけではないのである。未知の著者名と既知のそれとでは、認識度がまったく違ってくる。知らず知らずのうち、目は、背文字を適当に拾ったり捨てたりしている。見ているつもりで見ていない本がけっこう多いのだ。

ところが、知識が増えていくと、それに比例して目が拾う情報も増えていく。極端なことを言えば、以前には見えなかったものが、のちに見えてくるようになるのだ。これは、少しでも本とのつきあいのある人なら、容易にわかっていただける素朴な実感だと思う。先に、「古本さがしにおいては、視力はどんどんよくなっていく」と言ったのはそこのことだ。本に関する知識の増加や、関心の広がりにつれて、自分にとって必要な本の数が増えていく。これは、おもしろいほどそうである。

あたらしい本との出合いが、その数倍ものあたらしい未知の本との出合いを用意している。いろんなことを知れば知るほど興味の幅は広がり、以前は見向きもしなかったジャンルの棚が新鮮に見えてくる。だから、たった一度の探訪で、その古本屋の評価をしてしまうのは、本当は危険なことなのだ。そのときの自分には関心のない棚に、とんでもない良品が収まっている可能性だってあるからだ。

「『親馬鹿読本』ぐらいで、いやに大きな口を叩くじゃないか」とからかわれそうだが、そのほかにも二、三、たぶん、以前に通っていたころにもそのままあった本で、今回初めて気づいた本があった。数年おいて、また久しぶりに訪れたら、そのときにも、目に入ってくる本は増えていると思う。学生時代にひんぱんに通った関西の古本屋へ、帰省や取材で、たまに立ち寄ることがあるが、昔とは見る棚が異なるせいもあって、古本屋としての印象がまったく変わることがある。

そんなとき、ああ、わたしの目もほんの少し肥えたのだなと思う。つまり「古本の視力」がよくなったのだ。視力が上がれば、よりいっそう古本とのつきあいが楽しくなってくる。以前は見えないものが見えてくる……何事にも凡庸なわたしにとって、そんな世界はほかにない。だからどうしても古本病は直らない。

＊1　徳川夢声、大宅壮一、尾崎士郎、近藤日出造、奥野信太郎、吉川英治、金森徳次郎、獅子文六の八名が、それぞれ自らの「親馬鹿」ぶりを披瀝した随筆集。一つのテーマを、複数の執筆者に書き下ろさせて一冊にする企画は、鱒書房の得意技。ほかにも、辰野隆編『落第読本』、春日由三編『アンテナは花ざかり（NHKの舞台裏）』、谷崎精二編『早稲田大学七十年　都の西北こだまする森』、奥野信太郎編『慶応義塾九十年　三田にひらめく三色旗』、鈴木信太郎編『東京大学八十年　赤門教授らくがき帖』、荒垣秀雄編『朝日新聞の自画像』、住本利男編『毎日新聞の24時間』、原四郎編『読売新聞風雲録』があり、どれも必読のおもしろ本である。

タイムカプセルとしての古本

古本を買い続けているとすぐにわかることだが、本の間には実にさまざまなものが挟まっているものなのだ。ほとんどが、しおりの代用として、紙類が挟まっている例だが、これは私もよくやる。飲食店で本を開いて、注文の品がきて読書を中断するときなど、新刊書ならその出版社の新刊案内や読者カードを、読みかけのところにちょいと挟む。古本の場合は、そういったものが何もない方が多く、割り箸の袋、手帳のきれっぱし、紙ナプキン、映画やコンサートの入場券の半券などをとりあえず使う。それらが本の間に止まったまま、本を処分する際にもチェックを受けずに移動する。こうなると次の所有者（買い主）の手に渡るまで、さまざまな紙類は本に閉じ込められたままほぼ密閉状態で、数年後、あるいは二十年後、三十年後まで保存される。まさにタイムカプセルである。

それではいったい、どんなものが挟まっているのか。古書店主にして直木賞作家の出久根達郎さんが、「紙クズ」（『恋文の香り』文藝春秋・一九九七年）の中で、このタイムカプセルが運んだものたちを紹介している。

昔のチラシだの、切手だの、絵はがきだの、主として一枚の紙きれである。戦後まもないころの衣料切符や、ミソ、塩などの購入券、あるいは戦前のラジオ聴取料領収書、防空訓練チラシ、デパート特売会の案内状などは、当時の風俗資料として面白いので、「タカラ箱」と書いた菓子箱にしまっておいた。

それら一枚一枚に値をつけて目録に掲載したら、思いがけぬほど多くの注文が舞いこんだのである。世の中には、こんなにも物好きな人がいるのか、とあきれるほどであった。

元はタダだから売価は四百円、五百円。なかには、昭和二十六年の銀座の街頭で、道行く人に配られた「三越は本日ストライキ中です」という珍品のチラシもあったと言う。

同じく古本屋の悠南書房さん（奈良市）は、大阪古書研究会の合同目録「萬巻2号」（一九九八年五月）誌上で、やはり「本に挟まったもの」について小文を寄せている。悠南さんがこれまで本の間から発見したものは、「領収書、請求書、切符、映画や美術展の入場券、押し花、レポート、写真等々」。「時にはヘソクリなども出て来るらしいが、残念ながら当店では未だおめにかかったことはない」とも言う。私もここに挙げられたような品目には出合っているが、お金はまだない。

出久根さんや悠南さんは商売。こっちは、挟みもの目当てで買うわけじゃない。欲しい本を買ったら、たまたま何かが挟まっていた、という程度のことだから、本当はご覧いただけるようなものはないのだが、一応、この原稿を書くためスクラップしたので座興として紹介させていただく。

私のコレクションの中で一番大物と言えば、『物語戦後文学史』等の著作を持つ文芸評論家・本多秋五氏の生原稿だろう。正確に言えば、原稿用紙に書かれた書簡である。『戦時戦後の先行者たち』（晶文社・一九六三年）に挟まっていた。宛て名はNさんという女性で、扉を開けたところにも贈呈者名と本人の署名がある。内容からすると、どうやら、Nさんが本多氏に、宮本百合子に関する文章を氏が書いているかどうかを訊ねたことへの返信らしい。角川書店の名が入った二百字詰め（ペラ）原稿用紙に、万年筆（ブルーブラックのインキ）で、マスに関係なく書かれてある。几帳面な性格であったろうことが、その直筆からうかがえる。

ときどき写真がはさまっていることもある。ほとんどは日常の、あるいは旅先でのスナップ。こういう文章を書くのだったら残しておけばよかったが、それはすべて捨ててしまった。なぜなら、それらはみんな心霊写真のように見えるからである。背景に山や滝が写っていると、もうそれだけでいけません。見も知らぬ他人の写真がこれほど気味が悪いものであることに、このとき初めて気づいた。

ただ一枚残してあるのは、木村荘八『東京今昔帖』（東峰書房・一九五三年）が私の手元に運んだ古いモノクロ写真。写っている人物はどうやら落語家らしい。裏に「ＰＯＳＴ　ＣＡＲＤ」と印刷されてあるので、当人がブロマイド代わりに作って、ファンや関係者に配ったのではないか。ところが、この落語家が誰かがわからない。時代を同書が発行された昭和二十八年と限定して、そのまま落語家を続けていればおそらく六十から七十歳。現役で同じ風貌、年格好の誰にあたるか考えたがどうもわからない。

はがきも、日常生活において身近である上に、その大きさ、紙の厚みがしおりに適しているためか、よく挟まっている品目である。一枚は未使用の五円の官製はがき。『値段の明治大正昭和風俗史』（朝日文庫）の「郵便料金」の項を見ると、はがきが五円の時期は、昭和二十六年十一月から四十一年七月と非常に長い。昭和三十二年生まれの私でさえ、五円、封書は十円という定着した記憶があるので、珍しいとは言えない。もう一枚は昭和二十一年九月に、翻訳出版懇話会が、世田谷区代田の斎藤書店へ出した「臨時総会通知」。もともと印刷された十五銭の下に、新たに三十五銭の切手が貼られているのは、昭和二十一年七月に十五銭となったはがき代が、わずか九カ月のちの翌年四月に三十五銭となったからだ。九カ月で三倍とは、たいへんな物価上昇だ。まだ用紙難のさなかだったからか、紙質も非常に悪い。これは岩波文庫版漱石全集の『坊っちゃん　草枕』（一九四七年）に挟まっていた。

内向の世代と呼ばれるグループの一員、黒井千次氏がM氏に宛てた、七五年と七六年の年賀状もある。どちらも上部に「賀春」という文字と年号、下部に住所・氏名・電話番号が印刷されたシンプルなもの。中央の空白部にそれぞれ万年筆で年賀の挨拶が書かれている。どちらにも「お世話になり」という言葉があるから、かなり親しくしていたようだ。七五年のものには「23日は、なるべく出席したいと思っております」とあるので、何かの会で顔を合わせていたのだろうか。ちなみに黒井千次氏は東京都小金井市の在住。宛て名のM氏も町名は違うが同市の在住。しかも、この二枚が挟まっていた、黒井千次『走る家族』（集英社文庫）を買ったのも同市の古本屋。また同書には日経新聞に黒井氏が書いた「幼年時代」という題のエッセイの切り抜きも挟んであった。知り合いという以上に、M氏が黒井氏の作品のファンだったことがこれでもわかる。それなのに、そんな近場で、賀状を挟んだまま黒井氏の本を手放すことは考えにくい。おそらくM氏は亡くなったのではないか。そんな想像をあれこれ巡らすだけで時間を費やし、結局かんじんの『走る家族』は読まないままである。

そのほか、帝国劇場の「セルジュ　リファール　バレエ公演」のチラシ、神戸市垂水区の医院の名が印刷された女性の脈拍・体温表、ジャズクラブ「スウィング」（銀座）の七七年六月のプログラム、七九年に東京と京都の両国立博物館で開催された岸田劉生展会場で売られた絵はがきと袋、羽仁進監督「初恋地獄篇」の半チケット（宇野亜喜良・絵）、馬印「複写用セロファン」のラベルなど細々したものはあるが、いずれもわざわざお伝えするほどのものではない。しかし、冒頭に述べたごとく、それら挟み込まれたものが、その時代の空気をパックして後世に届けられたことだけは間違いなく、古本買いの余禄としてはじゅうぶん楽しめるのである。

奥付に感じる体温――「検印」小考

本には奥付というものがあります。聞くところによると、あれは日本独自のものらしい。たいてい巻末に一ページ取って、書名、発行年月日と刷数、著者、発行者、発行所、印刷・製本所が記載されている。場合によっては、ここに著者紹介が載ったりすることもある。Ⓒで始まる横文字で著者名ほかが書かれてあるのは、国際著作者番号という「わが国の著作権をアメリカの国内で保護する目的」のもの（『本の問答333選』出版ニュース社）。これらは本来、扉にでも記載すればいいことで、奥付をわざわざ作る法的義務はないそうである。しかし、なんとなく日本の出版界における慣習でいまでも奥付はついているし、またここまで継続されると、いきなりなくなると物足りないだろうと思う。

物足りないと思えば、かつて奥付には「検印」というものがあった。奥付の中央あたりに、切手ぐらいのサイズの検印紙と呼ばれる紙に、または直接奥付用紙の上に、著者の印鑑が押されてあるのが「検印」である。現在はほとんど使われていない。これは厳密に何年ということではなく、昭和二十年代半ばぐらいから三十年代にかけて徐々に廃止されていったようだ（青蛙房のように、現在にいたるまで検印制度を継続している出版社もある）。過渡期には「著者との話し合いにより検印廃止」なんて断り書きがあったのを、覚えている人もいるかもしれない。

それがどうした、と言われても困るが、この検印が私は好きなのである。古本を買う場合、値段とともに当然奥付も見る。その際、検印が押してあるとうれしくなる。飛び上がってヤッホーと言うほどではないが、少し得した気分になるのだ。というのも、書籍の製作は、その工程のほとんどが機械作業だが、この部分こそは著者自身、もしくはその家族が、間違いなく手作業で一枚一枚押しているわけで、朱肉の朱い色も相乗して、なんだかそこに体温を感じるのである。里見弴『四葉の苜蓿《クローバー》』(プラトン社・一九二三)の検印など、印の代わりに里見がイニシャルの「S・T」を万年筆でサインしている。直筆の検印は珍しい。

検印とは、著作権者である著者が、発行される自分の著書の一冊一冊になつ印する印のことで、欧米の書物にはなく、わが国独特のものである。歴史的な意味は、著作者が版権の所有者としてその発行者に与える公認の証とするとともに、発行者も発行の責任を明らかにし、あわせて偽版の防止策としたこと。

と『本の問答333選』にはあるが、「偽版の防止策」の意味が一番大きかったのではないか。

つまり、著作権や印税の制度が現在ほど確立していないころ、出版社が著者に印税を支払うため告げた発行部数と、実際の部数とが違うようなことがあったと思われる。その差は出版社の余剰利益となる。検印は著者の正当な利益を保護するものであった。布川角左衛門『本の周辺』（日本エディタースクール出版部・一九七九年）によれば、「紅葉山人著『金色夜叉』（明治三十一年七月発行）その他、春陽堂の発行書には、『此欄内に発行者の印章捺印なき物は偽版也』と記した飾り枠の中に印をおしてある」そうである。掲載された写真図版を見ると、さすが明治、さすが紅葉。なにかいかめしいムードが漂っている。

しかし、何千枚（ベストセラーともなれば何十万枚）にも及ぶ用紙に、いちいち捺印する作業は著者にとっても負担だし、製本屋に貼り代を支払う出版社にとっても不経済で、廃止されるようになった。昭和初期の有名な円本ブームのときは、著者の家族総出でくる日もくる日も押し続けて、しまいに手首が痛くて使えなくなったという話も残っている。もと「群像」編集者で三島由紀夫の担当だった川島勝さんの著書『三島由紀夫』（文藝春秋）にも、検印に関するこんなエピソードが紹介されている。

当時は本の奥付に検印紙を貼る習慣があり、重版するごとに一抱えもある検印紙を再三三島家に届けた。こんな時の父君梓氏はご機嫌で、家中総動員して検印紙の印押し作業に没頭した。「ああ、この一束がこの部屋のカーテンに変身する……それから」などと軽口をたたいて陣頭指揮を取った。検印紙の重さは、当然現金の重さに匹敵する価値があった。

『本の周辺』には、それら検印だけをはがして集めたスクラップ帖三冊を、著者が古書展で見つけたことが書かれてある。

続けて布川は、「大正年代から昭和三十七年まで、二三四枚。それぞれを見ると、各発行所の検印用紙そのものに特色があるし、そこにおしてある著者の印形も、捺印の具合も各様であって、関係者の心情がわかるような趣がある」と、その魅力を説明している。

わたしもかねがね、検印用紙の多様さと、印形がその作家の人物像をよく表していることに注目していた。同じような人がほかにもいることは、古本を買ったとき、検印用紙もしくは奥付そのものが切り取られた本があることだ。以下、「現金の重さに匹敵する」検印で、おもしろいと思うものを抜き出してみる。

幸田文『こんなこと』創元文庫

かつてはもちろん文庫にだって検印があった。旧かなの「かうだ」という印が、

いかにも幸田らしい雰囲気。

幸田文『驛』中央公論社

こちらは、漢字を形象化したもの。

串田孫一『悦ばしき登攀』筑摩書房

検印のことで真っ先に思い浮かぶのが串田氏の著作。氏に絵心があることは、自著の装幀をしたり、本文中のイラストを自分で描いたりするところにも表れているが、なにより、自分の著作が一点出るごとに、検印用のハンコを作るところが特徴だ。本書では山と太陽。そのほか、自分の名をデザイン化した検印などバラエティに富む。串田ファンでこの検印をコレクションしている人がいるかも……。

古今亭志ん生『なめくじ艦隊』朋文社

押されたのは三文判で「美濃部」となっているが、これは志ん生の本名が「美濃部孝蔵」だから。しかし、ぞろっぺいで通した志ん生が、検印紙に一枚一枚、自分の手で押したとは考えにくい。良妻だった夫人が代わってやったに違いない。あるいは子息の馬生さん、志ん朝さんが手伝ったか……。

飛田穂洲・豊島与志雄『スポーツと冒険物語』新潮社

狭い検印紙の中に、二人の印が並んでいる。共著や複数の著者がいる場合、代表してそのうちの一人が押すケースが多いが、同居は珍しい。

徳川夢声『こんにゃく随想録』鱒書房

名字が徳川なのだから仕方がないが、「徳川」とだけあると、なにやら由緒ある出自の人という感じだ。

清水崑『人物花壇』大日本雄弁会講談社

河童のマンガで人気者だった清水崑は、自分の名一字を彫ったお手製の検印を使用。そう言えば「崑」の字はどこやら河童に似ている。検印紙が横長であるため、検印も横に寝かせて押している点がおかしい。

芥川龍之介『傀儡師』旧・新潮文庫

河童とくれば芥川。検印の方は、これを「芥川」と読むには学が必要だ。私は最初、車止めの傍らに止められた放置自転車の絵かと思った。

秦豊吉『ぐっど・ないと』出版東京

検印だけだと、まったく誰だかわからない例。これは「秦」と読むのだろうか。

丸木砂土『わが恋する未亡人』アソカ書房

これははっきり丸木と読める。じつは丸木とは右の秦豊吉《はたとよきち》の別名。

本以外にも売っているもの

古本屋では本を売っている。なぜなら本屋だからだ。

……あ、読むのを止めた方、待ってください。こんなあたりまえのことをわざわざ申し上げたのも、古本屋には本も売っているが、本以外のものも売っているからである。本以外といったって、まさか生鮮食料品は売っていない。黒豚和牛の三百グラムパックと古本はやはり似合わない。あくまで、古本の遠い親戚程度にはつながりのある商品が並べられる。これが、買う買わないは別にして、けっこう見ていて楽しい。

書画骨董の類は、古本とは姻戚関係にあるため、よく扱われる。地方の古本屋を覗くと、よく骨董と古書を一緒においている店にぶつかる。ブリキのおもちゃや、古いキャラクター人形などもこの範疇。古本とどういう関係にあるかわからないが、こけしのコレクションを置いてある古本屋もけっこうある。

あとは紙もの。江戸時代の引き札に始まって、映画のポスター、映画のスチール写真、サイン入り色紙、作家の生原稿に書簡、内容見本、戦前の少年雑誌についていた組み立て付録（非常に人気があり組み立て前の完全版なら万単位する）、すごろく、かるた、絵はがき、地図、キャラメルの箱、離婚届に死亡診断書（あ、うそです）等々と、およそ紙が原料なら扱わぬものはないというほど、この裾野は広い。

最近ではゲームソフトの中古品を扱う古本屋も増え、本と比べ月の売り上げが一桁違ったりするので、商売だけを考えると中古ソフト屋をしたほうが賢いという事態にもなっている。CDやレコード、ビデオテープといえば、かつては町の古本屋さんにとっては大事な主力収入源だった。本という形態はいま総じて売れないのだ（マンガは別）。これらの分野は、そういうサブカルチャーに目の利く、比較的若い古書店主（この業界は四十でも若い）が積極的にアイテムを増やしている。

古書展などにも、これら紙ものを中心とした、本以外の商品は多く並べられる。引き札、古地図、映画のポスター・パンフなどは、それだけを探しているコレクターもいるが、私などがそれらとつきあう態度は、本ばかり集中して長時間見るのは疲れるので、合間におもしろそうなものに手を出すというところか。料亭で和食のコースを食べるとき、「ま、箸休めにおひとつこんなものを……」と差し出される小鉢みたいなものだ。箸休めばかりでは物足りない。そんななかから、自分の興味と値段の折り合いがつけば買うこともある。ほとんど買わない方が多いが。

本以外の「箸休め」商品のいいところは、買って帰って自宅で再度眺めるときに、本なら中身を読まないと味わい尽くしたことにはならないが、絵はがきや内容見本などなら、短時間で勝負が決まることにある。ビールの缶を開け、柿ピーでもつまみながら、せいぜい五分ぐらい、しげしげと眺めてハイおしまい。それで元を取ったと思うし、あまり高価なものは買わないようにしている。

そんななかから、けっして熱心にではなく、たまたま魔がさして買った商品をいくつか紹介する。

森繁久彌『夜の詩集』（ビクター出版・発行年不明）

「ソノシート」と聞いて、ピンとその物体が頭に画像を結ぶのは、せいぜい昭和四十年以前生まれの世代までか。あの色のついたプラスティックの薄いレコード盤のこと（本来は「ソノシート」とは、朝日ソノラマの商標名だが、このまま使っておく）。われわれの世代では、ソノシートはテレビアニメの薄い絵本についていた薄い円盤のイメージである。「狼少年ケン」「スーパージェッター」「宇宙少年ソラン」「オバケのQ太郎」などがわが家にもあった。これらはいま、古本業界で高値で取引されている。

『夜の詩集』は、子守歌を含む大衆歌謡を、森繁が歌唱し、四枚のソノシートに収め、エッセイなどを本文二十ページのブックレットにしたもの。人によっては鼻につくという、あの独特の森繁節で、船頭小唄、ゴンドラの唄、島原子守唄など七曲を歌う。そう言えば、かつて紅白歌合戦に、毎年、森繁が出場して、これらの歌を歌っていたことを思い出すのだ。童謡の「赤とんぼ」など、除夜の鐘を待ちつつ、家族で炬燵に入って聞くにはなかなか良かったように思う。

デジタル録音によるコンパクト・ディスクほか、音質の目覚ましい産業革命に慣れた耳に、フニャフニャしたお皿に針をのっけて、シャリショリ雑音の交じるうすっぺらい音で聞く「ゴンドラの唄」もまた一興。

映画台本『咲子さんちょっと』（松竹映画）

映画やテレビドラマの台本も、どういうルートで流れて来るのか、しばしば古書展に並びます。なかには名作と呼ばれる作品の台本もあるが、そんな映画があったの？　と思うものもけっこうある。キネ旬（「キネマ旬報」）のベストテンや、巨匠がメガホンを取った作品なら、ビデオにもなるし、脚本ほかが作品集として本になることもある。

ところが、その映画がどんな内容だったかを知るのに、後世になって難しいのはB級C級の映画だ。これらはあまり資料として残らない。そんなとき、映画台本は有力な資料となる。『咲子さんちょっと』は、同題名のテレビドラマの映画化作品。どちらも主演・江利チエミの当たり役となった作品である。話は、おっちょこちょいだが明朗で元気のいい（「サザエさん」と同じ役どころ）咲子が、南条家に嫁ぎ、そこで巻き起こすドタバタ騒動をユーモラスに描いたホームドラマということになろうか。

原作／中島さと子。脚本／富田義朗。監督／酒井欣也。音楽／神津善行。キャメラが小津番として有名な厚田雄春。

配役がまた楽しい。チエミの夫に吉田輝雄（小津の「秋刀魚の味」で佐田啓二にゴルフクラブを売りつける役で登場)。嫁ぎ先の舅に伊志井寛、姑に轟夕起子。実家の両親に笠智衆と山田五十鈴(このコンビは「我が家は楽し」でも夫婦を演じていた)。

そのほか脇役陣に、魚常の常吉に古今亭志ん朝、チエミが勤める出版社の編集長に柳家金語楼、警官に谷村昌彦(実写アニメ「忍者ハットリくん」のハナオカ・ジッタ先生)、洋酒ブローカーに三木のり平、詐欺男に先般逝去した大泉滉と、いかにもの配役である。

ざっと脚本を読み通した限り、きわめてオーソドックスな笑いあり心温まるシーンありのいわゆる「松竹大船調」。間違っても映画史に残るような作品ではないが、これだけ芸達者が揃うと、それだけで価値があり、見てみたい気にさせられる。

同じく松竹映画で、伴淳三郎と花菱アチャコのコンビによる兵隊喜劇シリーズの一本「新二等兵物語　敵中横断の巻」も、このとき同時に入手。一冊二百円程度だった。

いずれも判型は週刊誌大。前者四十四ページ、後者二十六ページ。本文の印字はどうも和文タイプらしい。もっと古くなると孔版(ガリ版)のものも見かける。装幀はいたって簡単な紙装なので(小津は自分が使う台本は装幀しなおした)、保存には事務封筒に入れるなどしたほうがいい。

全集内容見本『明治文學全集　全九十九巻』(筑摩書房・一九八三年)

出版広告等で、全集や叢書の刊行予定が掲載される場合、「内容見本呈」ということばがその脇によく書かれている。これは、その出版物については、内容見本のパンフレットの用意があるので、希望の方には差し上げますという告知である。内容見本とは要するに出版物の宣伝パンフレットで、巻立て、本文の組見本、著名人の推薦文などとともに、その全集の特色、意義などをまとめたもの。

私は大学時代に、谷沢永一が『読書人の立場』（桜楓社）で書いているのを読んで、その存在を知った。

谷沢は内容見本をかたっぱしから収集するために、「左の内容見本をお送り下さい」というハンコまで作って、はがきにポンポン押して次々出版社に送り付けていた。あまりに同じ人がひんぱんに内容見本を要求するので、不審に思った講談社の営業部から、「あなたはうちの発行する豪華本を実に沢山買うてくれているようであるが（笑）、一体どこの書店から買うてはるのか」という手紙が届いたほどだった。

この話の影響もあって、自分も内容見本というものを集めようと思ったのである。大学時代は、生協書籍部へ毎日顔を出し、自由におもちくださいのコーナーで、文庫解説目録、出版社PR誌などとともに、内容見本を目につく限りもらって帰っていた。だから、昭和五十年代に出された全集の内容見本はかなり揃っている。ちゃんと数えたことはないが、その後も増え続けたものを合わせて、専用の紙袋がいまや満杯状態。実際にその全集を買う、買わないはまったく考えずもらっていたため、契沖全集やペスタロッチ全集などとんでもないもの（いったい、いつ読むつもり？）も含まれている。

その後、古書展を回るようになって、けっこうこの内容見本が商品として扱われ、元はタダだったものが、珍しいものは一点千円以上の値がつく古書的価値を持つ物件であることも知った。

この内容見本を、初めて徹底的に研究し出版史のなかでの重要な資料として位置づけしたのが、紀田順一郎『内容見本による出版昭和史』（本の雑誌社）。あとがきで、内容見本とのつきあい方や読むよろこびを伝えた部分があるので、引用する。

内容見本はとかく粗末にされがちで、当の出版社でさえ現物が保存されていない場合が多い。読者のほうでも用済みになれば惜しげもなく捨ててしまう。コレクターも存在しないので、あとで何らかの必要を感じて収集しようとしても、まず不可能である。私がそのようなものを保存しようとするのは、ひとえに戦後間もない高校生のころ、寝る時間も惜しいと思うほど本が読みたいと思い、それらの本が書架にズラリと揃った図を夢にまで見ながら、内容見本ばかりを飽きることなく、何遍も読み返したという思い出があるからだ。

紀田氏に比べればスケールも学識もまるっきり劣るが、私は私のレベルなりに、この感慨に同調することができる。『明治文學全集　全九十九巻』の内容見本などは、紀田氏が言う「それらの本が書架にズラリと揃った図を夢にまで見ながら」楽しむひとつ。入手先は中野サンプラザの古本まつり。

本体は以前から気になりながら、手がでない本だった。古書価もいい値がついていて、三遊亭円朝の巻など五千円以上の値がついている。せめて、どの作家、どの作品が収録されているか、簡便に見渡せる内容見本があればいいと思っていた矢先、向こうから飛び込んでくるように目に止まった。

表紙は徳冨蘆花の書斎。テーブルクロスの深い緑色と窓の向こうの木々の緑が「明治文學！」という感じの色だ。裏表紙は、全九十九巻が縦に四段に積まれた写真。迫力あるなあ。若き評論家・坪内祐三さんは、この全集では別巻の総索引と好みの巻だけ持っていて、そこであらかじめ引いておいた項目（固有名詞・文学用語・風俗語彙・事項まで八万五千語を収録）を、同全集が揃った図書館で探すという使い方をしていると聞く。

おそらくこの先もけっして揃えて買うことはないだろう全集を、内容見本というかたちで手中に収めながら、せめて円朝、内田魯庵、斎藤緑雨、明治文学回顧録（一・二）の巻だけでも買っておくか、などとブツブツ独り言を言いながら眺めているのである。

ところで、全集の推薦文が一番うまい作家は、なんといっても井伏鱒二だろう。特に最後のところがうまい。

文藝春秋社に在職中の当人は、ときたま作品を雑誌に出しました。書かなくてはならぬ。俺は書く。書きたいなあと、血が騒いだためであったと思います。戦後、文藝春秋社を離れてからは、血が騒ぎ通しに騒いでいるようでした。

（永井龍男全集）

「書かなくてはならぬ」以下の語尾活用のようなレトリック、「血が騒ぐ」という言葉の使い方、まったくみごとな芸となっている。「尾崎一雄全集」では、尾崎の「虫のいろいろ」を、逆巻く波の向こうに「遠く小さく見える富士」を描いた北斎の錦絵になぞらえて高く称揚し、

尾崎君の「虫のいろいろ」は、病苦や哀れや辛さを混ぜ合せた雑事や物語のなかに、西側にある便所の小窓から玲瓏たる富士が見えている。

尾崎君のその後の作品は、みんな「虫のいろいろ」に対して右にならえをした出来栄えである。

と結ぶ。全集の推薦文は、結婚式披露宴での挨拶みたいなものだから、あまり具体的な批評であってはならない。またほかに評論家や学者の推薦文が並ぶだろうから、あまり堅くってもいけない。自分がそのなかでどういう位置にあり、何を求められているかを察知しなければならない。井伏鱒二に求められているのは華やぎとユーモアであろうが、その要求以上のレベルでいつも応えている。

ええい、ついでに「木山捷平全集」の内容見本からも引いてしまおう。

男子の胸のなかには婦女子の知らない磊塊《らいかい》（石のかたまり、積み重なった不平）というものがあって、心ある人は胸のなかのそれに酒をそそいでやるそうだ。

というしびれるような書き出しで、まずまいってしまう。続いて木山捷平はこの磊塊を詩魂と同義語に解釈し、「詩魂を前頭部に貼りつけていたような人である」と言う。井伏は講談における張り扇も使える人だった。そして結び。

木山君の生涯にわたる全作品を一曲のオーケストラに譬えると、詩は一律ごとのドラムの音のような役割を果たしている。

この木山捷平全集の推薦文など、これまで何十回読み直したかわからない。そしていつもいい気分になる。どこか、この井伏鱒二の全集推薦文のみを集めた本を作ってくれないだろうか。

「そいなみ本」とは何か？

「そういえばいざとなるとなかなか見つからない本」を略して、「そいなみ本」と呼んでいる。

誰が？

私が。

いま作った。できたてのホヤホヤだ。

本自体は稀覯本でも、限定本でもない。どころか、作りはソフトカバーの新書か四六判で、何度も増刷されて、一時は全国の本屋中にあふれていたような本。

たいてい表紙は著者の顔写真やイラストで、センスが感じられない。とても本人が書いているとは思えない。著者がふだんしゃべっているような口調の文体で書かれているのがミソ。

イラスト・写真多数収録。ときには、著者の自筆による下手なポエムあり。あまりによく見る本なので、売れている最中に買うのは勇気がいる。

……そんな本。芸能人やタレント、スポーツ選手のエッセイ、テレビ番組がらみの本などに多い。半年もすれば二束三文で売られ、数年後には均一台に回されて、それでも見向きもされない。

じつはそういう本こそ、いざ十五年、二十年を経過すると探しにくくなる。市場からパッタリと姿を消してしまう。どこかにはあるとしても、少なくとも店内に置かれるような本ではなくなっている。出るとすれば均一台。しかし、均一台だってゴミ捨て場じゃない。さばける本とさばけない本はあって、そこからも敬遠されるとなると、流れ流れて、ツブされる運命に。

ビートたけし本、全点が揃えば

某古書店主が言っていたが、ビートたけし（北野武）に関する本だって、一冊一冊だと均一台にまわすしかない本が多くても、すべてを集めれば、それはそれでちゃんと値がつくはずだ。私もかつて「ユリイカ」という雑誌の北野武特集号で、ビートたけし・北野武伝を書いたことがあるが、やはりそのとき、本を集めるのに苦労した覚えがある。まとまって置いている店などなく、ネット販売が普及する以前はかたっぱしから古本屋をまわり、一冊ずつ拾い集めるしかなかったのである。

そんなふうに、なにかのことでその本が必要になった時に、今度はどこを探しても出てこないことに気づく。つまり「そういえばいざとなるとなかなか見つからない本」と化している。

古本屋さんに言わせれば、「いやあ、そんなの全然珍しくないよ、今でもよく見る本だよ」と言う。それじゃ、これこれを探してください、と頼むと二の足を踏むのだ。「よく見る」と言うのは、半ば言葉の綾であって、だからといっていつでもすぐ見つかる、という意味ではない。「よく見る本」の中には、つまらない本という意味が隠されている。

第一、手間をかけたからといって、それに見合う値をつけられる本ではないのだ。せいぜいヒネって千円。よほどの特典があって千五百円がいいところ。探す手間を考えればバカバカしくなる。

「そいなみ本」は、稀覯本、限定本などと並んで、非常に見つけにくい本となる可能性を秘めている。そして、出た当時は、著者のネームバリューにおぶさった、少々マヌケな本であっても、二十年、三十年を経てみれば、けっこう楽しめる本となってることがある。芸事の世界で言う「化けた」という奴である。

西荻窪「音羽館」で、これこそ「そいなみ本」だと感動したのが、萩本欽一『欽ドン いってみようやってみよう（1〜3）』と、『欽ちゃんのドンといってみよう』の四冊揃えだった。私もそのうちの一冊だけはもっていたが、これを四冊揃えるとなったらコトだぞ、と思った。誰もとっとかないよ、こんな本を二十年も。

だから、ここから真剣に言うのだが（それじゃ、いままでは真剣ではなかったのかと突っ込まないでね）、これから古本屋になろうという人は、誰か、これら芸能人、タレント、文化人、スポーツ選手などの「そいなみ本」のみを徹底的に収集すれば、それで商売になると私は思う。

これらの本を必要としているのはマスコミ関係の人が多く、雑誌取材や番組構成のため急を要するケースが多い。ところが、ここがミソだが、けっして図書館には置いていない本ばかりだ。そうなると、たとえ均一台でなら百円で見つかる本でも手間を考えれば、千円ついていても買うはずである。しかも、たいていは領収書をもらって資料費として清算するから自分の懐は痛まない。

しばらく行っていないため、現状はわからないが、京王線八幡山駅近くの古本屋が、雑誌中心だが、これに近いことをしていた。ちょうどマスコミ関係者ご用達の図書館「大宅文庫」への通り道にあるから、立地はバッグン。近藤真彦、小泉今日子、キャンディーズ、美輪明宏などのエッセイ集が、いつでもすぐ手に入るとしたら、それだけで十分需要はあるはずだ。また、インターネットの古本屋向きの商品構成でもある。私がもしインターネットの古本屋をやるとしたら、ここを狙う。

幻の『ミコのカロリーＢｏｏｋ』

私が以前から気になっていて、古本屋では一度しか見たことがない「そいなみ本」の王様のような本がある。

歌手の弘田三枝子が出した『ミコのカロリーＢｏｏｋ』だ。

出たのが昭和四十年代の半ばころだと思う。タレントのダイエット本のはしりともいうべき本で、当時、ベストセラーとなった。『大衆文化辞典』の「ダイエット」の項には〈1970年代から低カロリーの日本食ブームが起こる。日本では健康よりむしろ美容が目的で、同じ頃ミニスカート・ブームとともに、歌手弘田三枝子の『ミコのカロリーBook』がベストセラーになった〉とある。

ところが、古本としては昭和五十一、二年に神戸の古本屋の店頭均一台で見たきり、その後、長い古本まみれの人生の途上で、ただの一度も再会したことがない。幻の本となってしまった。こうなると国会図書館か、本人の家にしかないとさえ思われてくる。ぜひ、もう一度見たいのだが（その後入手、私の文章のせいか古書価がつくようになった）。

その後ウンカの如く輩出したダイエット本も、いずれ同じ運命をたどることになるだろう。キャシー中島と林寛子が共著で出した『キャシーと寛子が月見草でいきいきやせた』（書名は間違ってるかも）にしても、現在の二人の体型を見れば詐欺みたいな本だったがかなり売れた。これだって、いま探すとなるとけっこう難しいのではないか。

ダイエット本は清涼飲料水のようなもので、目先の変わった新製品が次々生まれ、一時期売れて、すぐ忘れ去られていく。考えてみれば、これまで出たタレントが書いたダイエット本をすべて集めればけっこうな資料になるし、それを元に一冊の本が書けてしまうはずだ。誰かやってみませんか？

笑福亭鶴光の『かやくごはん』など、深夜放送から生まれた本も、かつて受験勉強しながら聞いていた世代には懐かしいはず。ペップ出版などという出版社が活躍していました。神保町の「カスミ書房」がこういった本のコーナーを作っていた。先見の明がありますねえ。江本孟紀の『プロ野球を10倍楽しく見る方法』を筆頭とする、プロ野球選手が引退後に書いたプロ野球裏話本、あるいは野球を人生に置き換えた人生論ものも、すべて集めれば壮観だ。鈴木啓示の『投げたらアカン！』なんて、いかにもありそうだ（後で人に聞いたら、あるそうです）。

さあ、それでは私なりに集めてみた「そいなみ本」を並べてみる。

近藤啓太郎編『30秒で一回笑わす本』（青春出版社／プレイブックス・昭和四十年）

近藤啓太郎は「海人船」で第三十五回の芥川賞を受賞している作家。吉行淳之介や安岡章太郎の交友記に、よく鴨川在住の豪快な人物として出てくる。本書は、二十八組の芸能人、文化人夫婦がそれぞれ夫側、妻側に分かれて、活字で夫婦ゲンカをするという趣向の本。かなり珍しい。長門裕之・南田洋子、野坂昭如・暘子、大島者・小山明子、仲代達矢・宮崎恭子などが登場。田畑麦彦・佐藤愛子、栗原玲児・坂本スミ子などその後離婚したカップルも多い。中でも、「ミンクのオーバーはやめてくれ」（高倉健）・「マイダーリン、おお、マイダーリン」（江利チエミ）は貴重。

立川談志『笑点』（有紀書房／ＫｅｙＢｏｏｋｓ・昭和四十一年）

立川談志の本と言えば『現代落語論』（三一書房）がすぐ出てくるが、この方はよく見る。日本テレビの長寿番組「笑点」の初代司会者が立川談志だった。この本も、最初に「笑点」メンバーの紹介があるが、あとは番組とはまったく関係がない。小咄、回文、ものはづけ、謎掛け、クイズなどを通して、談志流笑いのエッセンスを伝えている。あきらかに談志自身の手によるもので、そういう意味では『現代落語論』の実践編として情報量は多い本だ。専門店なら古書価がちゃんとつく。ほかに同社より、『あらイヤーンないと』も出ている。蛇足ながら、「アラビアンナイト」の洒落である。

浪越徳治郎『自分でできる３分間指圧』（実業之日本社／実日新書・昭和四十二年）

「指圧の心は母心、押せば命の泉わく、ワッハッハッハ」で一世を風靡した人の指圧術。来日時にマリリン・モンローを指圧治療したことでも有名。もちろん、本書でも巻頭にその話が出てくる。曰く〈なんという素晴らしい肉体でしょう。裏日本の女の雪の肌を、いまひとつ抜けるように冴々とした白磁の肌、その肌に女盛りの脂がしっとりとのっている（中略）まさに指の法悦でした〉。当人はまじめかもしれないが、なんとなくいかがわしい存在だった。存在自体が「そいなみ本」。

イーデス・ハンソン『カタコト英語で十分です』（実業之日本社／実日新書・昭和四十四年）

E・H・エリックと並んで、「へんな外人」と呼ばれた一人。関西弁を喋る外国人タレントとして活躍した。彼女の初めての本で〈ペラペラしゃべれる必要はない、カタコトで十分ですという彼女の語学上達のコツがユーモアたっぷりに披露されている〉と紹介文にある。もちろん、原稿は他の人がまとめたに違いないが、内容はよくできている。今でもうまく化粧直しをして文庫化すれば売れるのではないか。

淀川長治『愉快な心になる本』（KKベストセラーズ／ワニの本・昭和五十一年）

淀川長治の映画鑑賞家としての目を疑う者は誰もいないだろう。しかし、断言してもいいが、蓮實重彥・山田宏一のコンビにかつぎだされて、何冊かの映画インタビュー集を出すまでは、一般の人の認識としてはテレビの映画番組で、「サヨナラ、サヨナラ」と言うおじさんのイメージしかなかったはずだ。だから本書の副題にも「皆さん、こんにちは」というおなじみのフレーズが使われている。この本が出た時点で、淀川にまともな映画評論集は一冊もない。「私はどんな人も好きでたまらない。話せばみんなわかるからである」。自分の人生を振り返り、見て来た映画の中から、感動するための心得を語る。私が所持しているのは初版。おそらく大して売れなかったのではないか。

あのねのね『帰ってきたあのねのね』（KKベストセラーズ／ワニの本・昭和五十一年）

あのねのね、という清水国明と原田伸郎のコンビが、いかに人気があったか。彼らの最初の本となる『あのねのね』が昭和四十九年の年間ベストセラー十傑の第六位にランクインしている。この本はいまだに見るなあ。コミックソング「赤とんぼの唄」を最初に「ヤングOH！ OH！」で聞いたときは衝撃的だった。一発屋丸だしのデビューぶりだったが、その後、現在に至るまで二人はちゃんと芸能界で生き残っている。大したものだ。本書の内容を紹介するつもりはない。こういう本があった、ということでいいだろう。ちなみにわたしの所持本は初版。こういう本で初版というのは珍しい。やっぱり古書価も違うかな。

鍵谷幸信編『あれもこれも「知的面白学」』（徳間書店／トクマブックス・昭和五十六年）

これはもう目次を並べるだけで十分だろう。

「私の面白発想学」（鍵谷幸信）、「実用的ギャグ・ナンセンス学」（高平哲郎）、「美学的宴会学」（タモリ）、「酒場面白交遊学」（奥成達）、「面白映像学」（萩原朔美）、「妄想的旅行学」（三上寛）、「ファッション・プレイ学」（白石かずこ）、「詩的スポーツ学」（藤富保男）、「知的面白音楽学」（三宅榛名）、「野次馬的見物学」（高梨豊）、「知的オカルティズム入門」（高橋巌）、「面白無駄学総論」（久保田二郎）。同じような本を作っても、いまなら赤瀬川原平、南伸坊、嵐山光三郎、村松友視、渡辺和博といった面々になるのだろう。しかし、七〇年代から八〇年代初頭にかけては、このメンバーだった。表紙イラストは桑原伸之。

久米宏『テーブルマナーなんか怖くない』（KKベストセラーズ／ワニの本・昭和五十六年）

「ニュースステーション」のキャスターとして知名度はバツグン。この本が出た当時は「ザ・ベストテン」「ぴったしカン・カン」の司会者だった。しかし、なにゆえにテーブルマナーの本など出すはめになったのか。副題が「食べ方でわかる女の魅力」。まえがきの見出しが「魅力いっぱいに食べてみませんか――女をみがくテーブルマナー」となっていることから、女性向けに書かれた本らしいことがわかる。袖の紹介文は「ザ・ベストテン」の相棒、黒柳徹子。まあ当然でしょう。

タモリ『今夜は最高！』（日本テレビ・昭和五十七年）

タモリと高平哲郎が組んだ「今夜は最高！」というバラエティ番組は、景山民夫の周到な批判などがあったが、それでも、いまの深夜番組のレベルから比べれば質は高い。本書は、トークの部分だけを活字で起こしたものだ。しかも、かなり忠実な採録で、竹下景子・浅井慎平の回の名古屋論、阿川泰子・ジョージ川口の回の派手なホラ合戦。矢野顕子・山下洋輔の回の馬鹿馬鹿しくも情熱的に遊んだ日々の話など、いま読んでも十分楽しい。白眉はかとうかずこ・赤塚不二夫の回。サングラスをかけると文化人、取るとただのスケベ親父に変身する赤塚と、タモリのからみは笑える。表紙、本文イラストは和田誠。

淡谷のり子『のり子が明かすおしゃれのヒ・ミ・ツ』（産心社／産心ブックス・昭和五十七年）

「この八月一二日で七五歳の誕生日をむかえた」が開巻最初の文章だ。七五歳の老婆の書く本に「のり子が明かす」だの「ヒ・ミ・ツ」だの、いいかげんにしろ、と言いたくなる本だ。「どんな高級品より〝気持ちの張り〟にまさる化粧品はないと思うわ」などと、いかにも言いそうなことが書いてある。「三〇すぎたら下着にこるのがオシャレ心をふけさせないコツなのよ」たって、淡谷のり子だぜ。三〇すぎたら……って、あんた。

桂枝雀『枝雀のアクション英語講座』（祥伝社／ノン・ブック・昭和六十三年）

故人となった上方落語の人気者、桂枝雀が熱を入れていたのが英語による落語であった。あまりに日本的な世界、日本的な表現を英語に移し替えるというのは大変な作業で、その試行錯誤の過程を語ることで、英語表現の特徴と、日本語表現の違いを語ったもの。枝雀の本はたくさん出ているが、この本はめったに見ない。

三遊亭圓窓『パソコン通信　始め方・生かし方』（ごま書房／ゴマセレクト・平成二年）

噺家とパソコン……結びつかないものの見本のような組み合わせだが、圓窓師はなんと、八八年からパソコン通信を始めている。かなり早い方ではないだろうか。日経ニューステレコムで新聞記事を検索してネタを拾い、「楽屋雀」というホームページで落語ファンと情報交換をする。「小噺バトルロイヤル」という書き込みのできるページで小噺を募集。「暖冬」というお題で初めてきた投稿作品が、ウルトラセブンの隊員たちの会話で「今日のパトロールは誰と行くんだ?」「はい、ダンと」というもの。日進月歩のパソコンの世界では半年前の情報がすでに古い。それが、平成二年の話となると、縄文時代のような話になるのではないか。だから実用性は薄い。しかし、昔からパソコンをやっている人が今この本を読むと、「そうだよなあ、当時のプリンターはえらく大きな音を立てるんで、夜中は困ったんだよなあ」などと懐かしく思い出されるのではないか。

青島幸男『だから巨人ファンはバカなのだ』（ごま書房／ゴマブックス・昭和五十一年）

最後に「そいなみ本」の傑作とでもいうべき本を。

全部で一四三本の短章からなる。この世のあらゆる事象について分析した上、すべて結論は「だから巨人ファンはバカなのだ」で終わる奇書。青島によれば、水虫持ちも、祝宴のスピーチでつまってしまう男も、短小で悩む奴も巨人ファンであり、第二の石油ショックが起こるのもすべてこれ国民の八〇パーセントが巨人ファンであるがためである。めちゃくちゃな論理だが、非論理的であればあるほど内容としてはおもしろい。

しかし、アンチ巨人は裏返せば巨人ファンといわれるように、これだけ熱心に巨人を語れるということは、じつは青島も巨人ファンなのではないかと疑われる。なお、表紙イラストは湯村輝彦。こういう安直な本にしてはポップなデザインである。

古本屋で売られている個人のアルバム

台風一過のあと浜辺に出てみると、波打ち際にはさまざまなものが打ち寄せられている。中西弘樹さんという植物生態学の学者が書いた『漂流物学入門』（平凡社新書）を読むと、〈清涼飲料水やビールの空き缶、ペットボトル、洗剤やシャンプーの容器、空き瓶、タバコのフィルター、スリッパ、こわれたおもちゃ、ビーチサンダル、漁網の切れ端、ポリエチレンの袋、発泡スチロールの破片〉などの人工物に、〈海藻、海産動物や海鳥の死骸、貝殻、果実や種子、植物の根茎〉などの自然物が散見できるという。近くの河川から海に流れ出たものもあれば、遠く何百キロ、何千キロ離れた南の島から運ばれたココヤシの場合だってある。

また、怪獣ブームがあった後には、怪獣のおもちゃがしばらくあとに目につくなど、〈漂流物はたとえ人工物であっても空間と時間を旅して、海岸に流れ着いたものであり、ゴミ捨て場のゴミとは異なるものである〉ともいう。

古本屋や、古書即売展・デパート市などでも、空間と時間を旅したさまざまなものが流れついてくる。そこに売られているのは本だけではないのだ。作家の生原稿がある。書画がある。絵葉書がある。新聞の切り抜きのスクラップ帳がある。昔のマッチの箱のスクラップ帳がある。古い観光案内がある。チラシがある。パンフレットがある。他人の書いた日記がある。エトセトラエトセトラ……。

そんな中に、個人の古いアルバムが売られていることがある。どうしてそんなものが紛れ込むかというと、もちろん、店で買い取りをするわけではない。あなたの持っているアルバムを何冊か持ち込んで「これ、買ってください」と言ったって、そりゃ買いやしませんよ。

家へ本の買い取りに行って、それが故人の蔵書で、遺族が「おまかせしますから全部引き取ってください」と言われて、いっさいがっさい箱に詰めこんで、店へ持ち帰ったところが、本と一緒にアルバムも混ざっていたということではないか。

古本屋という職業は、つまるところ「時代を証言する資料」を次代に受け渡す役目を担っているから、他人のアルバムだって売れるなら売るのだ。

ただし近過去のものはいけません。ここ十年、二十年ぐらいの間に写されたカラー写真は、妙に生々しく見る気が起こらない。すべて心霊写真のように見えてしまうのだ。

「ブルータス」創刊第二号（一九八〇年八月）「特集・親爺たちの時代」は、西麻布の道端に捨てられていた古い一冊のアルバムが特集のベースになっている。そこに写されてあった、昭和初期の男たちが生きた時代を写真を通して追慕しようという企画が、ライターに松山猛、寺崎央という、のちの「ワーズワースの冒険」「ワーズワースの庭で」（ともにフジテレビ）を作る凝り性二人がかんでいるだけに、キャプションの一行に至るまで熱が感じられるすばらしい出来だ。

石黒敬七、銀座ライカ倶楽部、懐中時計、「新青年」、昔の広告とファッションなど、押さえるべき点は漏らさず網羅されている。その情報収集力とセンスには脱帽だ。

さてその西麻布の道端で拾ったというアルバムだが、拾ったというのは少し怪しいと思っている。本当にそうなら、うまくデキた話でおもしろいが、本当のところは松山が出入りしていた六本木周辺の古本屋か骨董店で見つけた可能性が高いと思う。いや、そのことで「特集・親爺たちの時代」の魅力がいささかでも褪せるわけではないけれど。

じつは私も、これまで三冊、昭和初期に写されたアルバムを買っている（その後、二十冊くらいに増えた）。三冊とも男子学生（旧制高校、大学）が撮影していたもので、時代は昭和八年から十四年の間。場所は大阪、京都、東京、仙台などである。古書価は千五百円から二千円くらい。

買ったアルバムを少し紹介してみようか。

黒い表紙、黒い台紙の一冊は、昭和九年、十年の慶応大学医学部学生のアルバム。そう言えば昔のアルバムの台紙はたいてい黒だった。これは、写真がモノクロだったため、下が黒の方が映えるということだろう。いつごろかスナップ写真はカラーが全盛となり、それにつれてアルバムの台紙は白が主流となったが、こうして見ると、黒いアルバムというのはいい。黒の魅力を再認識させられる。

このアルバムの持ち主が慶応大学医学部の学生、とわかったのは「慶応大学医学部　予防医学教室」と文字の入った建物の前での集合写真があるからだ。また、剣道部に所属したらしく、剣道着を着た体育館の集合写真、交詢社での剣道部祝勝会の写真がある。

旅館か料亭での集合写真もある。一枚は床の間をバックに、前列の者がみな寝そべって撮ったふざけた写真。半数が上着を脱ぎ、ビール瓶を抱えた者や銚子や急須をかざした者もいる。どうも酔っとるな、こいつら。

もう一枚には、「クラス会」とキャプションがあり、中央に小柴三郎先生を置き、二十二名が学生服で写っている。うち十二名がメガネをかけている。それぞれの上に名前が記入されている。書体の違う点から銘々が書いたのだろう。一番後列右端、坊主頭、丸眼鏡の体格がいい学生の名前の下にカッコでくくって「混愚」とある。「コング」というあだ名ではないか。

彼らは年齢的にほぼ全員、戦争に召集されているはずだ。医学部出身なら野戦病院へでも送られたか。いったいこのうち何人が生き残ったろうか。

それにこのアルバムの持ち主はどうやら関西在住だったようだ。大阪住吉神社や天満天神宮、紀州高野山などの写真がある。いや、これだけだったら、関西へ旅行した際に撮ったものである可能性もあるが、なかに鐘紡淀川工場の写真もある。旅行先で紡績工場を写真に撮ることはないように思う。

家族の写真もたくさん残っている。日の当たる縁側で、礼服を着た男性三人、和装の女性三人が座る写真がある。身内に何かめでたいことでもあったのだろうか。庭の大きさから推察すると、ずいぶん広い家に住んでいるが、やはり医者の一族だろうか。

本人らしい写真もある。カンカン帽を手に持ち、白いワイシャツに背広姿で庭に一人立つのが、前後の写真から本人だとわかる。胸には万年筆がさしてある。将来への不安も屈託もない、少し緊張はしているが晴れ晴れとした顔が印象的である。

慶応ボーイの義姉だろうか、着物姿で赤ん坊を抱き上げた写真が数点ある。その中の一枚は、赤ん坊の口に乳房をふくませた授乳の場面。少しドキッとするが、私の子どものころでもまだ、電車内など公共の場で、乳房を出して子どもに授乳する母親の姿は珍しくなかった。むしろ微笑ましい光景として、回りも自然に対応していたように思う。

人物がバストアップで写っているのは、この赤ん坊を抱き上げた女性の写真一枚で、あとはすべて全身、もしくは上半身の写真である。

次のアルバムは、京都の旧制高校生らしい少年のアルバム。この少年はマメな性格らしく、写真を貼った黒台紙の余白に、白い鉛筆でキャプションや撮影データを記している。おかげで、いつ、どこで撮った写真かが一発でわかる。

一ページ目は写真を貼らず、蛇腹カメラのカットを描き、そこから「僕乃アルバム」という文字が飛び出している。カメラは「パーレット復　F６・３レンズ」日付は昭和拾四年五月十五日。名前を書いてくれていればもっとよかったが、確かに自分のアルバムに氏名を書く者は少ない。ただし、中に「名倉家先祖代々之墓」とキャプションのついた写真があり、他家の墓を撮る人間はいないから、どうやらこの「僕」は名倉くんと考えて間違いないだろう（あとのページにたった一枚、友人が撮った自分の写真に「名倉」と名が入っている）。

名倉くんは、五月二十三日にはおさげ髪の同窓生N嬢を撮影。「チョットすまして」とキャプションを入れている。Nさんは縁なしの丸眼鏡をかけている。彼女にちょっと好意を持っていたのだろうか。

名倉くんはスポーツマンだったらしい。西京極球場での京都大保会春季リーグ戦（二十三対五で惨敗とは弱い）、琵琶湖畔のキャンプ、湖南アルプス踏破行（第一回、第二回）、大津浜で水泳など戸外の写真が多い。

残念なのは、山や湖、名勝地など自然の風景が多いことだ。自然の景色というのはいつの時代にもあまり変わらない。当然、価値の高いのは都市の風景であるが、自分のアルバムを考えてみればわかる通り、町なかをバシバシ写真に撮る人間はプロを除けばあまりいない。

唯一の町の写真は祇園まつりの山鉾巡行を撮った二ページ。これも鉾のアップばかりで、背景の町並みが写っていない。昭和十年代の四条通りがどんな風景だったか、ぜひ見たい気がする。

もし昭和初年の都市部の町並みが写っているアルバムが古本として出れば、当然値は上がると思われる。戦前戦中の満州、大連の写真も人気が高い。だから、というわけでもないが、私は写真を撮るとき、自然風景は避けて、もっぱら都市の建物や看板や、家屋を拾うようにしている。古本屋の外観を写真に撮っているのも私の場合珍しいと思われる。東京を中心に、日本全国の古本屋の写真もアルバム五、六冊ぐらいにはなった。五十年後にもしこれらが古本の市場に出れば、けっこう値がつくかも。

また、ビルの屋上で「社務さん応召記念」の人物写真、大きな日の丸国旗を掲げた軍人の行進の写真があり、そのキャプションには「銃ヲ持ツ手ニスコップヲ担ヒ」「若く逞しき土の戦士を送る」などと書いている。岡崎動物園の黒熊の写真にも「ヤアー今日ハ蔣介石ハ全ク、クマツタ奴デス一度コノ檻ニ入レルト眼ガ覚メルデス」。これが昭和十四年七月二日。昭和十四年は兵役期間延長が決まり、各県の招魂社を護国神社と改称、大学の軍事訓練が必修科目となり、五月十二日ノモンハン事件、同月二十二日に昭和天皇により「青少年学徒ニ賜ハリタル勅語」が下賜された。これが七月までの出来事である。

しかし、その後もまだ、名倉くんのアルバムには戦争の暗い影は落ちていない。昭和十五年の湖南アルプス踏破行の写真には「空ハ晴レタリイザ！　行カン　担フリユックモ軽ヤカニ」、琵琶湖でボートに乗りオールを持つ写真には「オール持つ手に花が咲く」と書き付ける。まだ昭和十五年には、石坂洋次郎の小説のような青春があったのだ。

もし名倉くんが存命ならば、おそらく現在八十歳前後かと思われる。ご本人、もしくはご家族の方がいらっしゃれば、ぜひこのアルバムはお返ししたいと思う。

古本世界を女性の目線が変える――女子の古本屋のこと

古本屋という業態は、長らくかたちを変えずに続いてきた。見た目で言えば、そのシステムも店構えも、主人の平均的な風貌も半世紀ぐらい変わりがなかった。ガタピシ鳴る入口の戸、プンと埃とカビ臭い匂い、裸電球、通路に積まれた本の山、帳場でじろりとにらむおじいさん、柱時計の音だけがコチコチと……そんなイメージ。

そこに大きな変化が訪れたのが、2000年あたり。インターネットの普及によりネット販売が急増した。あるいは「ブックオフ」に代表されるような、新刊書店と見まがう広い店舗にきれいな本だけを並べ、価格は半額か百円という大型新古書店の進出。これも駅前や幹線道路沿いを中心に急成長しつつある。

そしてもう一つ、二十〜三十年前には想像すらできなかった大きな変化が、若い女性たちによる古本屋の起業である。古本屋は意外に力仕事であり、女性には不向きとされていたのである。相撲の世界ほどではないが、業界に女性の姿はまれであった。それが二〇〇〇年を越えるあたりから、古書業界に参画する女性が目立つようになってきた。

その動きに注目した私は、二〇〇六年十月より一年間、筑摩書房のPR誌「ちくま」で

「古本屋は女性に向いた職業　女性古書店主列伝」という連載を始めた。取材を始めた頃には、十二人も女性の古書店主を探すのは大変な気がしたが、やがて『女子の古本屋』として単行本にまとまり、同タイトルで二〇一一年に文庫化される時には、新たに数店舗増補したほど、目に見えて増えてきたのである。今なら五十店舗を取材することも可能だろう。

女性による古本屋の登場は、男性もしていた仕事を女性もしてみたというような単純な話ではない。それまで男性目線で選ばれてきて疑いを持たなかった古本世界を、女性目線で選び直す。これは革命であった。

たとえば、二十代でネット販売を始めた「海月《くらげ》書林」さん。彼女は、従来の商品の価値付けをいったん捨て去って、自分がいいと思うもの、おもしろいと思うもの、きれいだと思うものをネット上で販売するようになった。それは、初期の「暮しの手帖」、文庫判の写真文庫「カラーブックス」、寺山修司と宇野亜喜良が組んで作った新書館「フォアレディース」という叢書などであった。

これらは、男性古書店主には見向きもされず、安く値付けするか、捨てられてきたものであった。しかし、「海月書林」のサイトに注目した女性たちが、新入荷の商品がアップされる度に、即買いをするようになる。すでにあった商品であったが、「海月書林」が価値づけして売り出すことでブランド化したのである。

「古書業界は男社会だから、女性であることである意味、自由でいられるんですね。この包装紙、きれい！　そう思ったら売ってみる。それができるのも女性の特権かもしれません」と語るのは、今、南青山のモダンアパートに実店舗を構える「古書日月堂」の佐藤真砂さんだ。彼女は、セゾン文化絶頂期の八〇年代に渋谷パルコでイベント企画を担当する、かつてのキャリアウーマンだった。やがて独立してPR会社へ転身という輝かしい経歴を持ちながら、先端を追う仕事から過去に価値を見いだす古本屋業界に転身した。

その異色の経歴について、くわしくは『女子の古本屋』を参照していただきたいが、一九九六年、東京大田区北千束、駅でいえば目黒線「大岡山」に、小さな古本屋を開業した。これは、「女性の」というより、ごく普通の町の古本屋さんだった。ここでは経営がうまくいかず、次に彼女が場所として選んだのが、なんと港区南青山。海外の一流ブティックが並び、高級洋菓子店のある東京有数のおしゃれ町である。こう言ってはなんだが、地味な古本屋が一番似合わない町なのだ。

その一角にある、昭和四十年代に建てられた高級モダンアパートの一室に、新生「日月堂」を開業した。そこで過去の在庫をすべて処分し、パリで買いつけてきた化粧品のパッケージ、デパートの案内、ホテルのバゲッジラベルなど、目のさめる美しい紙ものを並べることにした。こんな急転回と大胆な発想は旧社会の縛られた男には無理だ。

また、東京山ノ手の古い家から出た着物や家財道具を展示販売する「ムラカミ家のモノに見る昭和史」展を企画運営し、反響を呼んだ。これも、佐藤さんが、パルコ時代に培ったイベントなどの実績が生きた仕事だった。

仙台の「火星の庭」の店主・前野久美子さんも三十代半ばまで、調理師、ホステス、編集者など波瀾万丈の人生を歩みながら、古本カフェというスタイルにたどり着いた。彼女も濃い人生経験を生かし、友部正人のライブ、蔵書票展、製本教室を店内で開き、店外でもブックイベントを企画するなど、仙台を盛り立てている。

倉敷「蟲文庫」の店主・田中美穂さんは、苔と粘菌とカメと読書が好きな三つ編みの少女だった。高校卒業後に就いた事務職に堪えきれず、以後アルバイトで食いつなぎながら、倉敷で古本屋を開業した。のち倉敷の美観地区に移転し、植物、自然、天文学、昆虫など好きな世界を存分に古本を並べることで表現していった。どれ一つ取っても、それ一つだけでは食べてはいけない。しかし「好き」を武器に、彼女が選んだ最終形態が古本屋だったのだ。

「日月堂」「火星の庭」「蟲文庫」は、今や、東京や地方から、わざわざ訪れる有名店となっている。女性客が多いのも特徴で、みな彼女たちが選び取った店のスタイルと生きかたを支持している。女性が入りやすい店は、これまで古本屋を敬遠していた若者男子だって入りやすいということに気づかされたのもこれらの店だ。

古本屋という業態にとって「弱み」と思われた「女」性を、彼女たちは「強み」に変えて、どことも似ていない店を築き上げた。それは単なる物販の場ではなく、紆余曲折を練り上げた生きるスタイルなのである。強さを胸に秘め、こぼれる笑顔でお客さんを迎える。花も実もある女性の古本屋は、これからも増え続けるだろう。意外や、古本屋は女性に似合う職業だったのである。

さらにもう一つ、この四、五年で目立ったのが、五十代から六十代初めの男性が、次々と古本屋を開業したこと。京都では「古書　善行堂」を筆頭に、知る限りでも六、七店舗は数えられる。古本販売では素人の本好きが、人生の最終コーナーにさしかかった時、最後の夢の実現を図ったという感じだ。いずれもあくせくせず、のんびりと客との古本話を楽しんでいる風情がいい。女性の古書店主とおじさま古書店主が、これからの古本業界の新しい波をつくる予感がする。大いに期待したい。

第二章　古本ワンダーランド

トウキョウのブローティガン釣り

それは一冊の本から始まった。二〇〇二年四月、新潮社から出された『リチャード・ブローティガン』という本だ。著者は藤本和子。表紙カバーは、ブローティガンの代表作『アメリカの鱒釣り』(晶文社)の表紙カバー写真をそのまま踏襲したものだった。ペーパーバック版の原著にも使われている写真らしい。

サンフランシスコのワシントン広場、フランクリン像の前でテンガロンハットをかぶって立つブローティガン。そのかたわら、芝生の上の小さな椅子に腰掛け足を伸ばした妻のヴァージニア・アドラー。あまりに印象的な写真。ところが、いきなり話はそれるが、写真ではすぐ後ろに見えるフランクリン像、じつはこれが望遠レンズで撮影したもので、普通の標準レンズではじっさいにはこんなふうには写らないらしい。そのことを知ったのは、田川律『男らしいって、わかるかい?』(晶文社)だ。同じ場所で田川が記念撮影した写真が表紙カバーに使われているが、これが似ても似つかないものになっている。フランクリン像は田川律の三倍以上の大きさなのだ。なんとも不思議な感じ。

そのいきさつについて書いた田川の「アメリカで鱒釣り、または『ハロー! D』」の中に登場する、友人の和子とはおそらく藤本和子のことだろう。ブローティガンの邦訳を、ほとんど一手に引き受けた女性だ。しかし、『アメリカの鱒釣り』を知る者なら、誰だってフランクリン像へ行けば、同じポーズを取りたくなるだろう。

さて、リチャード・ブローティガン。

代表作『アメリカの鱒釣り』は六〇年代、アメリカの若者、とくにヒッピーたちに熱く支持され、世界で二百万部を売るベストセラーとなった。四十七本の短い文章からなるこの小説は、互いに関連せず、ただ「アメリカの鱒釣り」という言葉をモチーフにした、それぞれが独立した内容をもつ風変わりな作品だった。巻頭の一文は「『アメリカの鱒釣り』の表紙」と題され、まさしく先述の表紙カバー写真を撮影する話なのだから、なんとも人を喰っ

ている。

日本では晶文社が邦訳出版し、『ホークライン家の怪物』『芝生の復讐』など、ほかの作品も多くはこの出版社から出た。河出書房新社から出た『西瓜糖の日々』なども含め、そのほとんどを訳したのが先に挙げた藤本和子だ。シンプルながら、暗喩を込めたリリカルな訳文は、ブローティガンの本質をよく日本語に移し、たくさんの日本のファンをつくり出すのに寄与したのである。詩集以外の邦訳版の出版は七〇年代後半から八〇年代前半に集中し、八四年にブローティガンが自殺を遂げたことで中断した。

ちょうど私が、大学生活を送ったころとそれは一致するが、ブローティガンはカート・ヴォネガット・Jr（現カート・ヴォネガット）とともに、アメリカ現代文学の旗手としてよく読まれていた。村上春樹のデビュー作となった『風の歌を聴け』が、一九七九年の「群像」六月号に、同誌新人文学賞受賞作として掲載されたとき、選考委員の一人だった丸谷才一が、背後に影響を感じる作家としてこのブローティガンとカート・ヴォネガットを並べて挙げたのは象徴的な出来事だった、といまにして思う。それが、死によって、長らく忘れ去られた存在になっていた。ここ十年くらい、あまり意識して彼の作品を読むことも、名を思い浮かべることもなかったのである。ほとんど揃えていた著作も、度重なる引越しによる処分で、偶然残った数冊以外はいつのまにか散逸していた。

それがこの本『リチャード・ブローティガン』を読むことで、急に彼の作品を読みたくなった。それだけの力があったのだ。しかし、ブローティガンの本は『アメリカの鱒釣り』をのぞき、ほぼ絶版状態。あわててわが本棚を調べてみると、いまや『アメリカの鱒釣り』を含め四冊あるのみ。ほかの三冊とは、新潮文庫『愛のゆくえ』、晶文社（現在は河出文庫）『ビッグ・サーの南軍将軍』、池澤夏樹訳の詩集『チャイナタウンからの手紙』だけだった。こりゃ、大変。急いでかきあつめなきゃあ。あわてていくつか心当たりの古本屋を回ってみたが、驚いたことに、古本屋の本棚からもブローティガンは消えていた。

ブローティガン消滅す！

この急報は、わが脳髄の古本部門の情報蒐集室にいち早く打電された。眠っていた子どもたちはみな飛び起き、えらいこっちゃえらいこっちゃと躍り出した。火中の栗はパンパン爆ぜだした（えっ、もういいですか、このへんで）。

とりあえず眼をつけたのが早稲田の古書街。ここなら、くまなく探せばたいてい一冊や二冊は見つかるだろうと楽観し、吉日を選んで身を浄め、ほかの珍書良書にはいっさい眼もくれず、ブローティガン一本釣りで端の店からローラーをかけていったのである。いつものように、幅広くほかの探求書も一緒に探すつもりでいると、かんじん要のものを見のがすおそれがある。ここは、背表紙からブローティガンという著者名のみを探すべしと、ベルトの穴をひとつきつく締めた。

ブローティガン撃滅作戦、決行。

ところが、『アメリカの鱒釣り』が二冊、なんとか目に入っただけで、あとは神隠しにでもあったように退散していた。大いにあてははずれたのだ。

さあ、無いとなると、若く明るい古本魂がカッカと燃えはじめる。神保町、中央線沿線と、ブローティガン一本釣りの東京古書帝国行脚が始まった。来る日も来る日もブローティガン。会う人ごとにブローティガン熱を吹き込み、知り合いの古書店主あれば、このあまりに極端な品薄について訴えた。しかし反応は冷たい。「そうですか、よく見るような気がしますがね」などと言われるとがっくり。「あってもいまや均一ですよ」と言う店主も。なんで、いっしょに燃えてくれないんだ、と責めたくなる。

しかしインターネットで検索すると、いまや彼の作品は三千円から一万円の古書価がついていることがわかった。この温度差は何なのだ。一番高いのは『西瓜糖の日々』。一万二千円つけている店もあった。たった一冊のみ文庫化されたが品切れ中の『愛のゆくえ』（新潮文庫）にも二千円の値が。驚いたなあ、いつのまに。その後『愛のゆくえ』はハヤカワepi文庫で復刊、『西瓜糖の日々』は河出文庫から出され、ブローティガン再評価の機運が起こることになるが、このときはまだ帆を下ろし、海面は凪いだ状態だった。

その後、粘り強くブローティガン狩りの手を休めず、店へ飛び込むなり外国文学の棚にとりつく日々が続き、なんとか以下の本を入手した。『西瓜糖の日々』『ホークライン家の怪物』『芝生の復讐』『ソンブレロ落下す』『鳥の神殿』『東京モンタナ急行』以上が藤本和子訳、晶文社。詩集では『ピル対スプリングヒル鉱山事故』水橋晋訳（沖積舎）、『ロンメル進軍』高橋源一郎訳（思潮社）、『東京日記』福間健二訳（思潮社）、『突然訪れた天使の日』（思潮社)。

　残された『バビロンを夢見て』藤本和子訳(新潮社)、『ハンバーガー殺人事件』松本淳訳(晶文社)だけが難物で、なんとしても手に入らなかった。いや、あってもすでに価格は高騰し、気軽には手が出ない状態になっていた。どうもこの二冊は、後期作品ということもあり、この先も入手に手こずりそうだ。それもまた愉し……だが。

　くりかえすが、日本に藤本和子という翻訳者がいたことはブローティガンにとってもよかった。彼はのちに来日し、以来親日家として、何度もこの地を踏むようになる。その初めに藤本和子がいた。

　本書を読んでわかったことがいくつもあるが、藤本は、最初の仕事となる『アメリカの鱒釣り』を翻訳中の一九七三年、サンフランシスコの「スエヒロ」という日本食堂で、偶然、ブローティガンと会うのだ。挨拶をし、一週間後、彼のアパートで話を聞くことになった。そのとき、『アメリカの鱒釣り』を書く真の意図を語る。その言葉が感動的だ。

「少年のころのことだが、本というものがある、と発見した。あの瞬間、あれがわたしの転機だった。それまでは鹿狩りなんかに夢中だった。鹿を鉄砲で撃ちころす、血が流れる……そうやって、暮らしていた。ある日、それがすごくいやになっちまってさ。図書館には本というものが、あると発見してね」

　そうして言葉を書くことを覚えた少年が、のちに『アメリカの鱒釣り』を書く(書いた順番は『ビッグ・サーの南軍将軍』が先)。藤本は、娘のアサシンシにインタビューし、彼の作品が持つ秘密により深く迫っている。

例えば、ブローティガンにつきまとった故郷という亡霊。「感情的に不安定だった母親、父親のいない家庭、あるいは暴力的な継父のいた家庭、いつも雨にぬれていた土地、疎外感、途方にくれている状態」

それら子ども時代に彼を束縛した要素が、いかに彼の作品に反映されているかを、藤本はていねいに分析する。ブローティガンの詩的な文体に潜む、彼が本当に伝えたかったことが明らかになっていく過程はスリリングだ。

末期ガンの患者が、つらい告知を受けたあと、ブローティガンの作品を読む話がある。二週間かかって、全作品を読み終え、彼は変わった。「どこかよそへ、べつの時間に運ばれていったと感じた。重い病気だったその人が……」。

いまこそ、ブローティガンを読みたい。そんな気にさせる本である。

後記　その後、新潮文庫『アメリカの鱒釣り』ほか、続々とブローティガンの著作が文庫化された。うれしいような、ちょっと残念なような……。

ぼくたちにはこの〝大きさ〟が必要なんだ

わが世代が生んだ、もっとも強力なリーダー・リーダー（読書の牽引者）坪内祐三さんが二〇〇〇年に、『古くさいぞ私は』という素敵なヴァラエティ・ブックを、晶文社から、あの判型で出したとき、「やられたなぁ」と思うと同時に、〈あとがき〉を読んで「そうだ、そうなんだよなぁ」と独りごちてしまった。

読書法、図書館利用術、古本街ガイド、文芸評論、テレビ時評など、さまざまな分野、スタイルにまたがる文章を一冊に晶文社でまとめることになったとき、坪内さんが担当編集者につけた注文はたった一言だった。

〈A五判の、晶文社ならではのヴァラエティ・ブックを作りたい、と、それだけ〉

このワン・センテンスで、わかる人にはわかるだろう。

ピチカート・ファイヴの小西康陽さんが、やはり同じスタイルのコラム集『これは恋ではない』（幻冬舎）を出している。書店の本棚で見つけて、なんだかうれしくなって思わず買ったのを覚えている。

一九七〇年代に次々と出た、〈A五判の、晶文社ならではのヴァラエティ・ブック〉は、古本からすでに足を抜けられなくなっていた二十代の私を魅了した。

植草甚一　『ワンダー・植草・甚一ランド』（一九七一）
　　　　　『映画だけしか頭になかった』（一九七三）
小林信彦　『東京のロビンソン・クルーソー』（一九七四）
　　　　　『東京のドン・キホーテ』（一九七六）
　　　　　『エルヴィスが死んだ』（一九七七）
　　　　　『われわれはなぜ映画館にいるのか』（一九七五）
双葉十三郎『映画の学校』（一九七三）
長谷川四郎『ぼくのシベリヤの伯父さん』（一九八一）

こうして書名を並べるだけで、豊かでぜいたくな気分になれる。そして、二十代のころを思い出す。

「あの時君は若かった」

ちょうど文庫本を二冊横に並べたのと同じ、このA五判という大きさは、その場所の取り具合といい、ジャズ喫茶の椅子にもたれて、組んだ股の上に乗せた重量といい、何か特別な存在だった。レイアウトの妙を駆使して、単行本なんだけど、まるで雑誌みたいに、本文の組み方も一段から四段まで自由自在。イラストや写真をふんだんにちりばめて、遊び心たっぷりの作り方がしてあった。

なんといっても最初に出会った『ワンダー・植草・甚一ランド』の衝撃が大きかった。買ったのは、当時学校帰りや浪人時代によく通った、大阪・千林商店街の古本屋「山口書店」だ。忘れもしない、左の入り口から入って、レジ横突き当たりの棚のちょうど目の高さに置いてあった。

定価千八百円がいくらだったんだろう。五十円、八十円なんて値段から本が手に入る驚異の「山口書店」が、たしかこの本にかぎっては八百円くらいついてた。

それで迷ったのだ。

何度か足を運んで、そのたびにこの本を開いて、植草さんのコラージュ、各章のタイトルをうっとりと眺めていた。タイトルはナール系のすっきりしたスマートな書体で、しかもブックデザイン担当の平野甲賀さんの指定だろう、字と字がくっつくぐらいに字間をできるだけ詰めて独特の味わいを出していた。

古本買いをしていると、あるとき、どうしても買っておかねばならない本と必ず出会う。買うことで、自分の古本買いのレベルが確実に一段上がることがわかる本がこの世には存在する。その時の自分には、少し高いと思っても、理由をつけてあきらめたり、ケチしたりすると、せっかくそれまで徐々につけてきた力が、一挙に流れ出てしまうような気になる。

しかも、高いからと言って（八百円が当時は高かった）、けっして値切ったりしてはいけない。それは本に対して失礼だ。

そこまで自分に言い聞かせて、とうとう『ワンダー・植草・甚一ランド』は私のものになった。店主の手で包装紙につつまれて、わが手に渡ったとき、その大きさ、その重量が自分の方へすーっと移ってきた。うれしかったなあ。

その時に思ったのだ。

「ぼくたちにはこの大きさが必要なんだ」

それから、小林信彦のヴァラエティ・ブック四冊と、『日本の喜劇人』『世界の喜劇人』（この二冊は四六判、晶文社）それに双葉十三郎『映画の学校』を古本屋の棚に追い求める日々が始まった。『エルヴィスが死んだ』は、小林信彦のサイン入りが見つかった。『われわれはなぜ映画館にいるのか』だけが、なかなか見つからず、最終的に手に入ったのはずっと後だった。

苦労して、見つけただけあって、筑摩書房から『映画を夢見て』というタイトルで増補の末に復刊されたときにも、もちろん買いはしたが、『われわれはなぜ映画館にいるのか』に対する愛着はいささかも褪せることはなかった。

一九七〇年代後半と言えば、ちょうど私が、文学、映画、日本のフォークソングやジャズに夢中になり始めた時期だった。

本を読んだり、音楽を聞き出すと、平気で夜明かしをした。興奮すると一人家を抜け出して、夜明けの町をほっつき歩いたりした。

そのころの気分を、もっともよく表しているのが、晶文社の、A五判のヴァラエティ・ブックだったように思う。

後記　このあと、晶文社から『雑談王』（二〇〇八）、原書房から『気がついたらいつも本ばかり読んでいた』と、二冊のヴァラエティ・ブックを出すことができた。

植草甚一が教えてくれた

要するにこの世に生を享《う》けて、墓場に入るまで、人生は膨大なひまつぶしだと教えてくれたのは、われらが植草甚一だった。映画評論家、ミステリ評論家、ジャズ評論家、コラムニスト、雑学の大家……と、いくら肩書を並べても、うなぎのようにニョロニョロと植草さんは指の間から逃げだし、容易に正体をつかませない。

われらの世代に多大な影響を及ぼした一冊『ワンダー植草・甚一ランド』（晶文社）というカッコいいバラエティーブックに、丸谷才一がこんなふうに書いている。

「この人は本と映画に凝ったあげく、一流大学の一流学科（注／早稲田の建築科）を中退して悔いなかった。日本橋の大店をつぶして、それでも悔いなかった。（中略）植草さんは、やりたい放題のことをして一生を棒に振り、今も振りつづけている勇敢な男である」

臆病なぼくは、この散歩と雑学の大家みたいに、一生を棒に振る勇気はない。寂しい背中を丸めながら、今日もまた地道にパソコンのキーを叩いて糊口をしのぐ。そのかわりに、せめて古本屋めぐりをするときくらいは、あくせくせずに、思う存分時間を浪費したいと思う。せめて半日ぐらいは豪勢に、時間を棒に振りたいではないか。

よく言われることだが、本を探すだけなら、パソコンによるネット検索の方が便利だ。時間効率もよく、電車賃を考えれば費用だって安くつく。なのにそれを避けて、いまだに二つの足を互い違いに出しながら古本屋めぐりを続けているのも、そこに時間を浪費する快楽と、ネット買いでは味わえないお楽しみがあるからだ。

例えば、古本屋から古本屋へ渡り歩くことで、その途中、足を動かしつつさまざまなことを考える。歩行は静止がもたらさないアイデアを生む。疲れたら、静かな喫茶店の片隅に席をとり、買ったばかりの古本の包みを開く。この瞬間がたまらない。その本を選んで買ったときの小さな幸福がそのまま包装紙でパックされ、喫茶店の席で開いたとき、あらためて新鮮に広がるような気がするのだ。

表紙を手でさすったり、奥付を確かめ、目次を目で追うなどの一連の儀式を終え、最初のページの数行を読みはじめる。コーヒーがじつにおいしい。もうこの時点で古本代の元は取ったと言える。

これも植草さんが教えてくれたことだった。

三冊の『ボッコちゃん』

私はブックオフに代表されるリサイクル系の大型古本屋へもよく行く。散歩がてら、自宅周辺に点在する複数の店舗を巡るのだ。最初の単著となった『文庫本雑学ノート』（ダイヤモンド社）執筆の際には、ネタに困ると、広い店内にずらり並んだ文庫の棚を、本を読むように眺めていたものだ。そうすると、オヤこれは、という発見が必ずあった。

新刊書店と違って、同じ書名の本でも版の違うものが複数並んでいる。カバーが変わったとか、本文組や解説まで変わったのが、新旧の比較によってわかる。ときには、意外な発見

星新一の『ボッコちゃん』（新潮文庫）は、中学生だったわたしが初めて自分の小遣いで買った文庫として、特に愛着のあるものだ（作家の原田宗典さんも、初めて買った文庫として同書を挙げていた）。例によって、新古本屋の文庫の棚で、懐かしく星新一の文庫本を眺めていたとき、『ボッコちゃん』が読みたくなって、家に帰ればあることはわかっていたが、すでに蔵書が繁殖し、とても目当ての本をすぐ見つけられそうになかったので買うことにした。それが七九年版。増刷も二十九刷を数えていた。

久々に星の世界に堪能しながら、巻末の「あとがき」と「付記」を見てオヤ？　と思った。「あとがき」はそのままながら、「付記」はその後つけられたものだ（昭和五十年六月の日付あり）。その「付記」の冒頭がこうなっている。

予期しない結末とは私がよく使う手法だが、今回は私自身が予期しなかった事態におちいってしまった。

なにがあったんだろう？　興味を持って読みすすめると、文章はこう続いた。

この新潮文庫『ボッコちゃん』は「あとがき」で記したごとく、新潮社以外の出版社から発行されている短編集のなかからも選んだ自選短編集なのである。その〝新潮社以外の出版社から発行されている短編集〟に『悪魔のいる天国』というのがあり、それが今度、新潮文庫で出ることになった。

それによって『デラックスな金庫』『誘拐』『肩の上の秘書』『ゆきとどいた生活』『追い越し』『診断』の六編が、同じ社の文庫において重複して収録されているという異例な形となってしまった。

それなら文庫版『悪魔のいる天国』から重複する作品を除外すればいいかというと、それでは短編集一冊のまとまりが弱くなる。迷ったあげく、そのままにしておくことにして、〈将来においてこの文庫版の『ボッコちゃん』を作り直す機会があったら、重複した作品をここから落とすことになるでしょう〉と苦渋の言い訳をしている。

いまなら、自称〝作家〟が書き散らした処女作であっても、そのまま平気で文庫に収録されるが、文庫版『ボッコちゃん』の初版が出た七一年当時は、新人作家が文庫に収録されることはその作家にとって事件であった。なにしろ、そのころの新潮文庫と言えば、七一年版の解説目録を見ても、二葉亭四迷の四冊から始まり（当時はアイウエオ順ではなかった）、紅葉、一葉、鷗外、独歩、藤村、花袋、漱石と文豪たちが前線に陣取っている。そこからだいぶ下がって、吉行淳之介、安岡章太郎など第三の新人たちと、華々しくデビューした石原慎太郎、大江健三郎、開高健、北杜夫など昭和三十年代前半の芥川賞受賞組が末席に並ぶ。そのまま日本近現代文学全集が作れる顔触れであった。筒井康隆が何度も書いているとおり、そのころの日本SFの位置はきわめて低く、とても一冊の単行本がそのまま老舗の文芸出版社から文庫化される空気はなかった。そこで文庫における星のデビューは、「あとがき」にあるように、複数の単行本から自選したアンソロジーというかたちになった。つまり『ボッコちゃん』は、梶井基次郎『檸檬』がじつは「梶井基次郎集」（旧版ではこのタイトルだった）であり、稲垣足穂『一千一秒物語』が「稲垣足穂作品集」であるように、「星新一作品集」だったのだ。この本にあまり反響がなければ、そして早くに星の才能が枯渇していたら（誰もあれだけ緊密でエスプリあふれる作品を生涯で一〇〇一作も書くとは想像しなかった）、星は、梶井や足穂たちと同じマイナーポエットとしての扱いをうけていたかもしれない。星の作品は文庫ではこれ一冊にとどまりうることもありえたのである。

ところが星作品は、文庫に入ることで、わたしを含めた中高生のファンを飛躍的に作り、毎年増刷されるほどのロングセラー作家となった。作品も継続して生み出されて行った。もう、わざわざ作品を選んで一冊にする必要はなくなったのである。「付記」で記された混乱は、こんなところに起因している。

さて、話を戻して「付記」で星が約束した〈将来においてこの文庫版の『ボッコちゃん』を作り直す機会があったら……〉がどうなったか気になるところである。さいわい、八七年に同書は改版された。[*1]

それは、星の言う〈作り直す機会〉としては絶好のポイントだった。しかし、結論から言えば、『悪魔のいる天国』と重複した作品が、新版『ボッコちゃん』からはずされることはなかった。初版から十六年、「付記」執筆から十二年たって、もういまさら急に重複作品をはずすこともないでしょう、という編集部側の意向があったのかもしれない。

増刷・改版における一つのドラマを見たような気になった。

さらにこの文庫には、もうひとつドラマが……。

『ボッコちゃん』のカバーと挿絵を担当したのは、星作品において和田誠とともに縁の深い真鍋博。真鍋の描くイラストの幾何学的、無国籍ふう、クールな細い線などの特徴は、星の作品とちょうどムードが合っていた。挿絵が作品理解を深めた好例だと思う。

改版前の『ボッコちゃん』における真鍋の挿絵は、縦長と横長の二種類のパターン。どちらも、そのページの半分を挿絵、半分を本文というレイアウトになっている。ところが、改版時に、挿絵は独立させて、各一ページ全面が費やされることになった。つまり縦長サイズである。こうなれば、もとは横長サイズだった挿絵は合わなくなるし、縦長サイズも比率が違うため、これもそのままでは再使用がかなわなくなることとなった。そこで、真鍋は旧版の全挿絵をご苦労にも描き直したのである。ただし、ここからが微妙なのだが、一からすべて、まったく新しいものに入れ替えるのではなく、もとの挿絵をうまく再利用しながら、新版に生かす方法を取った。

例えば旧版の「悪魔」に使われた氷上での釣りの絵（①）は、そのままでは縦の比率が長すぎるため、人物とその周辺はほぼそのまま再利用し、寸を詰める方策として、釣り糸を短くし、背後の山脈や氷のひびを書き足し絵自体を左右に広げた（②）。水中の気泡を増やしてバランスを整えるが、壺中の悪魔の全身を見せることはあきらめなければならなかった。

さらに離れ技をやってのけたのが、新版の「猫と鼠」に使われた挿絵（③）。これを旧版の挿絵（④）と比べると、まったく違う絵になっていることがわかる。

「悪魔」における改変どころではない。新版に生かされているのは、右側で指さしている男と電話機だけである。しかも、男の顔と下半身は描き直されている。それでは中央の暖炉と椅子に座る男は、まったく新たに描き加えられたのか……誰でもそう思うところだ。

①

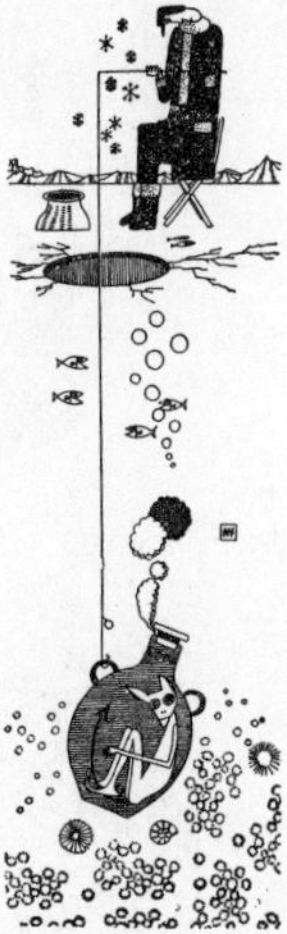

②

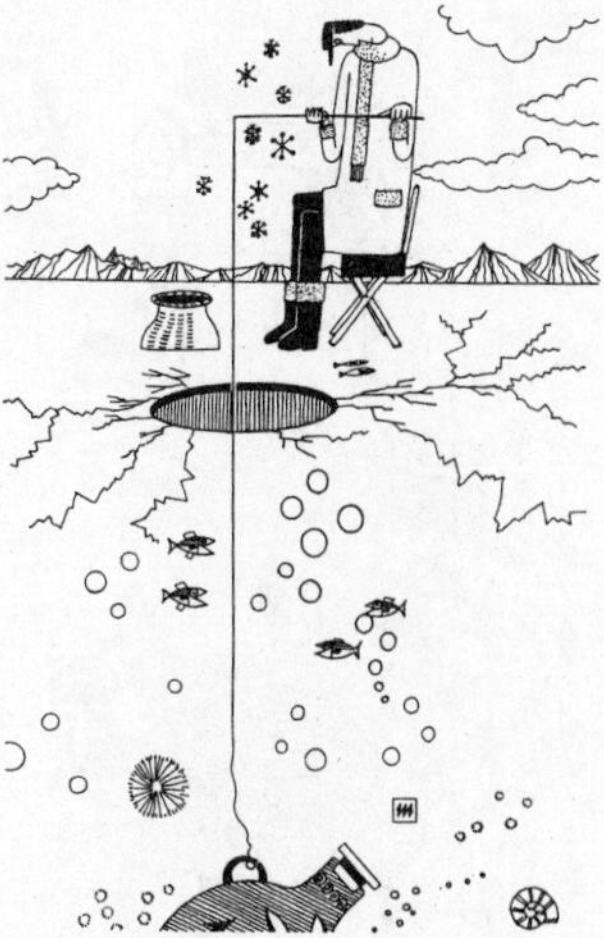

ところがここにマジックがあった。旧版をパラパラ挿絵だけを見て行くと、「悲しむべきこと」のところで目が止まった。クリスマスの夜、サンタクロースの格好でじつは強盗の男が暖炉から現れて、椅子に座ったこの家の主人が驚いている絵（⑤）が描かれている。この中の「暖炉」と「椅子に座った主人」のパートは、そのまま多少手直しされてはいるが、新版「猫と鼠」の挿絵そのままではないか。その結果、当然ながら新版の「悲しむべきこと」では挿絵は使われていない。

何げないことのようだが、改版のチャンスがあるごとに、できるだけ前よりベストなかたちにしたい、という真鍋の職人気質を感じることができる。それを確かめることができただけで、同じ本を三冊買った値

③

⑤

④

打ちがあった。

＊1　ポイント数を上げて文字を大きくし、一行の字数を四十三字から四十一字へ、一ページの行数を十八行から十七行に減らして、全体に読みやすくした。

三冊の獅子文六『胡椒息子』

一つの作品が、時間をおいて、版を変え、出版社を変えて数種類出されることが時々ある。最近でも、椎名誠のデビュー作、『さらば国分寺書店のオババ』が、最初は情報センター出版局から出され、長らく文庫になるのを拒んでいたが（世に出してくれた同社編集長の星山氏への恩義として）、ついに数年前に新潮文庫入りした。すると文庫になって間もなく、星山氏が独立して作った三五館から、再度単行本として出版されることとなった。同一作品に三つの版があるということになる。

中身は同じでも、時代的条件や、出版社の都合で複数の版が存在するというケースは出版史上珍しくない。特に太平洋戦争の混乱期を挟んでよく見られる現象だ。

獅子文六『胡椒息子』を三冊も買ったのも、そのへんの事情が知りたかったからだ。*1

A　昭和十三年九月十一日発行。新潮社。四六判。厚紙表紙。箱入り。定価一円六十銭。

B　昭和十八年五月二十日第十四刷発行。新潮社。四六判。軽装カバー付き。定価一円六十銭。

C　昭和二十三年十一月三日発行。月曜書房。四六判。準ハードカバー。定価百六十円。

この三冊を見ると、活字の種類、本文の組み方、挿絵の位置など寸分たがわずみな同じであることがわかる。これはあきらかに、同じ紙型《しけい》を使って印刷されたものだ。外装が違って中身はまったく同じという本は、いまほとんど考えられないから（版元が変われば、印刷所や組み方も変わることが多い）、三冊の同一ページを開いて並べると、それがまったく同じなのでおかしな気分になる。

そこで「紙型」という印刷用語を説明せねばならない。これは活版印刷の工程で使われる言葉で、いまや死語になりつつある。早くに電算写植に切り替えた印刷会社に勤める、若い社員だと知らないかも知れない。以下、デザイン編集室編『編集ハンドブック　第6版』（ダヴィッド社・一九九〇年）から、「紙型」の説明をアレンジして引用する。

まずは活版印刷のおさらいから。原稿にしたがって活字を組んだものを組版という。いわばデカイ印鑑のようなものです。活版印刷はこの組版から直接印刷することもできる。しかし、活字を再使用するためには解体しなければならない（場所も取るし）。そこで普通は、組版から紙の版……紙型を取っておき、そこへ鉛を流し込んで一品ものの新しい版を作る。紙型とは、鉛製の組版の上に、繊維の強い紙を何枚も張り合わせた用紙を圧縮機で押し付けて取った紙の型のことである。活字の鉛は摩滅するが、紙型を元に、増刷時にまた紙型から鉛版を作れば、それでまた印刷ができる。いちいちまた活字を拾って組み版を作る手間がはぶける。そのため、紙型は出版社に、もしくは出版社から委託され印刷所に保管された。難点は、紙型の寿命が十五回（十五刷）ぐらいであること。再版以降の訂正がきかないことなどだろう。

一方、この紙型さえあれば、あとは紙代と印刷代その他だけでいくらでも本が再生産できた。紙型は出版社の財産だったのである。ところが、Aの出版社の資金繰りがうまくいかず倒産となるとき、そのA社が作った紙型をB社が買い取って、同じ作品を引き続いて出版することがある。これは事情があって廃業したラーメン屋を、厨房道具、テーブルや椅子、おまけに客ごと買い取ったようなもので、後釜の吸う汁は甘い。

先に挙げた三冊の『胡椒息子』のうち、同じ新潮社からA（昭和十三年）とB（昭和十八年）があるのは、たぶん戦争が激化し、用紙不足を含めて立派な本は作れなくなってきたからだろう。だから、外見上この二冊は別の本だが、『新潮社一〇〇年図書総目録』では、上製版のAが記載されるのみ。

繰り返すが中身は全く同じ。Bの奥付の初版発行日はAと同じである。それなのに本の体積はBはAの半分くらいしかない。本文用紙についても、Bにはワラ半紙のような粗末な紙が使われている。これでAと定価が同じというのはひどい。

ところでAとBでは異なる個所がひとつある。それは、目次後に書かれた装幀・挿画の担当者が、Aが宮本三郎になっているのに対し、Bが高岡徳太郎になっていることだ。先程も言ったように、使われた挿絵は三冊とも同じなのだ。しかも、これは宮本三郎が描いたことは間違いない。昭和挿画史における傑作のひとつだろう。どこで高岡徳太郎がまぎれこんだのか。

あくまで想像でしかないが、推理としてはこうだ。宮本三郎は従軍画家として徴用、一連の戦争画を描いている。*2 Aのかたちでは本が出せなくなって、『胡椒息子』についても、これまで通りの上製本ではなく、簡易な造りの本にしようと考えた。しかし、元版の装幀・挿画担当の宮本三郎はいない。そこで、内地に残った高岡徳太郎に事情を話し、表紙画を描いてもらったのではないか。獅子文六と高岡徳太郎のコンビで、同年に『達磨町七番地』が出版されている。この方はまちがいなく、高岡の装幀挿画による本。

B版の担当編集者は、表紙が高岡徳太郎と変わったことで、本来は装幀・高岡徳太郎　挿画・宮本三郎とすべきところを、元の版の「装幀挿画・宮本三郎」となっている、宮本三郎の部分だけ高岡徳太郎に差し替えてしまったのではないか。

ところで『胡椒息子』は、どういう作品か。

十二歳になる牟礼昌二郎といういたずら好きな少年が主人公。父・昌太郎は実業界の巨頭で、牟礼家は麴町に千坪の庭園を抱えるお屋敷を持ち、ほかに軽井沢と葉山に別荘がある。何不自由ない家庭だが、昌二郎が芸者に生ませた子であることから、義母、義理の兄姉に徹底的にいじめられる。最初、義母がじつの母であることを疑いもしない昌二郎は、いわれのない家庭の冷遇に苦しむ。*3

そのいじめの苛酷な描写と、少年の孤立は、ルナール「にんじん」との類似が従来から指摘されている。たしかに、新劇の演出家として岩田豊雄の本名を名乗る獅子文六は、日本最初の「にんじん」舞台化の際の演出を担当していることからも影響は間違いないだろう。

しかし、『胡椒息子』には昌二郎の気性を愛し、牟礼家で孤軍、昌二郎をかばい続ける手伝いの民婆《たみ》やがいる。この「婆や」という存在が、じつに日本的であり、しかも『胡椒息子』の陰惨さを大いに救っている。巻末「跋」文で、獅子は〈僕は、子供の時に、だいぶ婆やの世話になつた〉、だからこの作品では〈お民婆やのやうな「婆や」を書きたかつたことも、事実である〉と言っている。そこから連想するのは、むしろ漱石の『坊っちゃん』である。生まれついての無鉄砲で、親兄弟からは乱暴者と疎んじられている「坊っちゃん」をただ一人、「あなたはいい人だ」と援護したのが、やはり清《きよ》という婆やだった。

『胡椒息子』の読者は、おそらく昌二郎と同じ年代の子どもが対象ではなく、家庭を持った中年、壮年の男性会社員だったのではないか。上司の無理解、子どもの反発、妻との心の懸隔を感じるとき、ひと目には立派な大人だって、ときに「あなたは本当は立派な人なんですよ」と無条件に慰めてくれるような存在を求めているのではないか。それは母ではない。血縁でつながっている母親には言えないこともある。無心になって涙を流せる、民や清といった老婦人が必要なのだ。

単なる少年ものというだけでは、『胡椒息子』が何度も版を改めて世に出ることはなかっただろう。

＊1　このほかに、朝日新聞社刊『獅子文六全集第一巻』に収録版、文庫版二種と、『胡椒息子』だけで合計六冊あることになる（ほかの、日本文学全集の類に収録分は除外）。
後記　その後、二〇一七年にちくま文庫になっている。

＊2　洋画家・宮本三郎は昭和十五年から中国北部を皮切りに、フィリピンなど南方戦線各地に戦争画を描くため数度でかけている。「山下・パーシバル両司令官会見図」「本間、ウエインライト会見図」はその代表作。

＊3　朝日新聞社から「胡椒息子」を収録する『獅子文六全集第一巻』が発刊された昭和四十四年ころ、これを原作としてＴＢＳがテレビドラマ化した。主演・中村光輝（現中村又五郎）はさぞ茶の間のおばさんたちの涙をふりしぼったであろう。

木山捷平『軽石』体験ツアー

画家の熊谷守一は、それまでの画家がおよそ題材にしなかったような、ごく日常的でヘンテコなものをモチーフに絵を描いた。例えば、アリ。例えば曲がったクギ、小枝や水滴。文学の世界でその同類を探せば、まず木山捷平（私小説作家。井伏鱒二、太宰治らと交遊＝一九〇四〜六八）の名が上がるのではないか。「歯痛」「定期券」「ねんねこ」「弁当」「釘」などを題材に小説を……。詩のほうでも「こげた飯」「腰巻」「月経」「とうもろこしのひげ」など、ふつうはポエジーから縁遠いと思われるものをみごとに詠いあげた。一般的にはとるにたらないと思われているもの、直線的よりはひね曲がったものに好尚を見せた。

その〝ひね曲がり具合〟をいかんなく発揮したのが、晩年の作品『軽石』である。この『軽石』のあらすじを述べるぐらいバカバカしく困難なことはないと思うが、未読の方のため、一応のアウトラインを。三題噺ふうにポイントを示せば、焚火、釘、軽石である。

主人公は作者そのものと思っていい。つまり作者の分身である「正介」。「十年あまり前、正介は焚火に凝ったことがある」という一文から話は始まる。あまりひんぱんに焚火をするものだから、燃やすものが周囲になくなると、八百屋へ行って、わざわざ木のミカン箱などをもらってきてはそれを燃やす。本来、不要のものを処分するための焚火が、正介の場合、その目的性を失ってより純粋な行為として焚火に勤しむようになる。なお、この部分は天才マンガ家の倉多江美が『一万十秒物語（上）』（ちくま文庫＊品切）の中の一編「釘」でパロディ化している。

木箱を燃やすことで残った釘を空き缶に入れ溜め込んだ正介は、出入りの廃品回収業者にそれを売る。いつも将棋をするよしみで、いい値をつけるだろうと期待したところが、三円しか渡さない。不満を持ちながら、その金額で買えるものを探して、町中をさまよったあげく、やっとちょうどの値段の軽石を買って帰るという話だ。その三円を握りしめての彷徨が、実際にある通りの名前や神社などポイントが示されているため、正介の歩いた道筋がたどれるようになっている。この作品は昭和四十一年に執筆され、翌年正月号の「群像」に発表。冒頭に「十年あまり前」とあるのを信用すれば、昭和三十年ごろの話と思っていい。

そのルートは、地図を参考にしていただきたいが、四十年の懸隔により、町並みをすっかり変えてしまっている。だが、さいわいなことに、主要な通りはそのまま残っている。まさか、正介（木山）が軽石を買った店が現存するとは思えなかったが、行程にして約四キロの道を散歩がてら、たどってみようと思ったのである。こんなバカバカしいこと、おそらくやったのはわたしが初めてだろう。

決行は一九九八年七月三十日。まだ明けぬ梅雨空は、重い雲をたれこめ、雨を落とす準備をしている。出発は、『軽石』執筆時の住居であり、木山の終《つい》のすみかとなった「練馬区立野町八九四」(地図の①)。現在「十二丁目四番地」(未亡人・ミサヲさんが住む。*その後故人に)となっているが、おそらく旧住所と同じ位置だと思われる。いまは立派に建て替わっているが、当時は、栗谷川虹《くりやがわこう》『木山捷平の生涯』(筑摩書房)によれば、将棋を指しに訪れた田辺茂一に、「この程度の住居なら、原稿が売れなくっても大丈夫だね」と言われたほどの、「本当は家という範疇にいれてやることはできない代物」(『無門庵』)だった。

表札の「木山」の文字を見つけたときは、あるだろうとはわかっていたが、さすがに興奮した。記念写真をパチリ。閑静な住宅地を抜けて、バスがひんぱんに行き来する吉祥寺通りをまず進む。

バス停まで出た正介は、吉祥寺まで歩くことにした。バス代は十円だが、三円の買物をするのにそんな大金をつかっては、収支がつぐなわないような気がした。

(『軽石』以下同)

釘代の三円と比較して、一〇円を大金とわざわざ言ってのけるところが、なかなかの狸である。「そんな大金」と念を押しておくことで、続く「収支がつぐなわない」というおおげさな表現に滑稽味が漂うのである。

バス代は一〇円と言うが、現在の同路線運賃は二一〇円だから、単純計算で言えば物価は約二十倍。そうすると、釘を売った代金の三円は、六〇円ということになる。いくらなんで

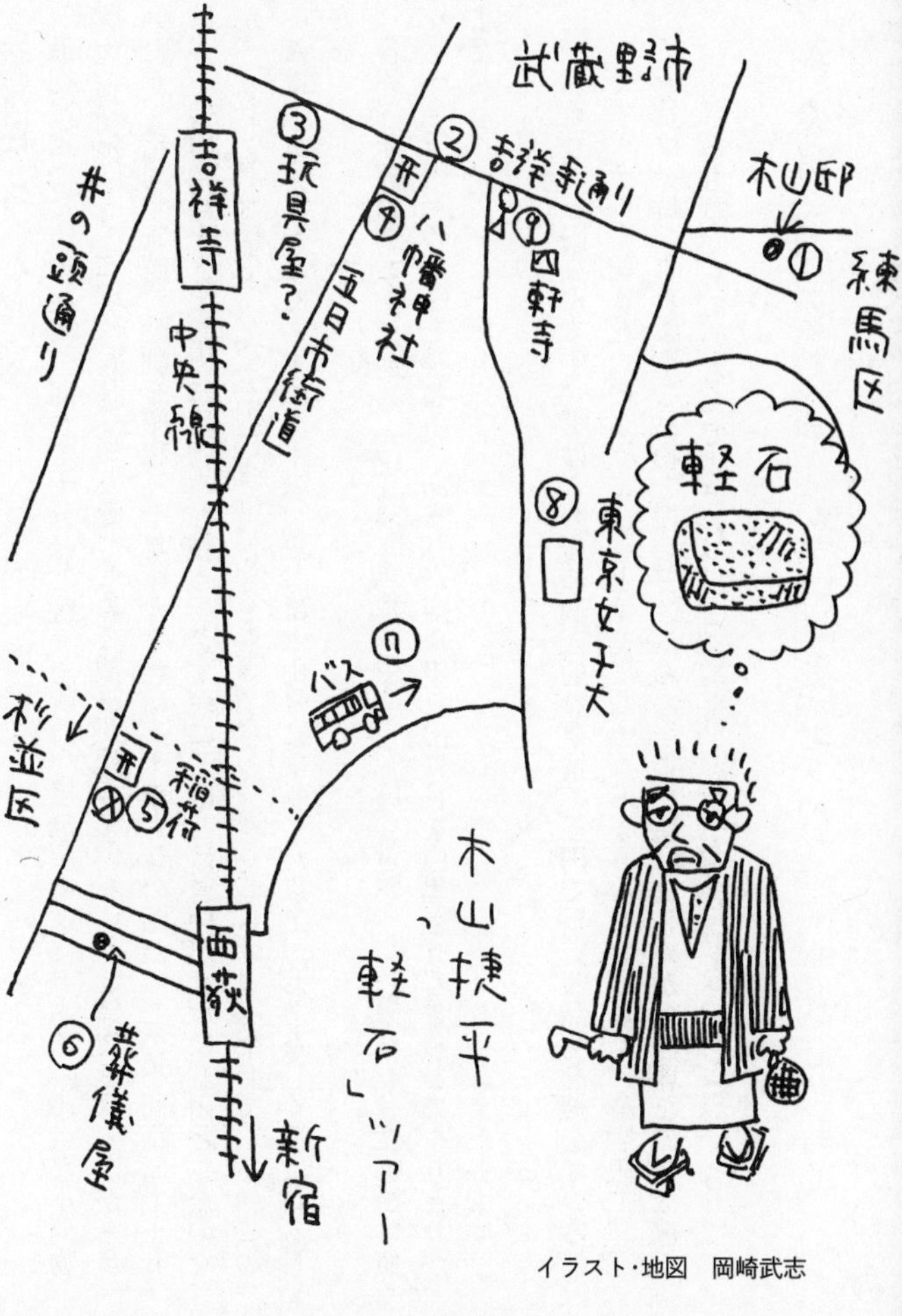
武蔵野市
吉祥寺
吉祥寺通り
井の頭通り
中央線
五日市街道
玩具屋？
八幡神社
四軒寺
木山邸
練馬区
軽石
東京女子大
バス
杉並区
稲荷
西荻
葬儀屋
新宿
木山捷平「軽石」ツアー

イラスト・地図　岡崎武志

も六〇円はきついなぁ。

最初に入った店は「南へ向って十分ほど行った所の、風呂屋の前に」ある「小さな小間物屋」（地図の②）。途中、吉祥寺通りを、せめて銭湯が残っていないかと煙突を探しながら歩いたが、結局未確認。時制を昭和三十年頃とすれば五十年も昔の話だ。この小間物屋で正介は、一〇円の耳かきを五円に負けろと頼む。さすがに三円とは言い出せずに五円としたのだが、「もしもおばあさんが五円にまけてやると言ったら」どうしようと心配している。このへんは、もうまったくの木山ペース。読者は木山号に乗船した以上、おとなしく運ばれるしかない。

吉祥寺駅前の繁華街にある「玩具屋」（地図の③）では、番頭らしい男に、今度は掛け値なしの「三円」の商品を尋ねる。あまりに変な申し出に目を白黒させる番頭とのやりとりがまたおかしい。

「そう、三円なんです。実はこちらの個人的な事情で三円で買える品物を捜しているんです。それも線香花火のようにぱっと消えてなくなるようなものでなく、最少限二、三ヵ月は長持ちするような品物を捜しているんですよ。話ははじめから無理なことは重々こちらも承知しているんですけれど、それでももしかありはしないかと思いまして、……」

なるべく相手の気持を損じないように気をつけて言うと、

「ご熱心のほどには感服のほかございません。しかし手前どもの店ではそれはどうも、とてもご希望に添えるような品物はございませんでございます」

旺文社文庫『茶の木・去年今年《こぞことし》』の巻末年譜によれば、この『軽石』は、発表の翌年に、NHKラジオで東野英治郎により朗読されている。困惑と慇懃無礼の交じり合った、この番頭のセリフなど、東野の声で聞いてみたい気がする。

正介はこのあと、吉祥寺通りを引き返し、五日市街道との交差点角にある八幡神社（地図の④）まで歩く。この八幡さまは、いまでもまったくそのまま小説に書かれた位置にある。ここを右折して、五日市街道を東へ、東へ。

「その頃の五日市街道は今のように交通量が頻繁ではなく、むかしの街道筋の趣がわずかであるが、まだ残っていた。欅の大木の下に藁葺の農家があって、その農家が駄菓子屋を兼業しているようなのが、ところどころ残っていた」

木山は執筆時の昭和四十一年ごろ、すでにこの通りの「交通量が頻繁」だと書いているが、それだって、三十年後のいまの交通量とは比較にならぬほど少なかったのではないか。五日市街道は、東京の西側郊外を青梅《おうめ》街道と東西を併走して環八を突っ切り、新高円寺で青梅街道と合流し、環七になだれ込む主要道路だ。現在、すぐ傍らを地響きを立てて走り去るトラックを見ると、とても「軽石」を買うようなムードではない。

この頃から空は見る見るまに暗くなり、埃くさいような、雨の降る前の独特の匂いがし始める。やばいなぁ、傘、持ってないからな。

正介のほうは「物理的に言って武蔵野市から杉並区へ入って、約半道ほど歩いた時、道の左側に高井戸署西松派出所」という交番まで歩いて来ている。下調べした地図上には、たしかに交番のマークがあり、その横に、このあと登場する稲荷神社（地図の⑤）も記されている。ところが、その交番が見当たらない。稲荷神社の左側は道路、右側は小さなビルで、一階が洋品店になっている。調べた地図が九二年版とやや古かったため、交番がなくなったとも考えられる。

正介は、この木の生い茂った静かな社殿で、涼んでいるうちに眠り込んでしまい、五十過ぎの巡査に起こされる。

「何かご用ですか」

と正介がきくと、

「いや、用というほどのことでもないが、あんたが寝冷えをすると悪いと思ってのう。ここは寝冷えの名所ということになっているもんで」

と老巡査が言った。

普通なら不審尋問とでも言うべきところだろうが、木山にかかると、なんとも拍子抜けするようなやりとりになってしまう。このあと、正介は巡査に「もう恩給はついているんですか」と尋ねるのだが、ここはちょっとフィクションくさい。私小説といえど、これぐらいの操作はむしろあたりまえだからである。読者も作家の意図を察して、うまくだまされたつもりになる。それが私小説の楽しみ方だ。

さて『軽石』ツアーの方もいよいよ佳境だ。社殿を出た正介は、「このまま真直に行けば新宿の方へ出てしまうことになるので、ある地点から左に折れた」。この「ある地点」の特定に困った。このあたりは、五日市街道沿いには店舗、その向こう、通りを入れば住宅街が広がっている。どこを曲がるか、一本一本確かめてみるしかないか。すでにぽつぽつ降り出した雨の中で絶望的な気分になっていると、南銀座会商店街という表示が見えた。この商店街なら古くからの店が並んでいるはず。そう決め込んで五日市街道に別れを告げ、西荻窪駅へ向けて通りを曲がった。「そこから家数にして十五、六軒目の所に、小っぽけな葬儀屋があった」。そう木山は書いている。見ると、まさしく目の前に「西荻祭典」という小さな葬儀屋（地図の⑥）があるではないか。このときは首筋へ雨滴が流れ込むのもかまわず、胸が高鳴った。『軽石』の記述で行くと、この隣に、「三円均一」という張り紙をした雑貨屋があったことになる。しかし、西荻祭典の両隣とも雑貨屋ではなかった。繰り返すが話は五十年前のこと。しかも、この軽石を買った話が事実かどうかもわからない。このあと、五日市街道から西荻へ向かう商店街をいくつか歩いてみたが、小説の記述通り、おあつらえ向きに葬儀屋があったのは、この「南銀座会商店街」だけ。

遠く鳴り響いていた雷鳴が、たちまち近くで炸裂し、大粒の雨が降って来た。もはやここと、先を急ごうとしたとき、件の葬儀屋の玄関のガラス越しに人影が見えた。数秒、ためらったあと、思い切ってその玄関を開けた。開けて中へ入ったはいいが、どう話を切り出したらよいか、頭は混乱した。だって、そうだろう。ふだんは、人間の死を扱う商売をする店に、頭を濡らした不謹慎そうな男がいきなり入ってきて、「あのう、木山捷平に『軽石』という小説があって、いま、その軽石を買った店を捜しているんですが……」なんてことが言えますか？

客を応対するソファに座っていたこの店の主人らしい人（四十代後半の男性）に「つかぬことをうかがいますが……」と切り出した。最初は警戒されたようだが、どうやら危害を加える人物ではないと認めてもらえたらしく、話を聞いてもらえた。その男性によると、この「西荻祭典」が開店したのが昭和四十二年。そのころのことを覚えているが、たしか、隣に、ザルやほうきを並べている店があった、というのだ。

やった！

『軽石』が昭和三十年頃の話とすると時制が合わぬ気もするが、これは、日本近代文学史上に残る大発見ではないか。のちにこの地に「軽石」の碑が建ったりして……まあ、それはないか。

木山はその雑貨店をこう描写している。

二間長屋の葬儀屋の隣りは雑貨屋で、箒やコンロやタワシが雑然と並んだ中に、さし渡し一尺ばかりのザルが置かれて、そのザルの上にボール紙が立てかけられてあった。

小説のあら筋を話すと、店の人も「それじゃあ、うちに間違いないでしょう」と言ってくれた。礼を言って店をあとに、途中、ディスカウント店で安物の傘を買い、西荻窪駅からバスに（地図の⑦）。雨足の強くなった粒が、バスのガラス窓をしきりに叩くが、これでひと安心。『軽石』に書かれたとおり、「東京女子大の正門前を通って、四軒寺というバス停で」降りる（地図の⑧⑨）。本当は、終点の吉祥寺まで乗っていけば楽なのだが、そこは最後の仕上げ。怠けるわけにはいかない。「バス停四軒寺はその名前にふさわしくひっそりした停留所で、そこで下車したものは正介が一人だけだった。まるで正介ひとりのために、バスはとまってくれたような感じだった」という描写そのままのかたちで、わたしも一人だけの下車をした。四軒寺という停留所名が「しけんでら」と読むことも知った。

木山にはほかにも、江戸川橋から池袋まで歩きだす道中を描いた「市外」という徒歩ものがあるが、木山にかぎらず、当時の人間はよく歩いた。中央線在住作家でも、ひと駅ふた駅分ぐらいは平気で歩く。徒歩のリズムが、木山の作品とどうかかわっているか。それはまたの宿題にしておこう。雨中の四キロはさすがに疲れた。

「脱力系」文芸の系譜

私が蒐集している古本の中で、勝手に「脱力系」と名づけたジャンルがある。「脱力系」の「脱力」とは、文字どおり「へなへな」と力が抜け、文章やその人物に触れるだけで、なにやら肩の凝りがほぐれるような文芸ジャンルを指す。

戦後の高度成長からバブル崩壊までを「活力」の時代とすれば、いまは貯え過ぎてふくらんだ無用なエネルギーのガス抜きの時代、すなわち「脱力」の時代だと言える。ダムは決壊した。これからはいかに水位を下げていくかを腐心すべきかと思われる。

そこで「脱力系」文芸の登場。狭い文学プロパーに限定せず、軟派もの、放送演芸まで網を広げる。作品は小説のみならず詩や随筆、談話も重んじるというのが眼目だ。

具体的な人名を挙げれば、井伏鱒二、木山捷平、尾崎一雄、上林曉、石黒敬七、中村正常、岩佐東一郎、高田保、古川緑波、サトウハチロー、福田蘭童、矢野目源一、菅原通濟、玉川一郎、徳川夢声、平野威馬雄、山之口貘、殿山泰司、田中小実昌といった人たちを指す。井伏鱒二を除けば、いずれも文学史の主流からははずれた面々。

彼らはみな、人生経験は豊富で酸いも甘いもかみわけた、しかも諸芸万端に通じた物知りの粋人。それなのに、力こぶを入れず、大声でどならず、人生の諸相をユーモアをまじえかき分けていく。そこに、和服が似合い、煙草の匂いがする「おやじ」像が浮かぶ。そんなおやじが縁側でちょこんと座っている。読者は、つい甘えたくなるような、あるいは懐かしい気持ちになるのだ。

例えば木山捷平は、最近講談社文芸文庫に作品が多数収録され、「日本のおやじ」と言われ、近年、再評価の高い作家だが、彼は生涯、自分の身の回りで起きたことを淡々と語る私小説の世界で生きた。「下駄の腰掛け」という作品などは、銭湯へでかけたところ、早く行きすぎ、まだ開いていなかったため、履いていた下駄を脱いで腰掛けとし、そこに座り、目の前を行く人々を眺めながら行く末こしかたに思いを寄せる、ただそれだけの話。文字どおり「小」説だ。

ただごとではない肩の力の抜け方（脱力）だ。昭和二十年代後半、激動の戦後史において、どこ吹く風の無風の境地。無用と言えば、これほど無用の話はない。しかし、そこを木山のおやじはすっとぼけた筆致でしっかり読ませる。これぞ文章の力だろう。定年後にまず手を伸ばすべき作家だと言っておく。

上林暁『聖ヨハネ病院にて』文学散歩

わたしは数年前から、この地、小平市《こだいら》に住んでいる（現在は隣りの国分寺市在住）。太宰治が入水《じゆすい》した玉川上水が目の前にある（ただし、入水場所はずっと下った三鷹付近）。まだ、ところどころ雑木林の片鱗が残り、武蔵野の面影を感じさせる地である。利用する交通機関としては、西武新宿線「小平」、中央線「武蔵小金井」、「国分寺」がほぼ等分の距離にある。そう言えば便利なようだが、どこからも遠い（徒歩三十分）とも言える。そのうち、一番よく利用するのが「武蔵小金井」。駅前に二軒、なかなかいい古本屋があるから、そこへ顔を出して電車に乗るパターンが多い。小平駅と武蔵小金井駅前を結ぶバスもよく利用する。その途中、「桜町病院前」というバス停があるが、ずっと長らく別に気にも止めずにいた。

上林暁の「聖ヨハネ病院にて」を、最初に新潮文庫で読んだのは、おそらく二十代。まだ当時関西にいたわたしは、出てくる地名に関する土地勘がないため、「聖ヨハネ病院」という名も記号として受け流して読んでいた。ところが、小平市へ越してきてからのこと、数年前、同書を読み返してびっくりしてしまった。いつもバスで通る「桜町病院」とは、精神を病んだ妻を看病する夫の姿を描いた舞台・聖ヨハネ病院のことではないか。それを知ったときの衝撃。これには本当に驚いた。

それから数度、正式な名称では「聖ヨハネ桜町病院」を訪ねてみた。「明月記」に描かれた聖ヨハネ病院は、建物に関する記述はなく、その周囲が目に映った嘱目として触れられている。

「静かな環境ですわねえ。」と言って、伯母が窓の外を見た。

武蔵野のまん中で、まわりは畑と林だった。広い構内には高いトタン塀がめぐらされ、塀寄りに、鈴懸やポプラが並んでいた。

「聖ヨハネ病院にて」にも、建物の外観に関する記述はない。

僕は裏門を出た。

病院を囲む生垣に沿って右に折れると、片側には大根畑を縁取って茶の木の株が列んでいた。茶の木は蕾をつけていたが、まだ固かった。先には赤松の聳《そび》えた林があった。百舌《も》鳥《ず》が鳴いていた。

いまは住宅が建て込んでいるが、それでもところどころ畑や、小さな林は残っていて、想像力を働かせれば、五十年前の風景を幻視することもそれほど困難ではない。病院前から、だらだら下っていく細い道は武蔵小金井駅へ続いており、いまでも夜は暗く心細い道だ。上林は、家の用事を済ませるため、いったん杉並区天沼《あまぬま》の家へ戻って、夜になってまた妻が待つ病院へ向かう。そのとき、この心細い坂を上っていったのだ。待っているのは、便所のスリッパを汚物で汚し、夫が残しておいた食事まで食べてしまう狂気の妻。

暗くて誰一人通る者もない野中の往還を、病院指して急いでいると、行手を阻むように、野川が氾濫して、往還の一ところを始終水浸しにしている。そこに来合わすと、僕は下駄と足袋を脱ぎ、ズボンを捲り上げて、脛近い水をザブザブと渡る。

（「聖ヨハネ病院にて」以下同）

ちなみに、この野川は武蔵野台地を流れ、はけと呼ばれる地形をかたちづくる。つまり大岡昇平「武蔵野夫人」の舞台（もう少し上流だが）となるところだ。

上林のこの一連の病妻ものをベースにした、宇野重吉の第一回監督作品「あやに愛《かな》しき」（劇団民藝）でも、この雨の中を、病院へ急ぐ主人公の姿が描かれている。ちなみに、配役は上林役（小早川武吉、以下括弧内は役名）を信欣三、妻・徳子を田中絹代（そう言えば、溝口健二監督の「武蔵野夫人」も田中の主演だった）、妹・睦子（澄代）を奈良岡朋子。そのほか、滝沢修、東野英治郎、菅井一郎、山田五十鈴、フランキー堺、芥川比呂志、小沢栄（のち栄太郎）など、端役にいたるまで豪華なメンバー（患者が北林谷栄、運転手が芦田伸介）

だ。特に、信欣三は貧しい私小説作家が似合う……を通り越して、もうそのままである。芥川比呂志は言うに及ばず、滝沢修など、かつての演劇界には文士役の似合う役者が多かった。いま、私小説作家を演じるとしたら、つげ義春ぐらいしかいないのではないか。

話を戻して、上林の妻・徳子は、発病した昭和十四年から二十一年まで、だんだん病状を悪化させながら入退院を繰り返していた。二人の子どもを抱え、見舞いや世話をする上林を助けるため、郷里から五番目の妹・睦子が呼ばれた。上林の酒好きは文壇でも有名だったが、一連の病妻ものを読んでいると、酒ぐらい飲まないとてもやっていられない、泣きたいような状況だったことがわかる。

最初は、聖ヨハネ病院ではなく、道を挟んで北側にある小金井養生院に、昭和十四年、十五年、十九年と三度入院。敗戦後、小金井養生院が解散、聖ヨハネ病院へ移ることとなった。このころから徳子の容体も悪化し、上林は病院に寝泊まりするようになる。朝の食事のあと、十月の薄ら寒い病棟を脱け出し、上林は「門前の芝生の上に座って」あるいは、樫の木の下で煙草に火をつける。

僕の腰を下ろす場所は決ってしまった。通用路の片側に並んだ樫の木の下である。樫の木は十本ばかり、一間位の間隔をおいて立っている。一ところ、その樫の木と樫の木の間に、廃材が積んであって、其処は陽当りも良く、風蔭にもなっている。廃材を敷いて坐れるので、ズボンの尻も汚れない。僕はそこに坐って、全身痺れるような朝の煙草を楽しんだり、ポケットから本を取り出して読んだりする。

全体に陰鬱な内容であるだけに、こういう箇所があるとホッとする。樹木のことは、かろうじて「松」のみが判別できる程度のわたしは、病院の敷地内にある木々が、樫かどうかはわからないが、たしかに木がたくさん植わって緑陰を作っている。

越してきて間もなくのころ、初めてここを訪れたとき、敷地内の一角に古い教会（礼拝堂）があった。これこそ、「聖ヨハネ病院にて」のクライマックスで、病院開設十周年を記念して行われたミサに上林が参加し、朝の光の中で、「自分は、如何なる基督教徒よりも、もっと基督教徒的でありたい」という感慨を抱く、その礼拝堂だったのだ。唯一、ここが作品の面影を残す場所だったが、これも現在、新しい建物に変わっている。

上林はその後、「アサヒグラフ」の企画記事で、聖ヨハネ病院を再訪している（『武蔵野教養文庫に収録）。訪れた上林に、事務員が「おかげさまで、病院もすっかり名高くなりましてねえ」と言う。実名で小説の舞台にしたことで、迷惑がかかりはしないかと案じていた上林が、それを聞いてホッとする場面が書かれている。中に、何枚かのモノクロ写真が口絵として使われているが、その中の一枚、桜町病院前のバス停で数名の尼がバスを待つ場面を写したものを見て気づいた。後ろに写る石垣と林は、いまもまったくそのまま同じ風景をとどめているのだ。玉川上水も流水量は減り（いまでは入水しても死ねない）、防護柵が作られ、一部舗装もされたけれども、ほぼ昔の姿をとどめている。

桜のころは、その堤も花見に行き交う人でにぎわうが、ふだんはときおり人と行き交う程度の絶好の散歩道である。かつての姿と変わったことを嘆くより、こうして、変わらない場所を探して、作品をもとにさまざまなことを想像してみるのも、文学散歩の楽しみである。

熊本上林町の上林暁

いまはなき雑誌「アミューズ」（毎日新聞社）の古本屋取材で初めて熊本を訪れたのは三年前。熊本城にほど近い「舒文堂《じよぶん》河島書店」の前に立った時は、少し緊張した。明治十年の創業、夏目漱石御用達の老舗として畏敬の念を抱いていたからだ。

この日本文学を代表する文豪が、熊本五高に赴任したときのこと。高校に出向く前に、まずは舒文堂に立ち寄ったという話を聞いた。漱石先生、なかなかやるじゃないか。劇作家の木下順二も、熊本中学時代、よくこの店に通った一人。「われらが中学生であったあの頃も、まだ藁《わら》屋根でランプがぶら下がっていた」と回想している。

舒文堂とは目と鼻の先、「天野屋書店」の住所は熊本市上林町。本棚に上林暁の本が並んでいるのを見て、あっ！　と思った。そうだ、そうだ。本名・徳広巌城《とくひろいわき》、上林暁は大正十年に熊本五高に入学、下宿した町にちなんでペンネームをつけたのだった。

ときの大出版社、改造社の編集者から作家に転身。精神を病む妻を抱え、その妻の死後、後半生は自身もほとんど寝たきりの生活となった。二度目の脳出血で半身不随、言語障害に陥り、以後妹の睦子さんが手足となり、兄の執筆活動を助けた。

自分の身から絞り出すように短編のみを書き続けたこの私小説作家は、一般にその名は忘れられているが、私の回りに彼のファンは多い。ひとことで言えば、彼の作品は「なつかしい」。そして、不幸をつづって混じりけのない清らかさを感じるのだった。田舎の小川に手を浸したような清冽がある。病妻ものの「聖ヨハネ病院にて」が代表作で、これは宇野重吉により「あやに愛《かな》しき」という題で映画化もされた。

私は以前、この聖ヨハネ桜町病院の近くに住んでいた。絶望と困窮にさいなまれた上林が、妻を見舞うため歩いた道をときおり散歩することもあった。

上林の作品の中からただ一作を挙げよと言われたら「天草土産」だ。主人公の五高生・森が、十四歳になる下宿の娘・三重と夏休みを利用して天草への旅に出る。下宿は学生がたむろするおはぎ屋で、常連の一人だった森は「早熟な、琵琶を弾奏する」少女を好きになる。

二人は旅館で一緒に風呂に入るが何も起こらない。無邪気な三重の使う熊本弁がじつに可愛らしい。上林版「伊豆の踊子」といってもいいだろう。二人の跡をたどって天草へいつか旅してみたい。

ジャズ喫茶のマスターとしての村上春樹

村上春樹がかつて「ピーター・キャット」というジャズ喫茶兼酒場を経営していたことはよく知られている。大学を卒業後、一度就職するがすぐ辞職。水道橋のジャズ喫茶「スウィング」などでアルバイトして稼いだ資金をもとに、七四年春にジャズ喫茶を国分寺で開いて、そこで四年。千駄ヶ谷に移って四年営業し、長編三作目となる『羊をめぐる冒険』を執筆するにあたって八一年に店を閉じ、作家業に専念することになった。

わたしが上京してきたのは九〇年だから、どちらの店へも行ったことがない。ただ、国分寺はよくうろつくので、もと「ピーター・キャット」があった場所はおおよそ推測がついている。椎名誠の初エッセイ集でも有名になった「国分寺書店」という古本屋がかつて近くにあり（現在は骨董店に）、村上のエッセイにもよく古本を買った店として出てくる。

国分寺「ピーター・キャット」が、一軒のジャズ喫茶として紹介されている記事を、古いジャズ雑誌（「月刊ジャズ」七五年五月号）で発見した。店内の写真と、エプロンをつけてカウンターの中に立つ村上の写真が掲載されている。

まだ開店して一年、二十五歳の初々しい姿である。髪の毛は七三分けの長髪で、川本三郎も同じような髪形をしていた。のちに、村上文学のよき理解者となる評論家とどことなく風貌も似ていた。二人が同じページで写った写真を見ると、文壇のおすぎとピーコという感じであった。

アンケートの回答によると、「ピーター・キャット」のレコード枚数は五〇年代を中心に八百五十枚。装置はプレイヤーがデンオンDP三〇〇〇、FR二四MKⅡ、シュアーV一五Ⅲ。アンプがサンスイAU六六〇〇。スピーカーがJBL・L八八プラス。コーヒーの値段は二百五十円（夜三百円）。営業時間が昼一時から深夜一時まで。最後に次のようなコメントを寄せている。

〈中央線沿線もここ数年で随分ジャズ喫茶が増えたが、国分寺にも当然あるのだ。どういうわけかカワイイ女の子が多く、アット・ホームな感じで気楽にジャズを楽しめる〉

これはちょっとしたレアものですよ。

村上はまだ、一介の喫茶店のマスターだったことから、ヒマなときにはペーパーバックを読んでいる、変わったマスターとして知られていたようで、雑誌「カイエ」の編集長をしていた小野好恵などが通っていた。ほかにも、デビュー当時の村上が常連執筆者だった雑誌「ハッピーエンド通信」にかかわった加賀山弘、川本三郎、青山南各氏などは一度は店を訪れたのではないか。

村上のその後の活躍はご存じの通り。

デビュー作にして、群像新人賞を受賞した「風の歌を聴け」を書き始めたのが七八年。

〈本を読むのは好きでよく読んでいたけども。店をやってると忙しくてね、そんなこと（注／小説を書くこと）考えてる暇がないんです。借金を返すので精一杯だったから。店はほんとに無一文で始めて、借金をして、利子を返していくのが精一杯だった〉（『村上春樹ブック』文藝春秋）。

その年（七八年）は、店がヒマな年となり、店を閉めてから、ビールを飲みつつ毎夜、一時間だけ小説を書き始めた。「風の歌を聴け」の構成が、短いチャプターの集まりになっているのもそのため。もちろん、ブローティガンやカート・ヴォネガットなどの作風の影響もあっただろうが。

デビュー当時、そのことを含め、乾いた感じ、無国籍ふうのスタイルを、「しょせん、喫茶店のマスター小説」と揶揄されたりもした。しかし、喫茶店のマスターだったからこその利点もあったのだ。

〈村上さんは以前、小説を書きながら、東京でジャズ喫茶をやっていた。カウンターの中でカクテルをつくっている村上さんを、腰かけてる人はほとんど意識しない。お客さんのしゃべり方の特徴や癖を観察するには絶好の場所だった〉（「ダイヤモンドBOX」八五年八月号）。

それでもまだ、このころは「ピーター・キャット」のマスターが、群像新人賞を受賞した「風の歌を聴け」の作者だとは、文学好きの一部の者にしか知られていなかったようだ。それが、「風の歌を聴け」と「1973年のピンボール」の両方が芥川賞の候補になったころから、周囲が騒がしくなっていった。

〈いろいろ電話がかかってきたりして、うるさくて。僕は店をやっていたでしょう。不愉快といっちゃいけないんだけど、でもほんとに不愉快なんですよね。候補になったって新聞に出ますよね。そうすると来るんですよ、顔を見に。僕は『風——』のときはそんなこと関係なく仕事をしてたんだけど、周りがみんな落ち着かないんです。人がジロジロ見るしね〉（前同）。

ひそひそ声で目の前の村上のことをささやきあったり、本人に小説の批判をする客まで現れた。やれやれ。

それでは、「ピーター・キャット」とはどういう店だったのか？

八二年発行の「ジャズ情報の本」（「ジャズ・ライフ臨時増刊」）で、村上が自分とジャズとのつきあい方を語っているインタビューがある。そこに、店について触れている箇所がある。

〈村上　だから僕は自分でジャズ喫茶をやる時も、そういうのを（注／ゲッツをリクエストすると白い目で見られる）なるべく避けたかった。そうするとどうしてもシヴィアな店はできないですね。端的に言うと、〝ダグ〟のコピーですよね。

——それでも〝ダグ〟のコピーとは雰囲気が違ってましたね。

村上　かなりインティミットなものにしたかったんです。ぼくが目の届く範囲でやりたいし、人には任せられないしね。

——大学時代にジャズ喫茶をやりたいと思ったことはあるんですか？

村上　いや、ないですね。大学出て、TV局に入ったんですけど、行ってもつまんないと思った。そうするとやることないんですよ。何が出来るかというと、ジャズぐらいしかわからないんですよ。だからジャズ喫茶をやろうと。それで何年かアルバイトして、お金貯めて……。〉

そうして店を始めた村上だったが、店をやって得たものは？　という質問に対してこう答えている。

〈村上　うーんとね、まあ、あんまり儲からないんだという認識ですね。

――ジャズの商売は。

村上　趣味でやる以外は儲かるわけないですね。

――村上さんの場合は、自分でもコーヒー入れたり、皿洗ったりとか。

村上　ええ、やってました。人が増えると不愉快なことも多いしね。人間関係が大変になってくるんです。

――国分寺と千駄ケ谷で4年ずつやってこられて、気質みたいなものの変化はどうでした。

村上　まずリクエストがへっちゃったことですね。これは時代の趨勢だと思うんです。結局リクエストして聴く必要ないわけです、みんなレコード持ってるし。わざわざお酒呑みに楽しみにきているのに、そういうヤボなことはしたくないという人が増えて来ましたね。

――なるほど〉

また、店をやめてからも、ジャズはどうしても営業用の聴き方になるため、意識的にジャズから離れていた時期があった、とも語る。

村上のレコードコレクションの中で一番数が多いのが、やはりスタン・ゲッツ。そのほか、愛聴盤として名前が挙がっているのが、リー・コーニッツ「インサイド・ハイファイ」、バド・シャンク「フルーツン・アルト」、ケニー・バレル「ケニー・バレルVol2」、ウェス・モンゴメリー「インクレディブル・ジャズ・ギター」など。

このうち、バド・シャンク「フルーツン・アルト」は雑誌に載ったジャケットもカッコよく、わたしもなんとか見つけだそうと中古レコード屋をずいぶん回ったが、とうとう手に入らなかった。

実際に「ピーター・キャット」を訪れた人の証言を次に紹介する。

『ジャズの事典』(冬樹社・八三年)の中で、先述の小野好恵による村上へのインタビュー記事より。

〈――開店早々からボク(小野)はほとんど連日通ったわけだけど、始めて店に行った時、ビルの地下に降りる路上に猫の形をした看板があって、そこに五〇年代のジャズの店だって書いてあった。あの頃にあえて五〇年代を全面に出すって驚いたね。当時のジャズ・プロパーの意識とかけ離れた強いポリシーを感じたけど、反撥も多かったでしょ。

村上　あのころはケンカばっかりしてたのね。「リターン・トゥ・フォーエバー」かけろっていってもない、マッコイもない、キースもないって、客とケンカするだけの基盤があったのね。今はケンカしないでしょ〉。

これは国分寺時代の話。

「國文学」中上健次と村上春樹特集号（八五年三月号）での、中上との対談でも、「ピーター・キャット」の話が出てくる。

〈中上　小野好恵君など知ったのはいつだったの。

村上　店を始めてすぐ、お客だったから。

中上　小野君にあの店、僕は紹介されたんだよね。

村上　僕がやってた店は編集関係者が多かったんですね。

中上　「ピーター・キャット」っていうダンモ。いまの河出の裏あたりにあったのでしょう。

村上　そうです。河出の人もよく来てた。

中上　あなたはほとんどお客と口きかなかったんじゃない？

村上　そんなことはないですよ。もともとあまり口をきかないほうだけど、仕事だからあまりそういうのもまずいと思ってました。みんなすごく愛想悪いと言ってたけど、僕としては精一杯愛想よくしてたつもりなんだけど。

中上　だいたい純文学かなにかやろうというのに愛想いいやついないんだよ。俺と最初に会ったときも。あのときもう新人賞取ってたんだっけ。

村上　いや取ってないです。

中上　えらい愛想悪いよな、と言って……。

村上　中上さんのほうが怖かったですよ。（笑）

中上　ピアノが置いてあってね。ピアノは弾いたの。

村上　昔は弾いたけど、遊びだから全然やらなくなったんですよね〉。

中上健次に「愛想悪い」と言われては、立つ瀬がない。

いまはめったに雑誌に登場しなくなった村上だが、八〇年代前半にはけっこうあちこちに顔を出している。

「カイエ」（七九年八月号）の川本三郎によるインタビューは、村上が「風の歌を聴け」で群像新人賞を取ってまもないころ。まだ二人とも言葉のやりとりが初々しい。「風」がヴォネガットのスタイルに似ているという指摘に対し、「あれ。いけないいんですよね。きっと好きな人からは叩かれるんじゃないかと思った、まねだとかね。すごく脅えてたんですけども」とか、他にも、作品について自信がなかったというようなネガティブな発言をしている。また、「ぼくは、リュウ・アーチャーが好きだったから、昔から何かを書くことがあったら、ペンネームは絶対村上リュウにしようと思ってたんですよ（笑）。みんな冗談だと思ってるけど、本当なんですよ」というような、驚くべき発言もある。インタビューに続いて、村上さんが訳したフィッツジェラルド「哀しみの孔雀」が掲載されている点でも、この「カイエ」は買いだ。

「スタジオ・ボイス」（八三年二月号）では表紙にもなっているが、なんと、頭の上に氷を乗せている写真。これは、『羊をめぐる冒険』になぞらえて「氷をめぐる冒険」というタイトルが表紙に刷られているからだが、中のインタビュー記事にも見開き六ページにわたって、いろんなポーズで村上が氷を持つ写真が掲載されている。

いま、言えますか。編集者が村上に「じゃあ、村上さん。『シドニー』という新刊にちなんで、〈4と2〉ってタイトルで記事作りますんで、体を使って数字の4と2を作ってくれますか。よし、じゃあ行こう」って。

「太陽」（八二年五月号）の「特集　地図で遊ぶ」では、歌舞伎町から新宿御苑まで村上春樹が歩いてルポする企画が写真入りで登場。なぜ歌舞伎町かというと、学生時代、ここでオールナイトのバイトをしていたそうだ。ここでもけっこう、村上は気さくです。新宿六丁目の「湯上がり女子大生」という風俗の看板の前でにっこり、天ぷらそばを食べた蕎麦屋「小松庵」の看板の前ではVサインを出している。村上ファンは探しなさい。「太陽」のバックナンバーはまだあるよ、古本屋でなら。

しかし、なんといってももっともレアなのは、写真週刊誌「TOUCH」（八八年十一月八日号）だろうか。ここには〈『ノルウェイの森』を生んだ作家の知られざる素顔　村上春樹の初公開アルバム「青春グラフィティ」〉と題して、モノクロ四ページにわたって、幼児（乳母車に乗った一歳の写真あり）のころから現在までの日常のスナップ写真十枚が無断掲載されている。「無断」と断ったのは、最後の一枚が「ピーター・キャット」の店内で、猫を抱いた村上と、そのかたわらに陽子夫人が写っているからである。たしか村上夫人の写真はこれまでいっさい公開されておらず、掲載されているのは、この一枚だけのはず。それで村上が大変怒っていたと聞いたことがある。

私もそれには同感なので、可愛らしい女性ですよ、とだけ言っておく。

むしろ、教員だった父親の村上千秋氏が〈小さい頃から本が好きで、中学生でマルクス、老子、ニーチェを読んでいましたね。高校生になると、英語の原書。本同様、音楽も好きで東京から帰省すると、コートも脱がずにピアノを弾いてました（後略）〉と証言しているあたりなど、村上春樹論を書く人にとって貴重ではないか。

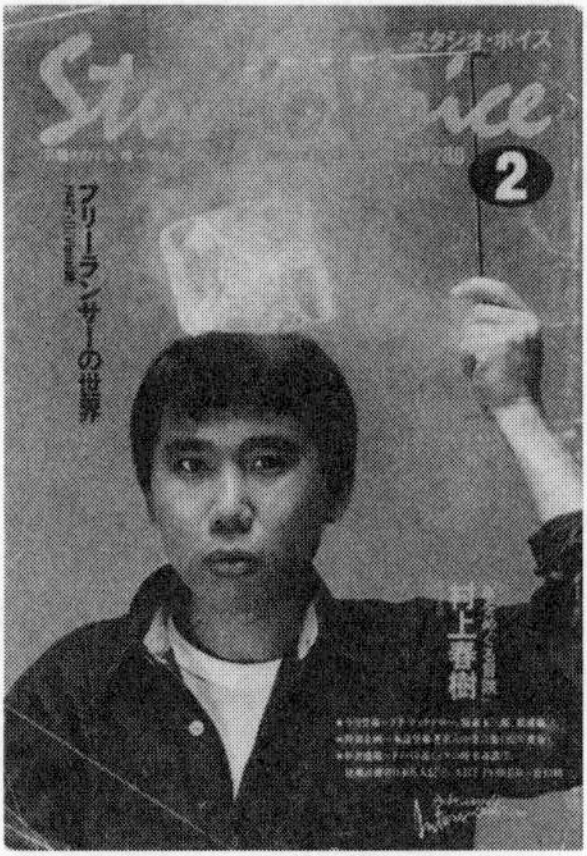

意外な人が古本好き

〈ぼくは古本屋を一軒一軒ゆっくりひやかして歩くということが好きである。新刊書店で、まだ刷りたてのインクの匂いがぷんぷんするような小説集を手にとって、ページをめくってみるのも悪くないが、一冊の古本を棚から抜きだしたときの、さあ何がでてくるかというあの緊張感のほうがぼくは好きだ。

（中略）

古書好きの人はすぐわかる。

棚をゆっくりとなめるようにみていて、これはと思うものがあると、こわれものでも扱うような手つきで抜きだす。

その本が、期待していたものでないとわかり、たとえ買うのを断念したとしても、こういう人は折り曲がった部分があれば、それを伸ばしておかないと気がすまない。

ぼくは、古書好きな人が、本をあさっているところをみるのが好きだ。〉

これはある人が書いた文章。本当に古本が好きであることは、ここだけ読んだってわかる。ポーズで「古本」の話を持ち出している人に、〈折り曲がった部分があれば、それを伸ばしておかないと気がすまない〉とまでは書けない。実際に何度も古本屋に足を運び、本棚とじっくり対話した経験のある人ならではの観察と実感だからである。「好きだ」ということが、てらいもなく、また飾ることなく素直にまっすぐ語られている。いい文章だ。

いったい、だれがこれを書いたかと思うでしょ。

いろいろ思い浮かべてもたぶん当たらないと思う。それほど意外な人物です。

答えは、ムッシュこと「かまやつひろし」だ。

ね、驚いたでしょう。

出典は、かまやつひろしさんのエッセイ『我が良き友よ』（KKベストセラーズ・昭和五十年）。タイトルでわかる通り、前年に大ヒットした、吉田拓郎作詞・作曲による寮歌ふうの青春歌「我が良き友よ」にちなんで作られた本だ。

井上陽水、吉田拓郎、高田渡、遠藤賢司、泉谷しげる、加川良、りりィなどフォーク仲間、それに堺正章、井上順、沢田研二、萩原健一、加瀬邦彦などグループサウンズ時代の仲間との交遊録が中心。そこに、青春時代の話、車の話、街の話、それに小説！　などがちりばめられている一種のバラエティ・ブック。新書というかたちで読み捨てられるには惜しい。味のある本だと思う。それこそ、晶文社からA五判で、津野海太郎編集、平野甲賀デザインで出されるべきだった。

「ひたむき、熱血漢、まじめ、そんな彼って好きだな」と題された高田渡の章には、吉田拓郎のオールナイト・ニッポンで南こうせつ、小室等、ガロ、加川良、ディランⅡ、高田渡とずだ。

ともにかまやつさんも参加し、「日本のフォークを考える」という放送があったことが紹介されている。拓郎ファンだった私はこの放送を聞いていた。本には書かれていないが、たしか途中で武田鉄矢の海援隊が参加し、ちょうど「母に捧げるバラード」で紅白歌合戦に出演した彼らは、ほかの連中から「紅白に出た人たちはオレたちとは関係ない」と疎外されたはずだ。

まあ、そんなことを思いだしながら楽しく読んだのだった。

かまやつさんが本当に古本好きなんだな、と次のようなところからもわかる。吉田拓郎や泉谷しげるのステージで、喋りの部分に人気があるのは、彼らの「間のとり方」がうまいからだとかまやつさんはいう。この「間のとり方」を説明するのに、彼はなんと徳川夢声を引っ張り出してくる。『我が良き友よ』が出たときには、この話芸の神様は、若い層には忘れられた存在になっていたはずだが、おかまいなしに、夢声の名を高めることになったラジオ朗読「宮本武蔵」のエピソードを引用する。

〈マイクの前で一枚ずつ読みおわった原稿を音のしないように下に落としていくという独特のやり方でリズムをとっていた夢声さん、あるとき間違えて二枚いっしょに落としてしまった。

「武蔵臆したか……」そのあとに「小次郎、武蔵の影を認めるや、刀のサヤをかなぐり捨て、波打ち際を走る……」

と続くはずのものが突然、「武蔵、ただ無言で、再び舟上の人となる」というところへ原稿がとんでしまっている。しかし、夢声氏少しもあわてず、おもむろに視線を下へ落とし、そっとその一枚を拾いあげ、読みはじめたというのだ。

ところが、聞いているほうは、彼がまさかスタジオで腰をかがめて、床に落ちた原稿を拾っているとは思わない。

ウーン、この間は素晴らしいと絶賛されたのである〉

夢声の「宮本武蔵」朗読にまつわる有名なエピソードだが、まさか、それをかまやつひろしさんから聞けるとは思ってもみなかった。

また、世代的には先述のフォーク、グループサウンズ仲間より前の、ロカビリー世代に属するかまやつさんが、畑違いの吉田拓郎や井上陽水と自然につきあえた理由も本書を読めばわかる。つねにセンスがあたらしくフレキシブルなのだ。

例えば街の話。

外国の高名な建築家が京都を訪れたおり、フランスを引き合いに出し、電柱が見苦しいから取り払ったほうがいい、と批判したことに対し、かまやつさんは敢然と反論する。

〈美しさを大切にするその考え方、ぼくは

決して否定しない。

でも、ぼくは机の上の青写真、つまり人間の頭の中で造られた「美しさ」の中で生活するなんて、とても耐えられない。

街の美しさは、そこで生活をする人間が、みんなで時間をかけて造りだすものだと、考えたいのだ。

高層ビルの裏に、すすけた路地があって、赤ちょうちんがならんでいて、牛や豚の臓物もこげる匂いが漂っている。

高速道路の下には屋台が出ていて、おでんがいつもおいしそうに煮えている——。

風呂屋さんがある。

お屋敷があれば、マッチ箱のような家もある。

それが、街というものではないだろうか。〉

……ほら、みなさん拍手、拍手。

いやあ、まったく同感である。

詩人の谷川俊太郎さんも同じようなことをどこかで言っていた。若いころは、日本の電柱や窓から干された洗濯物が汚く思えた。しかし、歳を重ねると、若いころには見苦しく思えた電柱や洗濯物が、美しいと思えるようになった、と。

何もかもが整理され、きれいに掃き清められた街が、真の美と言えるかどうかは疑わしい。

そこで大勢の人たちが生きていくために、清濁あわせもつ度量が街には必要だ。そんなことをこの文章は教えてくれる。また、古本に接する精神にも通じている。

私はかまやつひろしさんの作る歌はどれも好きだ。スパイダーズ時代の「ノー・ノー・ボーイ」「いつまでもどこまでも」「あの時君は若かった」、ソロになってからの「どうにかなるさ」「20才（はたち）の頃」。適度にセンチメンタルで、適度にあたらしいメロディー。

特に「どうにかなるさ」は、あるドラマの中で盟友・堺正章が毎回のように、口ずさむように歌っていた。かまやつさんが歌うカントリー・バージョンではなくその堺が歌うバラード調の「どうにかなるさ」が好きで、好きで、中学二年のときいつも学校で歌っていた。あまりにひんぱんに歌っていたために、一種、私のテーマソングのようになり、よく同級生の女の子から、「あれ、歌って」とせがまれたものである。

安井かずみとなかにし礼が共同で作詞した「20才の頃」も名曲だ。ボサノヴァ調の洒落た曲で、今井美樹がリメイクしていると聞いた。これは詩がいい。〈あのころ想うたび、涙が出るんだよ。君と僕、20才のころ、還らない昔～〉と歌い出される。フランス映画の一場面を切り取ったような詩だ。私は今でもよく鼻歌で歌う。特に風呂場で。

そんなかまやつひろしさんが、古本好きだったなんて……なんだかひどくうれしくなってしまう本であった。

ムッシュに会った！

『古本でお散歩』（ちくま文庫＊品切れ）のなかで、「意外な人が古本好き」としてかまやつひろしさんの『我が良き友よ』を紹介した。「ぼくは古本屋を一軒一軒ゆっくりひやかして歩くということが好きである」なんて書かれてあるのだ。古本に触れる手付きのことまで描写しているので、本物の古本好きであることがわかる。ムッシュと古本の結びつきは、まさに「意外」だったようで、その後、わたしの本を読んでから、『我が良き友よ』を探している人に何度か出会った。

そんななかで大物が食いついた。坪内祐三さんが「本の雑誌」に書いている文章で知ったのだが、「クイック・ジャパン」四十二号（二〇〇二年四月）に「小西康陽が小西康陽になるために読んだ100冊の本」という企画があり、一〇〇冊のなかに『我が良き友よ』が写真入りで入っている。驚くべきことに、そのコメントが「岡崎武志氏の『古本でお散歩』を読んだらどうしても欲しくなった本。とうとう見つけられなくて、ムッシュ本人から譲っていただきました。ムッシュには『古本でお散歩』を進呈しました」というもの。わたしは『古本でお散歩』に、ちゃんと小西康陽さんのコラム集『これは恋ではない』（幻冬舎）に触れている。触れておいてよかったよ。

こりゃ大変だと、あわてて、生まれて初めて「クイック・ジャパン」を書店に買いにいきました。

しかし、この小西さんの「100冊」のラインナップにはうなった。植草甚一、小林信彦、片岡義男の晶文社本は同世代としてわかるが、そのうえに吉田健一、石井好子、高橋睦郎、安藤鶴夫などがからんでくる。とてもミュージシャンが選ぶ本とは思えない。藤田三男『榛地和装本』まで入っているんだから。この部分、もっとくわしく書いて一冊の本にしてほしいものだ。

それよりなにより、小西さんがムッシュに、わたしの本を進呈してくださったことに感激した。本来なら、わたしが贈るべきだったのだろうが、なんとなく怖気づいてしまったのだ。なにしろ相手はスターだから。しかし、小西さんが書いてくださったことで、できればムッシュに会いたいなあと思っていたら、そのチャンスが訪れた。『ムッシュ!』(日経BP)という自伝がその年に発行され、「サンデー毎日」の著者インタビューページで取り上げることになった。もちろん私は自分から志願して、『ムッシュ!』をやらせてくれと担当者に直訴したのだ(同誌には文庫コラムを書いているので、インタビュー時の署名は竜巻小太郎)。

以下、その会見記の再現。

目の前に現れたムッシュは、革のパンツに白いティーシャツ、ニットの帽子を頭に乗せたいでたち。いや、かっこいい。『古本でお散歩』のことを話すと、「ああ、小西くんからもらって読みましたよ」とおっしゃってくれた。感想はいいの、こうなると。インタビューが始まると「今年63歳になったけど、60を過ぎたころから、どんどん気分はパンクになっていってるね」といきなり、エンジン全開。

ちょうど「ビートルズ結成四十周年」の話題をふると、意外や「くそくらえ！　ってなものよ。ポール・マッカートニーなんてほっぺたぶらさがってんだもん。出てくるなよって。イメージだけでやってくれって」などという。過激なんだ、ムッシュ。

「全世界的に、同時代のロックやってた連中がみんな60代になっている。60代でロックをやるってこと、未経験のことだからね。これからは心意気と体力勝負だな、って。だから体重も落としたんですよ。63キロあったのを、少なくともスパイダーズやってたころの56キロまでは落としたいと。そしたら、もっと瘦せちゃった。回りは『癌か』って思ったらしい（笑）。頭もスキンヘッドにして、ベクトル型に髪の毛残して、全員で客席にケツ見せてやろうかって思ってさ。今度のコンサートでは、幕開いたら、全員で客席にケツ見せてやろうかって思ってさ。それぐらいの気持ちでないと、音楽なんてできませんよ。だから、若いのがいま、なに？『おじいさんの古時計』なんて歌ってるの見ると、バカかって、言いたくなる。昭和歌謡が今よみがえる、ってのも気持ち悪い。つくられたブームだろうが、って」。

いやあ、飛ばす飛ばす。ほとんど一時間中、こちらからは質問するまもなく、ハイテンションな言動が速射されていく。その小気味よさ。『ムッシュ！』の続編には、ぜひこういう話も入れていただきたい。スパイダーズには堺正章・井上順というおしゃべり名コンビがいたから目立たなかったが、じつはムッシュってかなりの饒舌な語り手でもあるのだ。

六本木の伝説的レストラン「キャンティ」の話も出た。訪れた客のメンツがすごい。三島由紀夫、岡本太郎、演出家の伊藤道郎、若いところでは福澤幸雄や田辺昭知、ミッキー・カーチス、加賀まりこ、ズズ（安井かずみ）、伊丹十三、まだ学生だった松任谷由実（当時は荒井由実）なんて名前が次々出てくる。「ジャンル関係なく集まってさ、みんな仲間って感じだったし、そこでいろんな情報を得られたんだ。今、真似したってできないよ」ということばがうらやましい。

「最近ね、腹がすわってきたね。考えたら、その日暮しほど楽しいことないよ。一番嫌いな言葉が、『備えあれば憂えなし』って言葉で、備えなんてあるから甘くなっちゃうんだ。だから、最近、野坂昭如さんが喋ってることがよくわかる。あの人、戦後の焼跡が原点だからさ。何もないってところから出発してるでしょ。ぼくらだってそうだったんだから。いや、日本だって、いつなんどき、また『焼け野原』になるかわからないよ。そういうつもりで生きたいね。いま、なんでも簡単に手に入ると思ってるけど、いや、簡単に手に入らないものも絶対あって、そういうものが大事じゃないかな。もしかしたら、それは『思想』かもしれない」。

なんか、いいでしょう？　ムッシュ。いやよかったなあ、会えて。その日は一日、こちらもなんとなく心も頭も軽くなった。それに、ひとつ自分の目で確かめたかったことも確認できたし。つまり、ムッシュは本当にゴロワーズというタバコを吸っているのか、ということだった。

答えは……吸ってました。あの青いパッケージをくしゃくしゃにして、「どう、一本吸う?」とすすめられたのに遠慮してしまった。バカだなあ。「ゴロワーズを吸ったことがあるかい」というムッシュの名曲にちなんで、ぜひ吸うべきだった。できれば、一つ、記念にムッシュの吸っているゴロワーズをひと箱もらえればなおよかった。そこにムッシュのサインが入れば、古書価が……。

そのほか、『古本でお散歩』はちくま文庫という絶好の容れ物の力もあって、わたしとしては思いがけず広範な読者とめぐりあうことができた。「読みました」とあちこちで声をかけられたのだ。心細く生きている貧乏ライターとしては明日を生きる励ましとなった。手に取りやすい文庫の力をあらためて知った次第である。池袋リブロの書店員・荒木幸葉さんなど、まるでベストセラー作家のような扱いでがんばって本を売ってくれた。南伸坊さんの素敵な装丁にも助けられたと思う。それぞれ感謝したい。

黄色い『黄色い本』

二〇〇二年。それは『黄色い本』（講談社）が出た年として記憶されねばならない。「ジャック・チボーという名の友人」と副題がついたこのマンガは、高野文子によって描かれた（第七回手塚治虫文化賞を受賞）。高野作品はすべて読んでいる私はまさに驚愕した。植草甚一なら「うなっちゃった」というところだ。

副題で「おおっ」と思った人は、年代なら五十から六十代以上か。『黄色い本』は、昭和四十年代前半の新潟の田舎町で、田家実地子《たいみちこ》という女子高生が、図書館から借りたマルタン・デュ・ガール『チボー家の人々』（白水社）全五巻を、ひたすら読み続ける。ただ、それだけの話。なのにひとコマたりとも目が離せない。マンガの表現を一挙に数十年分進化させたと断言していいすばらしい出来だ。

『黄色い本』というタイトルは、『チボー家の人々』の本体装丁がじつに印象的な黄色だったことからついた。ちなみに『黄色い本』も黄色い装丁だ。この本の感染力はすさまじく、長らく読まれず古本屋の倉庫で眠っていた、箱入り全五巻の『チボー家の人々』にふたたび光を当てることになった。若い世代に読まれ始めたのである。私もあわてて知り合いの古本屋から買った。一巻目を読み終ったところで挫折してしまったが……。現在、白水社Uブックスで刊行されているが、これは黄色ではない。やはりここは、黄色い本で読みたいではないか。そこで気になることが。『チボー家の人々』と言えば、小津安二郎「麦秋」の中にその書名が出てくる。朝の北鎌倉駅のホームで、東京の丸の内あたりに出勤する原節子に、知人の医者・二本柳寛が話し掛ける。

「面白いですね、『チボー家の人々』」

「どこまでお読みになりまして？」

「まだ四巻目の途中までなんです」

はたしてこの本は黄色い本だったか？

川本三郎によれば、中学二年のとき、やはりこの長編小説が、同級生の間で「青春時代の通過儀礼のようによく読まれていた」。そして映画のように「どこまで読んだ？」が挨拶がわりになったという。

ただ、『チボー家の人々』には戦前版からいくつかの版がある。「麦秋」の公開が昭和二十六年。黄色い表紙の第四巻は昭和三十一年初版。つまり、川本三郎が話題にした『チボー』は黄色い本だったが、二本柳寛の読んでいた『チボー』は黄色い本ではなかった。ちょっとがっかり。やはり黄色い『チボー』でなくちゃあ、ね。

出版社の名はみな要書房

古書展（即売会）に出入りするようになって、それまでとは見る本、集める本が変わってくるわけだが、自分の古本魂をキックする本が、気が付いたらことごとく同じ出版社に集約されていくのだった。

最初は意識しなかった。四冊、五冊と私の収集対象となる、ユーモア・軟派随筆……徳川夢声、高田保、菅原通済、サトウハチロー、佐藤垢石《こうせき》、辰野隆《ゆたか》、秦豊吉《はたとよきち》などという人の本を買っていくうちに、これらがやがて一つの出版社で結ばれていくことを知る。

それが「要《かなめ》書房」だった。奥付で確認すると、社屋のあった場所は「東京都文京区駒込曙町十一」。

徳川夢声『私の動物記』、高田保『河童ひょうろん』『ブラリひょうたん日記』『我輩も猫である』、菅原通済『通済一代』、サトウハチロー『スタンドの古狸』、佐藤垢石『狸のへそ』『たぬき人生』、辰野隆『老年期』『老若問答』、秦豊吉（丸木砂土《さど》）『殿方草紙』『三菱物語』『随筆　離れ座敷』『随筆　菜の花漬け』……。発行年はすべて昭和二十六年以降の数年に固まっている。

こうして書名を挙げるだけで、オヘソのあたりがムズムズしてくる。楽しくなってくるのである。ひと言で言えば、世の中の裏側まで見通した粋でモダンなおじさま方が、タバコの煙を吐くように筆先でチョチョイとお書きになる、こなれきった随筆陣である。

どんな内容か。試みに丸木砂土『殿方草紙』から引いてみる。タイトルは「小刀を研ぐ」。

映画撮影所の若い男が結婚することになるが結婚式の衣装がない。そこは商売、ちょうど撮影のある「ママの結婚」というタイトルの映画で使う結婚衣装を借りてしまおうということになる。式が済んで小さな小料理屋の二階で披露宴の運びに。ところが、その最中に撮影所の使いの者が、撮影に使うからと衣装を取りにくる。〈この時、花婿少しも騒がず、いきなり紋付羽織を勢よく脱ぎ捨て「諸君、これから余興にどじょうすくいを御覧に入れます」と真裸で座敷の真ん中で踊りだし〉たというのだ。

話はこれで終わらない。この花婿の男、自分の家に預かっている田舎から出てきた娘とデキていて、結婚式の朝もこれが見納めと二階でよろしく楽しんでいた。そこへ母親が上がってきてこれを目撃し咎めたところ、男は言った。

「だから母さん、今晩の用意に、いま小刀を研いでいるんですよ」

おあとがよろしいようで……。

まあ、ざっとこんな調子の、軽い艶笑随筆、世相風俗のスケッチが多い。

じつは要書房だけではない。鱒書房、学風書院、コバルト社、(旧)創元社、オリオン社、四季社なども、終戦直後から昭和三十年あたりまで、同じユーモア・軟派随筆路線の軌道を遊星として回っていた。

戦後、言い古された表現を使えば、新興の出版社が雨後のタケノコのごとく次々と生まれ、昭和二十四年から二十六年までのわずか三年間に、約二千七百社が消えていった。まさしく戦後出版史にまばたきするまに光り消えた星屑たちだった。古本屋にはこれら無数の、ひとたび光って、やがて矢折れ刀尽き光ることを止めた残骸がたくさん眠っている。要書房がいつ消えたかは不明だが、その中でも鮮やかに強い印象を残す光彩を持っていた。

これらを少しずつ拾い集め、研究とまではいかないまでも、それらがどういう人物たちの手で作られ、どんな活動をしていたか、少しでも知りたいと思う。

要書房の出版物の造本はほとんどがこの時代によく見られる軽装本で、ハードカバーは少ない。ただし、表紙は仮フランス装。これが全体に実に洒落た効果を出している。さりげなく手をかけるという方法だ。特に、宮田重雄が装丁を手掛け、高田保の死後に出た『我輩も猫である』は、要書房の出版物の中でも秀逸な仕上がりだ。

こうなってくると、古本漁りをしていても、要書房とあるだけで何かあると思ってしまうのである。著者名は二の次になり、たとえその著者のことを知らなくても出版社名とタイトルだけで買おうという境地に立つ。これぞ古本道をより深く踏み出すための新しいステップである。

丸木砂土『殿方草紙』に挟んであった要書房「図書目録」から、もう少し書名を拾ってみる。

並河亮『ジャズ音楽』、高木健夫『わんまん横町』、水野成夫ほか『番茶クラブ』、戸塚文子『サラリー・ガール』、小野佐世男『猿々合戦』、三宅晴輝ほか『失礼御免』といった具合。口笛を吹きながらつけたようなタイトルばかり。これだけで要書房の社風がなんとなくわかるだろう。

しかし要書房は一方で、福田恆存『芸術とは何か』、和辻哲郎『ギリシア倫理学史』、池田亀鑑『源氏物語読本』など、クソまじめな教養叢書である「要選書」を出している。むしろ元はお堅い出版社だったのだ。そのまま行けば、私とはまったく縁のない出版社になっている可能性が高かった。

いかにして要書房は転向したか。ここに一人の人物が浮かび上がる。

安田武だ。

安田武は昭和六十一年に没した評論家で、「思想の科学研究会」を鶴見俊輔とともに立ち上げた人、という説明が一番わかりやすいか。『遊びの論』『昭和東京私史』などの著作を持つ。彼は若い日、いくつかの出版社で編集者をしていた。自伝『ある時代』に要書房時代のことが出てくる。

〈要書房は、社主の前田善子のほか、編集一名、営業一名、経理一名に若い女の子一人という小さな出版社だった。東洋大学の近く、曙橋の高台にあった。

「要選書」を中心とした単行本を出版して、小さいけれど、まじめな出版社だった。（中略）

昭和二十六年春、入社した私は、一流も結構だが、もう少し若々しくて、アップツウデイ

トな本を作りたいと考えた〉

そうしてできた本が『抵抗の学窓生活』。清水幾太郎、田宮虎彦、野間宏、日高六郎など複数の執筆者による戦時下の学生生活の記録である。

安田は結局、翌年には創刊したばかりの「社会タイムス」という新聞の社会部記者に転職してしまう。だから、先に挙げた随筆類を彼が手掛けた証拠はないのだが、編集者が一人しかいない出版社で、安田が加わったあとに、それまでとは毛色が違った出版物が生まれ始めたことを考えれば、やはり安田の影響が大きいのではないか。

安田は要書房以前に、銀座出版社で風俗娯楽雑誌「サロン」を編集し、そこが倒産したあと同系統の「モダンロマンス」という雑誌編集にも携わっている。ここで知り合ったユーモア・軟派随筆の書き手が、のちに要書房の執筆者となった可能性は強い。

それに、安田は次のような文章を書く人だった。『抵抗の学窓生活』の執筆者の一人、野間宏が痔の手術をする話。

〈診察の結果、入院、手術ときまると、いつの間にか野間の姿が見えない。渡辺が探すと、庭の木蔭に真蒼になってかくれていた。「何ですか、バタン・コレヒドールの勇士が……」というと、「君ィ、戦争と痔の手術とはちがうよ」といって怒ったという〉

この筆法は、まさしく安田が入社以降に生まれた要書房のユーモア・軟派随筆のものではないか。

古本屋の棚から見た新書あれこれ

あの司馬遼太郎さんが新書を出していた、という爆弾級の話からする。小説ではなくて随筆だ。『名言随筆サラリーマン』（六月社・一九五五年）と、なんだか、いかにもとってつけたようなタイトル。たぶん、ほとんどの人はこんな本、聞いたことがないだろうと思われるのは、司馬遼太郎ではなく、本名の福田定一で出しているからだ。司馬はこのときサンケイ新聞記者時代だった。これこそはのちの国民的作家の最初の著作となる。どう、驚いた？

内容は「ユーモア新論語」と副題があるとおり、古今東西の名言を引きながら、サラリーマン向けの処世術を説いたエッセイ。大阪弁を交えたり、かなりくだけたスタイルで書かれている。これを復刊すれば話題になることは間違いない（のち文春文庫より復刊）。たちまちベストセラーとなるはずだ。しかし、生前からこの著作を司馬は自分の仕事のなかに入れていない。死後も遺族がこの遺志を引き継いで封印、引用することさえはばかられる。だから古書新書のなかのこれは別格。古書価は普通でも一万円。帯がつけばさらにその倍と言われる。そんな新書、ほかにあまりない。

私は百円で買った。福田定一が司馬遼太郎だとは店主も気づかなかったらしい。知らなければたしかに百円の本だ。「女性に警戒せよ」「サラリーマンの結婚」など、司馬さんの恋愛観、女性観が垣間見えるのに、ざんねんである。

それでは、当時から有能で該博な知識で知られた福田記者が、なぜこんな本を書いたか。それは、硬い職業の人に柔らかい随筆を書かせる時代の気分というものが、この昭和三十年前後にはあったからだ。ちょうどいまのような新書ブームがこのとき巻き起こる。時代はデフレ。とにかく値段の安い本を、大量に自転車操業で出し続けなければいけない。新書という廉価軽装の器はそれにうってつけ、だった。新書出版史において、この時代の持つ意味は大きい。

はじまりは伊藤整『女性に関する十二章』(中央公論社)だ。どの出版史にも書かれているので詳述はしないが、昭和二十九年刊のこの新書が、その年の売り上げ一位を飾る大ベストセラーとなった。前年「婦人公論」連載の女性論をまとめたもの。これもジョイス研究や、純文学作家として知られる伊藤整としては思いきった仕事だった。ここにはからくりがあって、伊藤整の名は、当時『チャタレイ夫人の恋人』猥褻裁判で知られていた。世に知識人とされる人物とエロが結びつく。硬と軟の衝突。この衝撃が、昭和三十年の新書ブームの性格を決定づける。……ちょっと経済学者になったような気分。

さらに翌年、三十年のベストセラーとなる佐藤弘人『はだか随筆』(中央経済社)は、この伊藤整の発破による切りくずしがなければ生まれなかった。佐藤(本名・弘)は、一橋大学教授・理学博士で、同書の母体は「産業経理」という簿記・会計の専門誌に連載された。会計学の教授と「はだか」だから、「硬軟衝突」のマグニチュードはかなり高い。しかし、いまや清水崑表紙によるこの新書は、古本屋、古本市のいたるところで見たくなくても目に入る。たいてい三百円以下。「つぶしてもつぶしてもしつこく、次から次へと出てくるんだよ」とは、知り合いの古本屋店主の弁だ。

伊藤、佐藤の〝W藤〟以降、医者、作家、学者、画家などがお色気随筆を含む軟らかものを新書で大量に残している。謹厳で物知りな伯父さんが意外に粋でスケベだった、という感じ。スケベが教養として認知された時代があったのだ。

近世文学の暉峻康隆教授が、〝てるおか・やすたか〟とひらがなで出した『すらんぐ　卑語』（カッパ・ブックス・昭和三十二年）なども、いまだに古本屋でよく見る一冊だ。二〇〇三年から〇四年にかけてミリオンセラーとなった新潮新書、養老孟司『バカの壁』も、東大名誉教授の解剖学者と「バカ」という言葉が衝突した激震が生んだようなものだ。昭和三十年新書の法則の援用といってもいい。

この昭和三十年新書バブル以降におもしろい新書が相当出ている。私はそれに気づいて、一時期、古本屋で夢中になって買い漁った。本棚一本分はあると思う。そのうち、見た目だけで発行された年代までだいたい当てられるまでになった。そんなこと、何の役にも立たないが。

あの高名な作家が、意外にこんな新書を、という話をする。

それは、遠藤周作がフランス語会話の本を書いていたことだ。『タカシのフランス一周』（白水社・昭和三十二年）は、日本人留学生のタカシがソルボンヌ大学へ通いながら、さまざまなフランス人と交流を重ねるさまを会話で描いた本。著者のフランス留学体験が生かされていて、『白い人黄色い人』『フランスの大学生』などと重ねて読むとおもしろい。遠藤は三十年上半期に芥川賞を受賞している。しかし、この本の奥付にある著者紹介を見てもその記述はない。いまなら考えられないことだ。

昭和二十年代後半から続けざまに、第三の新人と呼ばれる人たちが芥川賞を受賞するが、当時はそれだけでは食えない時代。吉行淳之介などもさかんに軟らかな新書を出している。いったい何冊あるのか、数えきれないほどだ。一部、ちくま文庫の『吉行淳之介エッセイ・コレクション』（全四巻）に収録されている。

『痴語のすすめ』（実業之日本社・昭和四十年）はすごいタイトルだが、あらゆる色道のお噂を集める。

「男色と一口にいっても、一人ではできないのだから、能動と受動、平たくいえば男役と女役がいるわけだ。そして、私など『やった、やった』と言ったところで、所詮その男役の範囲を出ない」

など、中身はけっこう衝撃的だ。

『快楽の秘薬』（プレイブックス・昭和四十一年）は、第一章タイトルが「悦楽のすすめ」。

いきなり「秘かなる楽しみ——痴漢的行為について」という文章で始まる。いま、芥川賞作家がこういう本を書けばどうなるか。例えば保坂和志が、辻仁成が、堀江敏幸が、玄侑宗久が、「痴漢的行為について」書くなんて考えられないよ。

野坂昭如も黒メガネ時代、野末陳平と並んで「快楽」的新書を量産。今度ちくま文庫に入った『野坂昭如エッセイ・コレクション』に一部収録された『プレイボーイ入門』（荒地出版社・昭和三十七年）はいまや古典でしょう。現代では死語となった「プレイボーイ」に独特の意味付けがあった時代だ。

『立ち読み厳禁の書』（プレイブックス・昭和四十一年）がおもしろいのは、背に「色彩版」と明記。本文ページの半分以上に滝谷節雄のイラストを入れ、その一部に赤・青・黄と三色を刷り込んでいる。しかし、これで「初めての色彩表現　色彩版」と表紙に刷り込むのは無理があるような……。

「飯はくったかい？　トイレットにいったかい？　仏さんは埋めたかい？　よし、用意万端整ったところで、一つおっぱじめるかァ」（「8時だョ！全員集合」で加藤茶が発した最後のあいさつを想起）という破格の書き出しとともに、「女性とトイレットの間抜けな関係」「処女膜の値うち」「女の恥部を解剖すると……」などセクハラ炸裂！

マスコミの寵児としての勢いを感じる。

また野坂昭如が編者として出した『いじわる読本』（マイ・ブックス・昭和三十九年）には、丸谷才一、片岡義男、野末陳平が参加。あの丸谷才一が、「いじわる論」を書いている！

これが将来も丸谷才一全集に入ることはないだろう。

また片岡義男がテディ片岡名義で、『C調英語教室』（昭和三十八年）『味のある英会話』（昭和四十年、ともに三一書房）、ベストセラーとなった『意地悪な本』（しとうきねおと共著・昭和四十三年）『20世紀最後の珍本』（昭和四十四年、ともにKKベストセラーズ）等、を出していることも、この際ちょっとお耳に入れておきたい。いずれも珍品。ネットではけっこう人気があり、千円から二千円ぐらいで取引されている。『20世紀最後の珍本』裏表紙に、若き日のアイドルっぽい著者の写真あり。

新書界の大陸ともいうべきカッパ・ブックスは、それだけで一冊の本にするほど話題も多いが（加藤一夫／編『マスコミの眼がとらえたカッパの本』なるカッパ・ブックスあり）、古書価は安い。いわゆる新古本屋でなら百円で拾える。ただし昭和四十年代のものはカバーデザインがいい。ここに注目だ。いま若い女性の間で大人気の宇野亜喜良がイラストを手掛けたものがけっこうあり、それだけを売りに値をつけている店もある。

例えば、石原慎太郎『真実の性教育』（カッパ・ホームズ・昭和四十七年）は、内容はともかく（というのは語弊があるが）、著者写真撮影が田沼武能、カバーイラストが宇野亜喜良だ。寺山修司編著『旅の詩集』（昭和四十八年）は、同じく著者写真を田沼武能、表紙イラストが竹久夢二、袖の紹介文を塚本邦雄、裏表紙のエッセイを白石かずこ、とここまで来れば中身はいらない？

一九九八年に新書界に参画した文春新書だが、じつは昭和四十年九月に、創立四十周年事業の一環として「ポケット文春」なる新書を出しているのだ（当時、文藝春秋新社）。ハヤカワ・ポケット・ミステリ・ブックス、新潮ポケット・ライブラリーに続く、「ポケット」を冠した新書判シリーズといえる。現行の標準的新書サイズより、横幅が五ミリほど広い。ちょっとぽってりした感じ。いまの文春新書が、やはりやや横幅が広く、「これはポケット文春の再来か」と思った人も多いのではないか。えっ？　いないですか。

ポケット文春のなかで新書古書界において人気のあるのは、おそらく整理番号一〇〇番台二〇〇番台のミステリ、大衆小説のジャンルだろう。山田風太郎の忍法ものを始め、松本清張、黒岩重吾、梶山季之、結城昌治、鮎川哲也と大物を網羅して、欠番を探しているマニアが多いと聞く。ちょっとジャズのブルーノート・レーベルの一五〇〇番台コレクションと似てますね。

そのほかJ・アダムソン『野生のエルザ』『永遠のエルザ』、堀江謙一『太平洋ひとりぼっち』などベストセラー本を吸収し、ノンフィクションものに強い文春のイメージを色濃く出すが、ここまでは前ふり。言いたいのは伊丹一三『ヨーロッパ退屈日記』のことである。「おいおい、間違ってるよ、伊丹は〝十三〟」としたり顔をするのは、そっちこそ間違ってる。伊丹十三は最初、伊丹一三だったのだ。のちに改名。増刷時からは十三に変更されるようだが、『ヨーロッパ退屈日記』の初版は、一三時代を跡付ける重要な証拠となる。この初版には神田のN古書店目録で、四千八百円がついていたのを見て驚いた。

本書の成立については、仕掛人となった山口瞳が文春文庫版『ヨーロッパ退屈日記』に書いた解説にくわしい。出発はサントリーのPR誌「洋酒天国」だったのだ。一度、初出と比べたことがあるが、最初はまだ「わたくし」という人称は使われておらず、文章の印象も微妙に違う。エッセイスト伊丹十三誕生という点で『ヨーロッパ退屈日記』を発行したポケット文春の功績は大きい。

いま古書新書で注目されているのが平凡社カラー新書だ。一九七四年の創刊。「太陽」の特集カラーグラビアページを母体に、美術・趣味を中心としたテーマをカラー写真を多数収録して構成している点がミソだ。なだいなだ『ワイン』、由水常雄『アール・ヌーヴォーのガラス』、中井英夫『香りへの旅』、梅田晴夫『万年筆』、春山行夫『西洋雑学案内』、池波正太郎『江戸古地図散歩』、野坂昭如『アメリカ型録』と書名を挙げていくだけで楽しい。カラー印刷のレベルは現在と比較にならないぐらい色抜けが悪いが、テーマの良さ、執筆者の魅力、それになんといってもトースターの横に立て掛けられるような、カジュアルなハンディさがいい。いま若い女性の古書コレクターに人気。古書価は五百円から千円。

さて、そして現在。各社いっせいに参画し、書店では押しくらまんじゅう状態の新書売場だが、はたして二十年後、三十年後に、ちゃんと古本界で取引され、しかるべき値がつくものがどれだけあるか。出版社側からすれば、そんなこと考えてこっちは本を作ってないよ、とおっしゃるかもしれないが、私などはそのあたりが気になるところだ。

野口悠紀雄『「超」整理法』（中公）、永六輔『大往生』、大野晋『日本語練習帳』（ともに岩波）、辰巳渚『「捨てる！」技術』（宝島）、養老孟司『バカの壁』（新潮）と、この十年くらいでメガヒットした新書は、大量に出回った分だけ急速に忘れ去られ、古本としてはだぶつき、投げ売り状態となる。第二、第三の『はだか随筆』である。小ヒット、ぐらいのラインで、目をつけたものは将来のために確保しておいたほうがいい。

例えば、私が秘かに目をつけているのが、ちくま新書の押野武志『童貞としての宮沢賢治』、小谷野敦『性と愛の日本語講座』（童貞論を所収）、そして渋谷知美『日本の童貞』（文春新書）だ。これだけ固めて童貞論が集中したことは出版史においても初めてのはず。著者はいずれも学者・研究者で「硬軟衝突の法則」にも合致する。風俗資料としても、二十年後三十年後に貴重なものになるはずだと、パック詰めにして本棚奥に保存してある。

異色かつ先駆的な〝紀伊國屋新書〟について

紀伊國屋書店は一九二七年の創業以来、ずっと出版も手がけてきた。戦前に出版部を一時立ち上げるが、その後解散。戦後になって、五五年より再び、出版に力を入れるようになる。そんな中で生まれたのが「紀伊國屋新書」であった。創刊は一九六三年。新書は、三八年に岩波書店が創刊し、五四年の伊藤整『女性に関する十二章』のベストセラーにより出版界に領地を拡大していく。同じ年にカッパ・ブックスも創刊された。新時代に求められた知識と教養を、廉価でスマートな判型で供給する「新書」は、学生やサラリーマンを中心に大いに受け入れられたのである。

ただし、『女性に』は判型こそ「新書」だが、中央公論社刊で、中公新書とは名乗っていない。中公新書は一九六二年に、六四年には講談社現代新書が創刊され、常時百種ほどが乱立する新書ブームが起こり、以後現状に至る。この波に乗って生まれたのが紀伊國屋新書であった。前後して出てきた中公新書、講談社現代新書と似た印象を持つのは、いずれもビニールカバーがかかっていたからだ（のち、カバー装に）。

紀伊國屋新書の記念すべき第一号は高階秀爾《たかしなしゅうじ》の『世紀末芸術』だ。これはよほどよく売れたのか、昭和五十年代に京都の大学生だった私も、古本屋の棚でしばしば見かけたものだ。手元にあるのは、その初版で、古本屋で買ったものに違いない。当時、接着剤ではなく糸綴じであったためか、半世紀経たいまも、ページはずれずビクともしない。灰色の帯がかかり、久しぶりに見ると青春時代の古本屋の棚を思い出す。

「発刊のことば」には「大きな変革と危機が併存する現代。そこに生きるわれわれがもつ共通の意識をたずねて紀伊國屋新書はスタートする（以下、略）」とある。一九六三年は日本初の高速道路、名神（栗東～尼崎）の開通、新千円札（伊藤博文肖像）の発行、ケネディ暗殺と、たしかに「変革と危機」の時代だった。ベストセラーは山岡荘八『徳川家康』、岩波書店『日本の歴史』など。人々が求める「本の力」も生きていた。

奥付を見ると、発所所（ママ）「紀伊國屋書店」の住所は「東京都新宿区角筈《つのはず》1の826」となっている。現在、紀伊國屋書店本店のある新宿三丁目、及び広大な淀橋浄水場のあった西新宿のあたりは、当時「角筈」という町名だった。なお、出版部の住所は「千代田区五番町12番地」。いまのJR市ケ谷駅近くか。定価は二百五十円。一九六三年の公務員初任給が一万七一〇〇円。日本橋「たいめいけん」のカレーライスが百二十円。そう考えると、いやに高い気がする。むしろ本の値段が上がっていないと考えるべきか。

「分類」は当初、A（赤）が文学・芸術、B（緑）が社会、C（茶）が自然と分けられていた。わが本棚から、紀伊國屋新書を何冊かかき集めてみたが、ほとんどが「A」の分類だ。学生時代は純情な文学小僧だったから、これは仕方がない。目立つのは福田定良『娯楽映画』（一九六三年）、山田和夫『エイゼンシュテイン』（六四年）、冨士田元彦『現代映画の起点』（六五年）と、「映画」本があること。いまでは、映画、ポピュラー音楽、マンガ、鉄道などについて、新書が扱うのは珍しくないが、一九六〇年代、いわゆるサブ・カルチャーの世界は、新書からは遠ざけられていた。

紀伊國屋書店出版部は、後発の若い編集部だったはずだから、先行する岩波新書が牙城とする「教養主義」から自由でいられた。書き手の方も若い表現者、少壮の学者などをどしどし起用し、彼らが執筆に奮起するようなテーマを与えたことで生きのいい叢書ができあがったのである。

のちに、講談社文芸文庫から復刊される寺山修司『戦後詩』（六五年）も、そんな生きの良さを感じる企画だ。寺山はこの時、まだ三十歳に手が届かず、短歌や詩、ラジオドラマでようやく名前が知られ始めた頃だ。高階秀爾だって『世紀末芸術』を出した時、まだ三十一歳で、国立西洋美術館に勤務する傍ら、東京大学で講師をしていた。全体に、三十代前半で、著作の数もそんなに多くない執筆者が多かった、という印象が紀伊國屋新書にある。

文学・芸術以外でも、中村一夫『自殺』、石川元助『毒矢の文化』、伊藤彊自《きょうじ》『スモッグ』（六三年）、岡野恒也『オラン・ウータンの島』（六五年）、なだいなだ『アルコール中毒』（六六年）など、異色かつ先駆的なテーマが、紀伊國屋書店出版部により世に押し出されていった。『斎藤茂吉』（七〇年）の著者・梶木剛が、本名・佐藤春夫と知ったのも、この新書であった。

古本屋で大人気の絶版本〝春陽文庫〟が売れる理由

城戸禮《きどれい》、鳴山草平、若山三郎、園生義人《そのおよしと》、三橋一夫と人名を並べても、知らない方が多いはず。いずれも春陽文庫から本が出ていた人気作家だが、いまやほとんどが絶版。春陽文庫自体は、現在でも江戸川乱歩、横溝正史など一部の作家については流通しているが、絶版になった書目は、古本屋の棚でもあまり見かけない。時代小説、ミステリー、ユーモア明朗小説といった分野で、昭和三十年代から五十年代にかけて、春陽文庫は独自の路線を敷いていた。

その春陽文庫にちゃんと古書価をつけ、大量に棚に並べているのが東京都杉並区の古書店「盛林堂書房」だ。探偵小説、ミステリーのレア本を中心に扱う店で、店内奥の帳場脇の本棚に、春陽文庫が二〇〇冊ほど、白い背を見せて並んでいる。城戸禮は『鉄腕三四郎』など、「三四郎」シリーズを連発。若山三郎は『青春へまっしぐら』『青春バンザーイ！』と「青春」に特化した作家。それにしてもバカバカしいタイトルばかり。タイトルと背だけ見ていると分からないが、実はこの中に一万円超えするレア本が交じっている。

店主の小野純一さんによれば、「古書価が一番高いのは鮎川哲也『夜の疑惑』で、アマゾンで今、二十五万円。うちでも普通に十万から十五万円で売れる」と言う。ほか、鮎川では『海辺の悲劇』が三万五千円、『りら荘事件』が二万五千円ぐらいで。正直言ってビックリ！　素っ気ないデザインのカバーを見ていると、どこにそんな値打ちが、と首をかしげてしまう。「結局、希少性でしょうね。春陽文庫は戦後の大衆小説を総なめした観がある。昭和三十年代に最盛期を迎えた貸本文化ともつながる。時代小説の山手樹一郎や、ユーモア小説の源氏鶏太など、春陽文庫に入った作家のほとんどが、貸本屋で人気のあった人たち。しかも、ほかではあまり読めない。特にミステリーがそうですが、これがマニア心をくすぐるんです」と小野さんは、春陽文庫の古書的意義を語る。山田克郎、立野信之、今日出海《こんひでみ》、藤原審爾《しんじ》など、直木賞受賞作を収録しているのも春陽文庫の強み。直木賞本コレクターにとって、たまらない文庫だという。

あと、意外な高値を呼ぶのが昭和三十年代～四十年代の児童書。ポプラ社の江戸川乱歩「少年探偵」シリーズは、今でも五百円以下でよく見かけるが、その前身となった光文社版となると、ケタが一つ跳ね上がる。松野一夫の表紙画がなんともいい。

昭和四十年代に偕成社から出ていた「ジュニア探偵小説シリーズ」は、著者の顔ぶれを見ると、高木彬光《あきみつ》、橘外男、久米元一《くめげんいち》、西條八十《やそ》、野村胡堂と異色が目立つ。西條八十が少女向けに書いた探偵小説『幽霊の塔』は、この版でしか読めず、古書価は三万円。ほか、いずれも昭和四十年代に出た「世界科学・探偵小説シリーズ」（偕成社）、ポプラ社の「ＳＦシリーズ」なども、下手な文学書の初版本もかなわない古書価がつく。「この時代の児童書は、昔読んだ記憶が鮮明に残っていて懐かしいのでしょう。持っていた本人が大きくなると、たいてい、真っ先に処分されてしまう本だから、希少性が増す」と小野さんは解説する。

クリスティーやホームズものなど、海外ミステリーは児童書で入門した人も多く、現物を手にすると目がうるむ。例えば盛林堂書房の児童書コーナーにあった『ホームズからの挑戦状』（学研）は、日本の少年少女向けに書かれた謎解き本で、一万円の値札がついていた。今度、実家へ帰省したら、昔使った自分の勉強部屋をのぞいてみるといい。

盛林堂書房は、こういったマニア心をくすぐるジャンルを開拓し、他店との差別化を図る。さらにすごいのは、「書肆盛林堂」の名で、出版を手がけていること。ミステリー、幻想文学、前衛詩などの復刊がメインだが、多くの作品集を世に送り出している。『大阪圭吉作品集成』、今日泊亜蘭《きょうどまりあらん》翻訳『幽霊船』、山田一夫『初稿　夢を孕《はら》む女』、植草甚一翻訳『真冬の殺人事件』など、いずれも今では入手困難な作品ばかりを手がけ売れ行きは好調。

「自分が読みたい、でも大手出版社は出してくれない作品を出している。出た後で、同好のお客さんと盛りあがるのが、また楽しい」と自社本を手でめでながら、小野さんが楽しそうに語る姿が印象的だった。

沈んだ「太陽」

今は無き、と書く日が来るとは想像だにしなかった。平凡社のグラフィック雑誌「太陽」はわたしにとって変な雑誌だった。

変な雑誌、というのはこういうことだ。度重なる引っ越しのたびに、これまで集めてきた「太陽」を何度か処分してきた。最初は三十冊ばかり、古本屋が引き取らないというので捨てた（キネ旬、現代詩手帖、ペーパーバック時代の宝島など、私はずいぶん雑誌のバックナンバーを捨てている）。

そうして、一度は身軽になりながら、また古本屋で見るとなんだか欲しくなり、まるで禁煙者が口さみしさに飴をなめるように、散歩のたびにまた買い戻していった。帰り道に入った喫茶店……例えば京都大学前の「進々堂」で、コーヒーを目の前にタバコをくゆらせながら見るでもなく読むでもなく、パラパラめくっていると、やっぱりこれがいいんだなあ。

七九年の「太陽」は、一月号から鈴木翁二の「バス停物語」が、オールカラー三ページの連載で始まり、この三ページのためだけにバックナンバーを買い集め、切り取って綴じていたがどこかへ紛れて失ってしまった。十年ほど前、平凡社の近刊予告に、この「バス停物語」が本になると書かれてあり、楽しみに待っていたがとうとう出なかった。どこかの出版社で、これを縮小したりしないで、絵本のような形で出してくれないものか。

ちなみに、この当時の編集長は祐乗坊英昭、すなわち嵐山光三郎さんである。後年、嵐山さんに著者インタビューする機会があり、さっそく七九年の鈴木翁二の話をすると、変なこと知ってる人だなあという顔をしながら、翁二にまつわるここでは書けないような話をいろいろしてくださった（そう言えば、初代編集長の谷川健一さんにも南方熊楠について取材したことがある）。

同じ翁二ファンの谷山浩子さんにインタビューした時、「バス停物語」の掲載された「太陽」を何冊か持参したところ、いつまでも雑誌を手にしたまま翁二の漫画から目を離さなかったことも忘れ難い。

それほど思い入れがあるくせに、また次の引っ越しで、今度は古本屋が安くてよければ買うというと引き取ってもらい、やっぱりまた買い戻すという繰り返しを何度かやって、今は売らないで持っている。

特に九〇年からの赤い背表紙は、稲垣足穂、江戸川乱歩、南方熊楠、金子光晴、寺山修司、埴谷雄高、植草甚一、澁澤龍彥、瀧口修造など個人の特集がよくできていて、ついつい買ってしまう。古本屋でもこのあたりはすでにそこそこの値がついている。赤背になる前の八九年六月号では「本の宇宙誌」という古本好きをうっとりさせる特集もあった。

だから、別冊の方だが「別冊太陽　古書遊覧」（九八年）から古本についての原稿依頼をされたときはうれしかった。「均一台のすすめ」って文章だけど、それなりに一生懸命書いた覚えがある。

そのほか「太陽」で忘れられないのは、京一会館で加藤泰監督「人生劇場」を見たときのことと結びついている。「人生劇場」は何度か映画化されているはずだが、これは竹脇無我、田宮二郎、高橋英樹、渡哲也、倍賞美津子らの出演作。雪と雨。ローアングル。日本家屋の構造を映像設計にみごと調和させた画面。京一会館のバネのきしむ堅い椅子でサンリッパンをほおばりながら、あきれるように加藤泰の映像美にみとれていた。

そのあとすぐ市内の古本屋で「太陽」の「特集　尾崎士郎・人生劇場」号を見つけた。表紙を見たとき、辺りでシンバルがバーンと鳴り響くような気がした。

それほど横尾忠則のデザインした表紙の印象は強烈だった。しかも水平線をバックに、着流しの男の背中にすがりつく女は、まさしく加藤泰「人生劇場」の高橋英樹と倍賞美津子ではないか。

交互に見開きページを作る、写真の篠山紀信とイラストの横尾忠則のコラボレーションがすばらしい。いや、本当を言うと、写真はイラストに押されているかな。山王書房・関口良雄さんが尾崎士郎の思い出を語っている。これがまたいいんだ。

山王書房はかつて大森にあった伝説的古本屋（一九五三〜七八）なのだが、同じく大森在住の尾崎がある日、よそ行きの服を来て店に入ってきた。中学のＰＴＡから頼まれて講演をしてきた帰りだという。謝礼を受け取って封を切ったら一万円も入っている。現在の五万円くらいか。

「こういう金はみんな懐にしては申し訳ないので、関口君の所へ寄って、古本でも買おうと思ってやってきた」と尾崎は言った。明治四十年の「冒険世界」という雑誌を買ってくれた。ここからがいい。

〈みると手がホコリで汚れていますから、オシボリをといったら、「冗談じゃない。関口くん。古本のホコリはきれいなんだぞ」と語気を強くなすった時には、ぼくは、まことにねオオゲサな話だけど、瞼が熱くなるほど嬉しかったですよ〉

古本を触ったあと、さも汚いものを触ったように、手をはたく客がいる。古本屋の店主はこれを嫌がるそうだ。尾崎はそれを「古本のホコリはきれいなんだぞ」と言った。山王書房・関口が瞼が熱くなるほど喜んだというのもよくわかる。

なお、この号の巻末イエローページ（書評ほかコラム）に使われたカットのクレジットが「南信宏」とあるのは、南伸坊さんのことではないか。現在のイラストとはまったくタッチが違うが、このとき、編集部にいた嵐山光三郎との関係からもそう推測できる。ただし、南伸坊さんの本名は南伸宏のはずで、「信」の字は誤植だろう。

古本「タイトル」小考

作家の中でもタイトルをつけるのが巧い人と下手な人がいる。下手な例は挙げないが、巧い方で定評があるのが、獅子文六、松本清張、石川達三、大江健三郎など。ちなみに幾つか代表作を挙げると……。

獅子文六（やっさもっさ／自由学校／てんやわんや／胡椒息子／大番）
いずれも簡潔で、ひらがなはひらがなだけ、漢字を使うものはなるべく漢字だけで、一発で印象に残るようなタイトルを生み出す名人。しかもそれが大衆の日常生活に浸透し、流行語として使われる親しみやすさも持っている。小説の舞台に登場した土地が、名物としてまんじゅうに命名しやすいタイトルとも言える。「大番まんじゅう」なんていかにもありそうだ。

松本清張（ゼロの焦点／点と線／砂の器／Dの複合）
これも簡潔。黒という字が多用されるのも特徴（黒い福音　黒い画集　黒の様式など）。

二つの異質なものをドッキングさせて、いわくありげなイメージを作るのも巧い。『点と線』がそうだし、『眼の壁』『時間の習俗』もそう。しかし、僕が一番巧いと思ったのは、短編の「一年半待て」である。これは天才的なタイトルだ。それだけでいろんな場面を想像してしまう。そして、つい本に手がのびる。

石川達三（四十八歳の抵抗／人間の壁／青春の蹉跌／僕たちの失敗）

石川のよい読者とは言えないわたしでも、これらのタイトルには十分にそそられる。『四十八歳の抵抗』なんて、四十八歳という具体的な年齢を示しているところがいい。通常では、十代なら十四、十五、十六、十七……と、各々の年齢をタイトルにつけることができるし、それがサマにもなるが、いきなり「四十八歳」という、微妙な年齢を持ってきたところがすごい。

大江健三郎（芽むしり仔撃ち／遅れてきた青年／空の怪物アグイー／見るまえに跳べ／われらの狂気を生き延びる道を教えよ／個人的な体験／万延元年のフットボール／洪水はわが魂に及び／同時代ゲーム）

挙げ始めるときりがなくなってしまった。どのタイトルも、詩の一節のように（事実、詩から引用したタイトルもある）イメージが氾濫し、作者の世界に引きずり込まれる。小説に長いタイトルをつけることが一時流行したが、やっぱりこれは大江の影響でしょうね。

というわけで、作品を発表したり、本を出す際にタイトルがいかに大事かは自明のことだ。古本買いの場合も、タイトル、書名に魅かれて買うってことがけっこうあるのだ。特に軽い随筆などは、もちろん基本としては著者名で買うのだが、時々「これはまた、なんともはや、どない言うたらええか、おもしろげな本であるわい」と手に取るケースは珍しくない。

わたしがもっぱら蒐集の標的とする軽い随筆群の場合は、書名もいかにも軽い。肩の力がみごとに抜けきっていて、脱力感が強い。あとボール半個分横にそれたら、もうばかばかしくて相手にできないという、厳しいコースをついて財布のヒモをゆるませる。

例えば、昭和二十八年から三十年あたりまで（いつ終刊したか不明）出ていた、「朝日文化手帖」（朝日新聞社）という名のシリーズには、その脱力感の強いタイトルが散見できる。土岐雄三『お・や・つ』、福田蘭童『うわばみの舌先』、秋山安三郎『みつまめ随筆』、これは随筆ではないが、旭化成広報部編『ぴよぴよ大学』（ラジオのクイズ番組の名前らしい）。「みつまめ」に「ぴよぴよ」と来た。これにはまいったなあ。なんだかタイトルを眺めているだけで、スコッチの水割り一杯分ほどの安らぎが得られるような気がしてくる。

先にわざと触れなかったが、獅子文六は小説のみならず、随筆集のタイトルも巧い。『へなへな随筆』『あちら話こちら話』『東京の悪口』『飲み食ひの話』など……使われている表現は、みな日常語で、それ自体は特に印象に残るものではないのに、言われてみればドンピシャリというような急所をみごとに突いてくる。これはちょっと真似ようがないな。

こうして見て行くと、どうも「〇〇随筆」というふうに、その〇〇の中に、ひらがなのことばをあてはめれば、快い脱力感が生まれ名タイトルになるような気がする。その筆頭は佐藤弘人『はだか随筆』だろうが、ほかにも、谷崎潤一郎ほか『あまから随筆』、天池真佐雄『あほう随筆』、菅原通濟『ゆかた随筆』、横山隆一『でんすけ随筆』等々がわたしの本棚に並ぶ。現代の本に、こういう安直で効果ばつぐん、読み手の負担を軽減するようなタイトルをつける気風が失われている点が淋しい。「〇〇随筆」の復活を強く望みたい。

そんなことをつらつら思いながら、ある文章を読んでいたところ、頭をどやしつけられるほど凄いタイトルに出合った。岩佐東一郎『茶煙閑語』（文藝汎論社・昭和十二年）という随筆集に、こんな一節があった。

　書店で『雨の降る日は天気がわるい』と云ふ書名の新刊本を目にして、岡本一平の装画ではあるし、この書名だつたから、奥野他見男の本かと思つて著者名を見ると、土井晩翠とある。奇異な感に打たれて取り上げてみると、やつぱり土井晩翠の随筆集であつたのでびつくりした。余りにも無神経な書物であつた。これも時世か？

（引用は新字に改めた）

古書通としても知られる、粋人詩人の岩佐としては、このタイトルはお気にめさなかった様子だが、逆にわたしは断然いいと思った。日本出版史上屈指の名タイトルではないか。これだけ当たり前のことを、しゃあしゃあとタイトルにつける態度はただごとではない。余人の下手な考えを遠くしりぞけ、ほとんど天上の世界から俯瞰で世の中を見据えている。すべての束縛から解き放たれて、ほとんど融通無碍な境地にあるとも言える（ちょっと、それホンマか）。『雨の降る日は天気が悪い』……うーん、何度読んでもいいタイトルだ。もしぼくが何かの拍子に有名人となり、宿泊した旅館で色紙を頼まれたとしたら、座右の銘として、ぜひこのことばをしたためたい*1。

　ところで、これはたぶん落語ネタから来てるんじゃないかな。落語世界におなじみの酔っ払いが、千鳥足でわけのわからないことを唄いながら夜道を行くシーン（「うどん屋」が代表）などに、このフレーズはよく使われている。

「雨の降る日は天気が悪い〜、犬が西向きゃ尾は東、兄は僕より年が上……」

　思わせ振りなところが微塵もなく（当たり前だ。そのままなんだから）、ふんわりとした諧謔味も生んでいる。これならいくらでもできそうだ。

「タバコを止めたら禁煙だ」
「ズボンをはく前にパンツはけ」
「雪が砂糖ならボロ儲け」
「立ったら目線が高くなる」
「忘却とは忘れさることなり」

こんなタイトルの本がもしあったら、わたしは買うな。

＊1　その後『雨の降る日は天気が悪い』を入手。土井晩翠の随筆はなかなかいい。

開けてビックリ

武蔵小金井駅前「伊東書房」（現在店売りは停止）均一台。私が週に一、二度は必ずチェックする、良質の漁場だ。外にあるのは白っぽい本で、店内に背の焼けた雑本があれこれ詰まっている。先日、均一台を漁っていると、レイ・ブラドベリー（表記ママ）著、南井慶二訳『華氏四五一度』（元々社）が目に入った。最新科学小説全集の一冊（SFという言葉がまだなかったか）で、昭和三十年代にしばしば出された、ミステリやSFの叢書によく見かける簡易函入り装丁で、シンプルだがお洒落である。

『華氏四五一度』は、法律で本の所有が禁じられ、見つけ次第焼き捨てられる世界（焚書）を描く。トリュフォーが映画化したことでも有名な作品だ。

値段も百五十円だし、一冊くらいあってもいいかと思って手に取ってみたら、これが中身は似ても似つかない別の本が入っていたのである。いやあ驚いた。

その中身とは……。

神崎清『賣笑なき國へ』（一燈書房・昭和二十四年）という本だった。いわゆる軽装版で表紙はヨレヨレ。タイトル、著者名も書き文字。中を読むと、「廃娼運動（売春婦制度禁止運動)」の本らしい。神崎はたしか他にも廃娼運動の本を出している。[*1]

〈これまでのように、矯風会や救世軍だけにまかしておくのでなく、自分たちのまつ毛をこがし、着物をこがしている、一時も我慢のできない問題として解決していくことが、ぜったいに必要であります。その場合の結論としては、売春の動機の消滅――つまり、女が真面目に働いておれば、りっぱにくらしていける、金で女のからだを売るというようなことが、夢にも考えられない明るい世の中にする努力が要求されると思いますが〉

なんて書いてある。まじめな本です。

日本でも人気の高い作家ブラッドベリのSF作品と、いまで言うフーゾク本の組み合わせが楽しい。これは買いでしょう。外函と中身が違う、というだけで買う対象にしてしまう。乱暴だが自分がおもしろがればそれでいいんです。違う本と言ったが、どちらも禁止運動を扱った本という点で共通していると言えなくもない。著者の神崎清は、藤沢桓夫の回想記『大阪自叙伝』ほかに出てくる。藤沢とは旧制大阪高校の同級生で、のち明治文学の研究家として『実録幸徳秋水』を書く、あの神崎清と同一人物だ。

口絵写真四ページには、当時の赤線・新吉原の風景や、部屋でくつろぐ売春婦、浴室でのヌードなどがあり貴重。見返しには、新吉原の屋号をすべて記した見取り図が印刷されてある。これも貴重。中身の方では、当時の売春婦たちへのインタビューが、本来この本が意図する志の高さとは別に、風俗資料としてなかなか読ませます。

〈G　人間の最上の幸福はこういうところにあるから、こういうところで慰められたいとい

うんです。そして文学や哲学を論じて……
T　学生さんにはそういう人が多いですね。人間的な情緒方面の憧れの心や研究心もありますしね〉

または……。

〈G　一番お客さんが喜ぶのは親切にすることです。それで、この人はと思う人は自分の真心を尽すと必ず返ってきますね。
S　なじみの客の顔をみると、女の子は「いらっしゃい」といわずに「お帰んなさい」というんです。
T　お遊になれた人は「お帰んなさい」というと「はい」とい丶ますけど、最初の人は「お帰んなさい」というとびっくりして聞き返しなさる人もあります〉

こういう部分を読むと、本の意図に反して、なかなかいいもんだなあと思ってしまう。金で性を売買する商売とはいえ、このころのフーゾクには情が感じられる。

ところで、なぜ、本の函と中身が入れ替わったか。理由はいくつか考えられる。

一、軽装本のため傷みやすいのを保護するため。おいている本が近代文学の貴重な本ばかりなので、やはり保護のため、函のない本には、別の本の函を使っている古書店が実際にある。

二、本の内容が、知られると恥ずかしいため、別の本でカモフラージュする。

三、まちがって入れ替わった。

たしかに、函のあるなしでは、本の焼け、痛みの度合いがまるで違ってくる。最近は出版事情が悪化し、函入りの本は減少している。函を作る職人がいなくなっているからだと聞いた。こういうときこそ、古本屋の均一台を利用し、一冊五十円とか百円で函入りの本を買ってくるといい。このとき、大事なのはもちろん中身ではなくて、函のサイズ。保護したい本、隠蔽したい本と同じ、もしくは一回り大きなサイズの本を買ってくる。たとえ百円でも函代としても安いものだ。中身が読めればさらに言うことなし。

本の函の使い道として思い出すのは、ドラマ『七人の孫』だ。おじいちゃん役の森繁久彌が本の函の中にお菓子を隠していた。それを孫のいしだあゆみが知っていて、ここに隠してんの知ってんだ、などと言いながらちゃっかり森繁の目の前で、函の中からお菓子を出して食べていたシーンを思い出す。

あの函の使い方はリアルで、しかもしゃれていた。

＊1　戦後昭和二十一年に公娼制度は廃止されるが、赤線（指定地区）、青線（指定外の私娼婦地区）というかたちで残る。これに対し、おもにキリスト教と婦人解放運動の立場から、売春婦制度禁止の運動が戦前からあった。

歴史は犬で作られる

その日古本屋で買って来た本を、行きつけの酒場で披露することがある。自分の買った本が、一般の人にとってはどう見えるか、リサーチをするのである。本というのはおもしろいもので、複数の目にさらすと、自分の目だけでは見えないポイントが見えてきたりする。また、その酒場に集まる者たちの職業が、カメラマン、シナリオライター、業界紙記者、うどん屋、公務員など多様であるだけに、切り口がさまざまで参考になる。自分で買っておきながら、へえ、この本にはそんな見所があるのか、と教えられるのである。

しかし、そうは言いながらも時々は、「岡崎さん、またなんでこんな本を……」と呆れられることもある。「こんな本の買い方をしてたんじゃ、本が溜まって仕方ないでしょう」とも言われる。

「よくわかるね」

「わかりますよ、それくらい」

などと会話しながら、心の中ではニンマリしているのだ。

だって、何かをとことん極めようと思ったら、人から呆れられるくらいでないとダメだろう。感心されている間はまだ半人前なのだ。

そんな「こんな本まで……」と、呆れられた本を以下、紹介する。

『シェパード犬の飼ひ方』（中島基熊著　春陽堂・昭和八年）

高円寺ガード下、都丸書店支店（閉店）の均一棚でこの本を見つけたとき、最初は背表紙のペンによる書き文字と、クロス装によるがっちりした造本に魅かれたのだと思う。……思う、ってのも無責任だけど。

発行年は昭和八年、出版社は天下の春陽堂。この点も申し分ない。中を見ると、五十枚近くのモノクロ写真口絵がついており、シェパードはもちろん、飼い主も一緒に写っているものがたくさんある。これがいい。

どうも、外来種の高級犬を飼えたのは上流階級に限られたらしく、写っているのは、皇族を始め、みな立派なお宅ばかり。庭には芝生なんか植えちゃって、お母様はお帽子をかぶっていらっしゃる。子どもだって鼻を垂らしてるガキなんぞいやしない。みな揃いも揃って、正真正銘のお坊っちゃん、お嬢ちゃんたち。

この口絵写真だけでも売価の五百円の価値はあると踏んだ。

しかし、なんといっても『シェパード犬の飼ひ方』。

いくらなんでも『シェパード犬の飼ひ方』じゃなあ……とためらいながらも、結局は元へ戻して家路についた。

ところが、家へ帰ってから、急にその本がやっぱりどうしても欲しくなってきた。もし誰かが買ったらどうしよう（誰が買うか、昭和八年の『シェパード犬の飼ひ方』を）、次に行って売れていたらさぞ悔しいだろうな、とどんどん妄想が先走っていく。ひょっとしたら、とてつもなく貴重な資料じゃないかしらん。あの一冊で、本が書けるかもしれない。スケベ根性も増幅して焦りを助長する。

じつは、このあと、二度も同じ本を見ることになるのだが、そのときは、唯一無二の本のように思えてくる。なにしろ昭和八年の『シェパード犬の飼ひ方』だから。

一晩、「シェパード犬」「シェパード犬」と頭の中で叫びながら、翌朝、我慢がならず高円寺在住の友人O君に電話した。夜型で、昼前まで眠っているのを「悪いなあ」と起こしてまでの依頼だった。

「ああ、起こした？　悪いなあ。頼みがあるんやけど、都丸書店支店の店頭均一棚で、昭和八年の『シェパード犬の飼ひ方』を買っておいてくれるか」

と頼んだって起きぬけの頭に通じるわけがない。

「な、なんすか、もう一度」（電話口でやや立腹のご様子）

「いや、あのねえ、都丸書店支店あるやろ、あの店頭均一にね、昨日ね、昭和八年のね、『シェパード犬の飼ひ方』……」

いま地球のどこかで、飢えて死にゆく子どもがいるというのに、ノーテンキな会話が続く。

三、四回のやりとりがあって、ようやく「わかりましたよ、買えばいいんでしょ。その『シェパード犬のナントカ』を」とO君。

後日、ニヤニヤしながらO君に本を手渡されたとき、さすがに変なことを頼んでしまったと後悔した。すでにこのとき、当初の熱は少し冷めていたのである。

その後、高円寺の飲み屋では、「岡崎さんがシェパードを飼うらしい」「シェパードを連れて散歩している」などと話が間違って伝わっていて往生した。

誰が飼うか、マンション住まいの身で、シェパードなんか。

さっそく、持ち重りのする『シェパード犬の飼ひ方』を開く。巻末にある出版案内を見れば、当時、犬を飼うのがブームになっていたことがわかる。『日本犬の飼ひ方』『犬の病気と手当』『良犬を得る秘訣』『犬　研究とその飼ひ方』『犬の飼ひ方』などの書目が並ぶ。『日本犬の飼ひ方』の解説文には〈今や将に日本犬の時代が来たらんとしてゐる！　流行の魁をなさんとする犬の愛好家は先づこの書を取って見よ。〉なんて書いてある。なんか大げさですね、犬を飼うくらいのことで。

『シェパード犬の飼ひ方』の解説文は全文引用する。

〈現在最も流行を極めてゐるシェパード犬の飼ひ方を多くの図版を入れて教示したもので、著者はシェパードに関わる当代一の研究家である。犬を飼ふならシェパード、シェパードを飼ふなら先づ本書を読んで後にせよ。〉

まるで、風邪をひいたらルル三錠……みたいな文章だ。

じつは、このトーンの高さには理由がある。戦前、戦中において犬を飼うことは、なにも愛玩用の意味だけではなかった。昭和九年から「軍用犬」という雑誌が発行されるように、犬は育てたのち、軍用に供出させられていたのである。犬を飼うことは、すなわち「お国のため」だった。

日本における犬と人間社会とのかかわりを描いた谷口研語著『犬の日本史』（ＰＨＰ新書）によれば、「軍用」と言いながら話は悲惨だ。

〈太平洋戦争末期には、犬の献納運動があった。軍人に毛皮を、一般の食料用に肉を、ということであったらしい〉

戦地で働いたということならまだしも、家畜として扱われる意味でも「軍用」だったのだ。また、狂犬病予防という名目で多くの犬が殺されたともいう。毛皮と食肉用と言われて、大切に飼っていた犬も、ほとんど無意味に殺されてゆき、もちろん飼い主に真相が伝わることはなかった。

そんな目で読むと、『シェパード犬の飼ひ方』は、あまりに無惨な本である。

どこで本を読むのか？

「活字中毒」という言葉がありますね。活版印刷が主流でなくなった以上、死語というべきだが、現実としてはそのまま使われているようだ。私もまた重症の「活字中毒」患者である。だから、次のような箇所を読むと、同病相哀れむ思いになる。

椎名誠編『素敵な活字中毒者』（集英社文庫・品切れ）の巻末に、編者とその仲間である目黒考二、鏡明による「鼎談解説」がついているのだが、これがまさに壮絶なる「活字中毒」者バトル。

「おれの弟も活字中毒でね、お菓子の中に必ず栞《しおり》みたいなのが入ってるでしょ。食いながら、まずその文字を読んでるんだ。あれはやっぱり病気だよね」（鏡）

これはまさしく私のことでもある。ラーメン屋に入って、注文の品が出てくる間にコショウの缶に印刷された成分表や説明書きを読んでしまうのもこの範疇。

電車内では本を手放したことのない目黒は、ある日、ふと顔を上げて窓を見たら下を多摩川が流れているのを発見。毎日乗っている電車なのにそれまで「ぼくは多摩川を越えるということに気がつかなかったんだ」というからすごい。ちなみに、本を読みたいがために、

「わざわざ鈍行で行ったり」することもあるという。あっぱれ！

　トイレの中で読む、なんてのは「活字中毒」道の初歩も初歩。私は便意を催すと、そら来た！　とトイレの中で読む本を探す。どれを読もうか、あっちがいいか。いやせっかくだから……と右往左往している間に便意がひっこんでしまうこともある。まだ子どもがいなかったころ、新婚のマンションではトイレに小さな本棚を置いていた。あれはよかったなあ。

　尾籠《びろう》続きで恐縮だが、私は小の方も便座に腰掛けてする。その「小」のときでさえ、新聞、雑誌、読みかけの文庫などを持ち込む。読んでいるうちに便意を催してついでに「大」も済ませ、ああ「大は小を兼ねる」はこのことかと（よく考えたら逆だが）、思わず狭い個室で膝を打ったものだ。

　これも新婚時代。妻と二人、電車に座っていて、もちろん私は本を読んでいる。駅について降りる段になり、私は本から目を離さぬまま開いたドアを出て、二宮金次郎のようなスタイルでホームを歩き出した。

　さすがに妻が呆れて言った。

「それはちょっと……やめようよ」

　ここまでは一般の人に話してもまだ理解を得られる。ところが「風呂でも読む」と告白すると急に人が離れていく。まるで「主食に笹を食べてる」と告白したときみたいなリアクションを受けることさえある。ルビコン川を渡ってしまったような。それほど変かな、風呂で本を読むって。

同好の士がけっして少なくないことは、「風呂で読むシリーズ」（世界思想社）と呼ばれる、入浴読書用の本が売られていることでもわかる。『万葉恋歌』『芭蕉』『中原中也』など日本の詩歌を中心に種々刊行されている。紙の替わりに、水に濡れても平気な「ウォータープルーフ」という合成樹脂を使っているのがミソだ。

二〇〇一年には角川文庫が、夏のフェアとして「夏のリラックス120」と銘打ち、風呂の読書を推奨、おフロ文庫グッズをプレゼントに付けた。これは翌年冬にもそのまま踏襲し、フェアのキャラクターには、湯船に浸《つ》かって本を読む動物（？）が使われた。ちなみに、プレゼント商品は、お風呂で聴ける「防水CDプレイヤー」だった。

フランス映画界の巨匠、ゴダールの代表作「気狂いピエロ」で忘れられないのが主人公のJ・P・ベルモンドがバスタブの中で本を読むシーン。彼が読んでいる本はエリー・フォール『世界絵画史』。なぜ、この書名がわかったかと言うと、雑誌「スタジオ・ヴォイス」一九八五年十一月号の兼子正勝「シネマのなかの本たち」に、こう書かれてあったのだ。風呂で美術書を読む男が出てくるだけで「気狂いピエロ」は忘れ難い映画だ。

私の場合で言えば、真夏、遅い朝食を取ったあと、まだ少し昨夜の温もりが残る水風呂にざんぶと浸かり、本を広げる時間が好きだ。頭に乾いたタオルを乗せ、指の湿りを拭き取りながらページをめくる。そうしないと本はゴワゴワになってしまう。

そうしてこれまでに、私はじつに多くの本を風呂で読んできた。できすぎた話だが、ある年にはベルギーの作家ジャン＝フィリップ・トゥーサンの『浴室』（集英社文庫）を浴室で読み終えた。「午後を浴室で過ごすようになった時、そこに居を据えることになろうとは思ってもみなかった」（野崎歓訳）で始まる奇妙な小説は、主人公の青年がことあるごとに風呂に籠《こも》って、そのまま生活をしてしまうストーリー。風呂で読む本として、いまのところこれ以上ぴったりの作品はほかにない。

銭湯と古本屋

しょっちゅう古本屋を覗きたい人間として、不満なのは閉店時間の早いことだ。店によってまちまちだが、日没の六時から八時までの間くらいに閉めてしまうケースが多い。これではいくら古本好きであっても、退社後のサラリーマンが立ち寄ることは難しいし、一杯ひっかけて古本屋を冷やかすなんて楽しみは成立しなくなる。

昔はそうではなかった、と年輩の古本屋さんから話を聞く。昔、というのは昭和三十年代あたりまでを指すが、深夜十二時近くまで開けている店がけっこうあったらしい。それが変化したのは、あるものの消滅と連動している。答えはあとで。

江戸川乱歩に「D坂の殺人事件」という初期短篇がある。名探偵・明智小五郎が初お目見えするとともに、古本屋が舞台となる。その点でも私にとって重要な作品だ。そういえば乱歩は作家になる前、一時期古本屋をしていたこともあるのだ（大正八年、二月に弟と共に本郷で古書肆「三人書房」を開業）。

大正十四年「新青年」一月号に発表。D坂とは、東京都文京区千駄木に実際にある「団子坂」（正式には千駄木坂）のこと。「D坂の殺人事件」には、大正期の東京下町の風情が、殺人事件の陰惨さを消すように背景として描きこまれている。例えば、こんな箇所。

「表通りには往来が絶えない。声高に話し合って、カラカラと日和下駄を引きずって行くのや、酒に酔って流行歌をどなって行くのや、しごく天下泰平なことだ」

団子坂界隈の夜の描写だが、ここでわかるのは、夜の町にけっこう人通りがあってにぎやかだったということだ。古本屋だってちゃんと開いている。この描写は、昭和三十年代まで風俗として残る。夕食後の時間の使い方が現代とはまるで違うのだ。縁台で将棋を指す、寄席へ行く、商店街を散歩する、そしてかならず銭湯へ行った。

じつは銭湯の消滅が古本屋の閉店時間を早くしてしまったのだ。銭湯帰りの道すがら、町の古本屋に立ち寄る習慣がかつてはあったという。だから店の方も終い湯近くまで商売を続けていた。

山手樹一郎のチャンバラ小説や、当時ブームだった松本清張の推理もの、あるいは月遅れの雑誌を古本で安く買う。家へ帰って消灯までの間、寝床でページをぱらぱらめくる。これ、安上がりで最高のぜいたくではなかろうか。

第三章

古本と私——大阪・京都・東京

均一小僧

ぼくのあだ名を知ってるかい、という歌が昔ありました。いくらなんでも「朝刊太郎」なんてあだ名の奴がいるわけないだろう、と子ども心に思ったものだが、わたしにも現在、いくつかのあだ名があるのだ。ひとつは「均一小僧」、ときに「文庫王」、はたまた「神保町ライター」。

本来使っている、雑誌記事を書くときの「ライター」、書評や評論を書くときの「文芸評論家」とは別に、そう名乗るときがあるのだ。なんだかじつに怪しい感じだ。考えてみれば「朝刊太郎」も「均一小僧」もあまり変わりがない。

「均一」とは、「百円均一」などで使われる意味で、古本屋の店先に木製の台やワゴンで販売されている廉価本のことを指す。客寄せの奉仕品で、釣りで言えば撒き餌だ。売れ残った文芸書や、文学全集の端本《はほん》や、古くなった実用書など種類はさまざま。私は古本の町・神保町をはじめ、古本屋ではもっぱらこの均一台を主に覗いて回ることから、このあだ名がついた。けっして「えへん、均一小僧さまのお通りだい！」と胸はって言えるようなあだ名ではない。

もちろん驚くような掘り出しものがあるわけではない。せいぜい、店内では五〇〇円、一〇〇円ついてるような本を、わが眼力で底値にして手元に引き寄せる。みみっちいと言えばみみっちい話だ。

しかし、長い間、古本や古書にまつわる話というと、漱石の初版本がウン百万円で落札された、世に数十冊といわれる限定本が手に入ったなど、よく言えば学術的で格式の高い、悪く言えばマニアックで狭量な話題が多かった。一〇〇円で買った絶版文庫や、二〇〇円で買った弘田三枝子『ミコのカロリーBook』はタレントによるダイエット本の元祖で……なんて話をうれしそうに書く存在は珍しがられたのだ。

だから、ものの数年のうちに、文庫の本を三冊（一冊は編著）、古本の本を四冊も書くもの書きにいたることになる。雑誌で古本特集を組むときにも、ひんぱんに執筆者として声がかかるようになったのもこの三、四年のことなのだ。「均一小僧」だの「文庫王」だの「神保町ライター」だのとアドバルーンを上げて、気がついたら書評を中心に、本について文章を書いて食べていけるようになっていた。しかし、今に至る道のりは気が遠くなるほど長かった。

古雑誌という砂糖の山

砂糖の山に蟻が落っこちたという話をしたい。イソップ童話ではない。ものの喩えだ。砂糖は古本や古雑誌で、蟻は私だ。これが古本屋へひんぱんに通うようになる、ひとつのきっかけとなったのだった。

小学五、六年のころ、住んでいたアパートの近所に廃品回収業者の倉庫があった。小学校の体育館ほどの広い倉庫の中に、業者が集めてきた新聞、雑誌、本が山のように積まれていた。倉庫の鍵が開くのが毎日午前十時。日曜日や学休期の朝、早起きしてはその倉庫に忍び込んだ。朝飯を食べ終わって七時ごろから従業員が来る十時まで、その本や雑誌の山によじのぼって、心ゆくまで古いマンガ雑誌を読みふけるのだった。

天井近くに大きなガラス窓があって採光は十分。手近なところから、荒縄で十字にくくった雑誌の背文字を読んで、好みのものを引き寄せ、結び目を解いて読みはじめる。時代は一九六〇年代終わり。マンガ雑誌は月刊誌「少年」「少年ブック」「漫画王」「冒険王」などから、週刊誌「少年サンデー」「少年マガジン」「少年キング」などに移行しつつあった。

それでも自分の尻の下にあるのはすべて古雑誌だったから、例えば「おもしろブック」

「日の丸」など、私の年代では読めないはずの、一世代前のマンガ雑誌も目を通すことができた。これは幸運だった。新旧を超えて、浴びるようにマンガを読みふける姿は、まさに砂糖の山に落ちた蟻。

そんななかに「ＣＯＭ」というマンガ雑誌が混じっていた。六七年創刊の手塚治虫が作った雑誌なのだが、それまで読んでいた少年向けマンガとはまったく違っていた。手塚治虫の「火の鳥」をはじめ、石森章太郎の「ジュン」、永島慎二の「フーテン」、宮谷《みやや》一彦「ライク・ア・ローリングストーン」など、その作風は実験的であたらしく、人生論ふうであり、ひと足早く青春の哀しみを知ったような気がした。文学を知る前に、文学的な強い香をかいだのである。

倉庫で読んだのはほんの一部。なんとかして、溯《さかのぼ》って全部「ＣＯＭ」を読みたいと思った。ちょうどそんな折、家族で千林《せんばやし》商店街へ買い物にでかけ、古本屋の店先で「ＣＯＭ」を見つけてしまう。その日から「ＣＯＭ」を買うためだけに千林へ通うようになった。古本道の始まりである。

古本屋は道場だ

小学生だった娘を叱ったときに、口答えとして返ってくるのが「このお、古本オヤジ！」というものだった。こちらとしては、生活態度を改めさせようとして注意をするわけだから、「古本オヤジ」はいかなる反論にもなっていない。しかし、娘からすれば、そっちは年がら年中古本のことばかり考えて、古本を買うしか能がないダメオヤジのくせに、となるわけだ。

小学生の娘が父親の弱点を突くのに「古本」という言葉を使うところに、わが家のなんともいびつな断面が見えてくる。そうなのだ、私はヒマさえあれば古本のことを考えているし、一日一回は古本屋の軒先をくぐらないと寝覚めが悪い男なのだ。なぜよりにもよって、古本オヤジなんかになってしまったのか。

思えば大阪市内の小学校低学年のころ、近くにあった古本屋の店先で、段ボール箱に入った三冊十円の雑誌付録マンガを漁《あさ》り出したのがわが古本道の始まり。いまやこの当時の付録マンガは古本業界で大変な高値をよんでいる。ありのまま全部残しておいたら、いまごろ家の一、二軒は……（建ちません！）。

しかし古本屋通いが本格化するのは高校生になってから。高校は電車通学だったのだが、学校帰りに古本屋がある商店街によく通っていた。たいていは土曜日。午前中で授業を終え、帰宅するのとは逆方向の電車に乗り、三つ四つ離れた駅まで向かう。京阪「千林駅」。大阪中にその名を轟かす安売り商店街の中に、なぜか古本屋が四、五軒あった。そして三十年を経た今でもそのまま営業を続けている。すごいことだ。

向かう車中からすでに、今日はあれを買おうかこれを買おうかを考えている。春から夏は日は高く、ガラス窓を通してふんだんに流れ込んだ日射しが、白い半そでシャツと学生ズボンをすっぽり包む。今日はどんな古本と出合えるか。その期待感で胸はいっぱいだった。考えてみれば、あんなに開放感に満ちた土曜日の午後はその後経験していない。ささやかだがたしかな「半ドンの幸せ」である。週休二日になってしまったいまの高校生がかわいそうなくらいだ。

千林駅の改札をくぐると小走りになる。それから二時間から三時間。ぼくと古本と千林の町が一体となった濃密な時間が流れていく。古本屋はぼくの道場だった。

初めて買った文庫

高校時代から本格的に古本屋に通い出した、といってもそんなに大した本を買っていたわけではない。もっぱら日本の近現代文学の単行本や文庫本が目当て。新刊書店なら一冊しか買えない金額で、何冊も買える。定価より安い。ほとんどが百円以下。なんといってもこれが、古本初心者にとっての最大のメリットだ。だからたまに定価より高い古書値がついている本を見ると驚いた。

同時に、新刊書店にすべての本が置かれているわけではなく、品切れ、絶版というかたちで、いまは手に入らなくなった本が古本屋へ行くと見つかることも知った。古本屋ならではの旨味が少しわかりかけてきたわけで、スキーで言えば板が八の字から、まっすぐ揃うくらいの段階か。

しかし、なんといっても買うとなると文庫が圧倒的に多かった。これは古本屋だけでなく新刊書店でも買った。初めて自分の小遣いで買った文庫は忘れもしない、星新一『ボッコちゃん』(新潮文庫)。中学二年のときだ。N氏だのS氏だの、人間を記号化し、どこの国いつの時代かわからぬ設定で、文明を皮肉りながら洒脱なショートショートに、当時夢中になっていた。

記念すべき一冊を買ったのは自宅からは少し離れた書店。初めからその本を買うことを決めて、店に行ったのだった。文庫の棚から抜き出し、レジへ持っていくまでの短い時間の興奮が、いまスローモーションではっきり思い出せる。それまで、本とは親に買ってもらうもの、もしくは図書館で借りて読むものだった。自分でお金を払って本を買う。しかも文字がいっぱい詰まった文庫。少し大人に近づいた気がした。

文庫は詰め襟の学生服の上着ポケットにちょうど収まるサイズ。いちいちカバンを開けなくても、すぐに取りだせるのがよかった。高校になると通学の電車内で、勉強部屋のベッドに寝転んで、ときに退屈な授業のとき教科書を隠れみのにして、ノルマのようにどんどん文庫をあげていった。いまでは信じられないことだが、このときは買った本を全部読んでいた。

高校時代に、北杜夫とともに流行《はや》りに流行った遠藤周作のぐうたらエッセイ経由で、すでに「第三の新人」の作品を読み始めていた。吉行淳之介、安岡章太郎、島尾敏雄、そして庄野潤三『夕べの雲』と出合う。決定的な体験だった。

父の死と庄野潤三

高校二年の夏休みの終わりに父が死んだ。仕事上の事故で、家族の誰ひとり死に目に会えなかった。享年四十二、あまりに突然の、あまりに若い死だった。私は十六歳。

私はちょうど夏休みを利用して、友人二人と一週間の旅行をしていた。でかける朝に、父親に挨拶すると「気をつけてな。危ないところには行くな」と言った。それが最後の別れになるとは夢にも思わない。

信州から名古屋方面へ、ユースホステルを利用しての気ままな旅だった。八月二十七日夜、すべての旅程を終えて、家へ向かうバスに乗りこんだ際、偶然、車中で姉と会った。姉はわりあい平然とした顔で「お父ちゃんが死んだよ」と私に告げた。あまりにばかばかしい、冗談と思って私はとりあわなかった。

しかし心臓の鼓動がどんどん速くなる。まさかと思いながら、最寄りのバス停を降りると、旅行カバンを抱えて夜道を駆け出した。あんなふうに突然、父の死を知らされれば、誰だって夜道を駆け出すだろう。家の前に来た時、知っている顔、知らない顔がおおぜい集まっていた。家のドアが開け放たれ、夜道に明るい光があふれ出している。その光の中を逆光で、一つの影がこちらに近づいてきた。父のもとで働いているKさんだった。目の前まで来てKさんが姉と同じことを言った。つまり……

「兄ちゃん、驚いたらあかんよ。お父ちゃんが亡くならはった」

家へ入ると白い大きな祭壇があり、黒枠の父の写真が飾ってある。傍らに母が黒い着物を着て座っていて、私の顔を見ると「く」の字になって泣き崩れた。その晩が通夜、翌日は葬式。父の死という事実を冷静に受け止めるまもなく、ただ日々が過ぎていった。

数カ月後、秋風が冷たくなるころ庄野潤三『夕べの雲』を読んだ。丘の上の家に住む一家の物語だ。穏やかな父親の目で、毎日の生活、子どもたちの言動、周囲の風物が淡々と水のように語られる。私は初めて自分とぴったりの作家と出会えたと思った。すべての文章が、かたちそのままに胸にすいすい入っていき心が暖かくなる（現在、講談社文芸文庫に収録）。

風の強い丘の上で暮らす一家。その中心で優しい眼差しを注ぎ続ける父親の姿に、読みながら少しだけ泣いた。通夜でも葬式でも泣かなかったのに、その時は泣いた。

どんな人間でも、たった一つ、何かとりえがあるはずで、それがあれば十分世の中を渡っていけるはずだ。また、そうでないと人生はあまりにつまらない。

新聞部のころ

私は、出来の悪い生徒だった（謙遜にあらず）。ただし、中学、高校と受け持ってもらった担任教師の教科が国語である率がすこぶる高い。そして国語だけはわりあい成績がよかったから、国語の教師にいずれも目をかけられた。これは劣等生として幸運だったと思うし感謝もしている。現在の仕事につくレールがこのとき敷かれたと思っている。

小学五年のとき、たまたま担任の先生が休み、代わりに授業を見に来た女の先生が作文を書かせた。このとき私が書いた運動会の作文がその場で読み上げられ、「作文の天才」と激賞された。あとにもさきにも、人からこんなにほめられたことはない。クラスのみんながびっくりしたぐらいだ。およそ、先生からほめられることがなかった私は、自分に文章を書く才能があるなどとは思いもよらなかったので、その称賛が励みとなった。天から降りてきた一筋の〝蜘蛛の糸〟である。

中学一、二年の担任Y先生にも、やはり書いた作文を認められ、先生が顧問をしている新聞部に引っ張られた。私は部長を務めたのだ。その後、転校した中学で今でもつきあいのあるU先生と巡り会う。やはり教科は国語。U先生はクラスを班に分け、班ごとに交換ノートを課し毎週提出させた。私は全力を尽くしてこのノートに文章と絵を描いた。萩原朔太郎や司馬遼太郎、当時熱心に読んでいた庄司薫、北山修、漫画家の真崎守などが登場する。この方面にかぎっては早熟といっていい。いまある私の原型がこの班ノートにある。

またU先生を手伝ってクラス新聞のガリ切りを手伝ったり、卒業アルバムの編集をまかされたりした。このとき書いたアルバムのあとがきを、私が高二のとき逝った父親が「これはいい文章だ」とほめた。これも忘れ難い思い出だ。

思えばいかにもとりえの少ない少年で、本が好きで文章を書くのが上手《うま》いぐらいのことは、人生の厳しさを考えれば、針の穴を通すような突破口だったが、他に道はなかったのだ。他に道はないと思い定めて、粘りに粘ったとき道は拓けた。そのことをいまは幸福に思っている。

一万冊の上京

毎年、春になると、上京した日のことを思い出す。なんのあてもなく、とりあえず東京へ出てきた一九九〇年のできごとだった。

大阪生まれで京都の大学を出た私は、卒業したあとに教員免許を取り、講師として大阪の高校で国語を教えていた。教師という仕事は自分に向いていると思ったし、若い魂とのぶつかり合いは楽しかったが、採用試験に受からない。ずるずる七年も講師を続けた上で見切りをつけた。

改めて本当にしたいことは何かと、自分に問うたとき、文章を書いて生活していくことだと答えが出た。それには圧倒的に東京の方が有利だ。第一、多少は乱暴に流れを変えないと、新しい行動に出る好機を逸しそうだった。

そこで、えいやっ！　と、とにかく身を引き剝がすように大阪を後にした。三十三歳になっていた。あまりに遅すぎる転機。その決心を、早くに父を失い、その後女手一つで育ててくれた母に打ち明けるのがもっともつらかった。引っ越し先も、転居の手続きも何もかも終えた後、いわば背水の陣を敷いてから母に打ち明けた。ぽつりと母が吐いた言葉に頭を垂れた。

「本当に好きなことをやりたいんなら、それでいいんじゃない。お母ちゃんは何も言わないよ」

大阪府守口市から、新居となる東京に隣接する埼玉県戸田市まで、なんとか引っ越し費用を浮かせたい。溜まりに溜まった蔵書が一万冊近くあり、引っ越し業者は嫌がって見積もりを高くふっかけた。途方に暮れていると、大学時代の友人が、「よっしゃ、俺が引き受けた」と、レンタカーを手配し、山のような本と、前途茫洋たる私を助手席に乗せ、埼玉県まで運転してくれた。

夜の高速道路はフロントガラスを照らす街灯以外は闇また闇。私の行く手を暗示しているようだった。昼過ぎに出発して、現地に着いたのは深夜十二時近かった。とにかく二人で荷物を部屋に運び入れ、仮眠を取り、そのまま翌朝、友人は空のトラックに飛び乗り風のように大阪へ戻っていった。

いま考えても、このときの彼の、友情という甘ったれた言葉を超えた無私無償の行動にいくら感謝しても感謝しきれない。そして、双六で言えば、ふりだしに戻ったかたちで私の東京生活が始まった。

東京で仕事探し

一九九〇年、三十三歳で上京。東京に隣接する埼玉県戸田市にアパートを借りた。毎朝、目覚めれば東京が目の前にある。あてもなく、知り合いもいない東京。しかし長年の憧れの都市に自分がいることが、すべての不安をあとまわしに興奮させた。

毎日のように、チータカチータカと都内各所に参上。古本屋、映画館、喫茶店、寄席などを巡って歩いた。『全国古本屋地図』は私にとってそのころの「聖書」。聖書片手に、布教する聖職者のように、都内の古本屋をしらみつぶしにアタックした。

たぶん、相当真剣な眼差しで古本屋の棚と対峙していたのだと思う。なにひとつ見のがすまいぞ、なにしろ徒手空拳で東京に来たのだから他の連中とは心構えが違うんだ……とまあ、敵討ちのような顔つきをしていたと想像される。アホですがな。

ある日、ある古本屋の店内で、例によって「今日会ったは百年目、盲亀浮木《もうきふぼく》、優曇華《うどんげ》の花……」という姿勢で古本を眺めていた、とまあ思いねえ。ちょうど、入口の戸を開けて若い男の客が入ってきた。その音に反応した私は、つい、敵討ちの顔のままその男を睨み付けてしまった。可哀想に何も知らないお兄さん、ムンクの叫びのような顔になって、あわてて店の外へ飛び出して逃げていった。

驚いたろうねえ。ぶらり立ち寄った古本屋で、見知らぬ男が仁王のように突っ立って睨みつけたのだから。本当に悪いことをしたといまは反省している。

そうして二カ月、大学へ八年も通う学生のような日々を続けていたが、なにしろ貯金をとり崩しての生活。残高がみるみる心細くなっていく。なんとかしなければならない。朝日新聞日曜の求人欄は、マスコミ関係が集中することで知られるが、たいてい年齢制限があり、二十八歳ぐらいが上限。三十三歳の未経験者はキツかった。

そろそろあせりが胸を焦がすころ、書店で立ち読みした雑誌の奥付に「編集者募集」の広告を見つけた。「委細面談」とあり特に条件は書かれていない。これだ！　と心の中で叫んで、スーツを着て面接に臨んだ。どういうわけか、その場で採用。『十人十色』という、蕎麦屋の色紙にあるようなタイトルの雑誌が、その日から私の乗り込む小さなボートになる。暗いはしけから離れて、ようやく東京生活の、本当のスタートをこのとき切った。

家の中の古本屋

一軒家に住んでいる。建て売りの新築を買ったのである。大学時代、自宅から独立して最初に住んだ下宿は、もと鶏小屋を改造した四畳半ひと間のアパートだった。廊下は土間、便所は共同の汲み取り式。仲間はみな私の下宿を「トリ小屋」と呼んでいた。

あれから橋の下を多くの水が流れ、ついに家持ちとなったのは、すべて蔵書が増え過ぎたためである。以前住んでいたマンションは三ＬＤＫで、親子三人が暮らすには十分な広さだ。それが狭く感じるほど本が増殖し、生活を圧迫していた。玄関から廊下、各部屋にいたるまで壁という壁は本棚が占め、それでも置く場所が足りず、ついにベッドを捨て、机も捨てた。「つぎに捨てるのはお父さんですね」と、娘がまじめな顔で言ったときは、さすがに反省。そしてついに妻が宣言した。「本をすべて処分するか、家を買うしかないわ」。住宅ローンの金利は下がり、土地価格も下落。家を買うならいまだ、と不動産屋にそそのかされたせいもある。隣の市に、二十一帖の地下室つき二階建ての物件を見つけ、そこが我が家となった。

ところが、引っ越しするにも本を外に出さないと準備もできないありさま。思い屈して、本はすべて自力で運ぶことにした。蔵書はざっと二万冊。単行本は同じ高さに揃えヒモで十字にくくり、文庫や新書、雑誌類は段ボールの箱に詰め込んだ。これを約一カ月、来る日も来る日も続けた。

文庫には、二リットルのペットボトル六本詰めの箱が、タテに三列収納するとぴったりであることを発見。朝、昼、夕と一日三回は近くのスーパーマーケットに偵察に行き、ペットボトル用段ボールの空き箱を見つけると、すぐさま五、六枚小脇に抱えては家へ持ち帰った。怪しい奴である。

自家用車の座席はもちろん、トランクにもはちきれんばかりに本を詰め込むと、十五分から二十分ほど離れた新居にピストン輸送。おかげで、二の腕にぷっくり筋肉がつき、腰のまわりの脂肪が落ちた。体重も二、三キロ減。ダイエット法の本を書こうと思ったが、それにはまず本を二万冊集めて、家を買わなければならない。

二万冊、すべて新居に運び込んで本棚に納め終わったときは感無量だった。まるで家の中に古本屋があるみたい。夢がかなったのである。

京都青春古本地図

京都では大学生活を六年送った。留年ではない。四年時に急に思い立って、教職免許を取るため聴講生として学校に残ったのだ。在学中にも、教職の単位はいくつか取っており、最終的に修得するのは難しくなかったが、そのときは教師になろうとは夢にも思わず、ただただボーッと生きていたため取り損なってしまった。就職時にあわてて、逃げ道を作るため教職の道を選んだのだった。その教職の道も結局はうまくいかずに挫折した。

考えてみれば、わたしの人生で、何かがストレートにうまく行ったことなどほとんどなく、いつもすごろくのように、少し進んでは後へ戻るようなことばかり。損得で換算すれば、損の方にかなり借金が多い。そして、どうやらその借りはこの先どこまで行っても返せそうもない。最悪とまで言わないまでも、かなり華々しくない青春期だった。

最初の下宿は、右京区・梅津車庫前のトタン板葺きの長屋。四畳半で家賃が一万円。「まるで鳥小屋やなあ」が最初の印象だったが、大家に聞くとまさしく元の養鶏場を改造したものだった。これもブリキの戸を開け、中へ足を踏み入れると、土間の廊下が伸びた前方奥に、薄暗い小屋が広がっており、まだ残された金網には、たしかに鶏の羽が何枚かひっかかっていた。礼金敷金なし……と条件はよかったが、現物を見ると、(これで礼敷取ったら泥棒やな) というような下宿だった。

一カ月に一度、家賃を払いに大家が経営するお好み焼き屋に赴き、お世辞に一枚、不味いお好み焼きを食べるのが習慣になっていた。ほかの下宿人は家賃だけ収めて、さっさと退散するらしく、しがらみと礼を重んじる (といっても、お好み焼きを食べただけだが) わたしは、それだけで大家に信頼があった。

大学の教室でこの奇妙な下宿のことを話すと、それはおもしろいと、その日のうちに大阪の人間が一人、やや遅れて、京都市内で下宿していた広島出身の男が一人、空いた部屋に移ってきた (ほとんどが空き部屋だったのだ)。大阪の男はパチンコで授業料を稼ぎだすその日ぐらし、広島の男は、それまで、もとは廊下だったのを無理やり改造した、縦長のL字型三畳半という船酔いしそうな変則きわまりない部屋にいて、その家賃さえ払えず夜逃げしてきたのだった。

以上、赤貧三バカトリオによる、この「鳥小屋」(仲間はみんなそう呼んだ) での一年半に及ぶ青春珍道中はそのまま一冊の本になりそうだが、ここでは割愛。四畳半ではもうこれ以上、本が入り切れないところまできて、わたし一人だけ鳥小屋を後にすることになる。*1

二番目の下宿が、銀閣寺の参道途中にある、お土産物屋の裏庭に建てられた離れの二階家。入り口に犬がつながれていたが、それから三年というもの、顔を合わせるたびに吠えつかれ、とうとう住人として認められず仕舞いだったのが悔しい。わたしの部屋は一階の南側、昼なお暗い六畳間にそこから出入りできるほど大きな窓が一つ。その窓際に横幅一メートルほどの座り机が、代々の下宿人用に置かれてあった。裏庭に植えられた細い竹が風に揺れ、葉の先をガラス窓にときおりこすりつける。そのたびに、ササササ……と掠れたような音が頭上で鳴った。見ると、ミルク色の曇りガラスに一瞬、鮮やかな緑色の影を作っては消える。周りを本の山で取り囲み、座り机に頬杖ついて私小説なぞを読んでいると、（これでもし結核やったらまるっきり梶井基次郎やな）と思ったものだ。この部屋を撮った写真が残っていないのが残念。

山鳩の鳴き声を聞いたのも、この下宿が最初で、Ｇｗｚ、Ｇｙｅ、Ｑｒｅ、Ｑｑｕｒと、なんとも形容しがたい、それまで耳にしたことのない音の正体がわからず、ロシアのスパイが盗聴する無線の音か、はたまた狂人の叫びか、山から降りた獣の咆哮かとしばらくはおびえて暮らしていた。神社にいる鳩しか知らない者にとって、それはこの世のものとは思えない音に聞こえたのである。

ほんの二、三分の近さに銀閣寺があったのだが、足を踏み入れたのは友人を案内（一人は女性だ）した二度のみ。京都に住みながら、京都のことはまるで知らなかった。京都に四年もいて、祇園まつりも葵まつりも一度もちゃんと見たことがない（目に入ったことはある）というのだから、極端な奴だなあ。

大学とバイトへ行く以外は、新刊書店か古本屋にいるか、喫茶店で本を読んでいた。部屋では万年床にころがりあらぬことを夢想するか、それともやっぱり本を読むか、それだけで一日が暮れていった。

読書に飽きると町の古本屋をうろついた。銀閣寺から西に京都大学までのびる今出川通りに、六、七軒の古本屋があった。普通に歩けば十五分で済むコースを、長い時間をかけて、たいがいは全店を覗いてまわった。どこの店のどの棚にどんな本があるか、すっかり暗記しているのに、数日でも間を空けると、もう居ても立ってもいられなくなる。自分を驚倒させる何かがそこに待っているような気がするのだった。

そうしてなにがしかの本（ほとんど文芸書）、文庫本、雑誌を購うと、喫茶店へ入り、コーヒーを飲みながら買ってきたばかりの本を読んだ。これはそのころのわたしの生活の中で、ひとつの儀式と化していて、ジャズ喫茶店で読むための本をどうしてもその日その日に買わなければ気が収まらなかった。もうすでに下宿には、まだこれから読むべき本が満杯であったが、だからといってもう本は要らないということにはならない。買う行為そのものに、自分では手の届かない患部を癒す小さな力があって、たとえささやかな薬効でもそれが必要だったのだ。

そのため古本屋の店頭均一台で、たかが百円の本を前に、買うか買うまいか、いやこれなら大学の図書館で借りたっていいんだ、などとしばし煩悶する毎日を送っていた。

高校時代からバイブルのように愛読していた梶井基次郎の『檸檬』には、「泥濘」という一編に、わたしと同じような体験が描かれており、そこを読み返すたびに「そうなんだよなあ」と深く共感するのだった。それはこんなシーン。雪の日の本郷。東大正門前の古本屋街を主人公は歩く。

町にはまだ雪がちらついていた。古本屋を歩く。買いたいものがあっても金に不自由していた自分は妙に吝嗇《けち》になっていて買い切れなかった。「これを買う位なら先刻のを買う」次の本屋へ行っては先刻の本屋で買わなかったことを後悔した。そんなことを繰り返しているうちに自分はかなり参って来た。

（中略）

古本屋と思って入った本屋は新らしい本ばかりの店であった。店に誰もいなかったのが自分の足音で一人奥から出て来た。仕方なしに一番安い文芸雑誌を買う。なにか買って帰らないと今夜が堪らないと思う。その堪らなさが妙に誇大されて感じられる。誇大だとは思っても、そう思って抜けられる気持ではなかった。先刻の古本屋へまた逆に歩いて行った。やはり買えなかった。吝嗇臭いぞと思ってみてもどうしても買えなかった。

引用は新潮文庫版より

うまいもんだなあ。改めていま梶井の文章を写しながらそう思った。若い日の自意識の空回りが、そうとしか言いようがない表現でつかまえられている。まさに、二十代のわたしも

「何か買って帰らないと」という抑圧を受けながら、日々古本屋の店頭に立ち尽くしていたのである。

評論家の坪内祐三さんは、本以外にあまり買い物をしないため、自分のためにその日何か買って帰る本のことを「おみやげ」と呼んでいる。これはまた、言い得て妙である。わたしの場合はこれを「おやつ」本と称していた。下宿に溜め込んだ本は主食のご飯。それに加えて、ちょいと一品か二品、その日少しばかり楽しめる甘いものがほしくなるわけだ。

たいていは昼過ぎに起き出してから、下宿を出るわたしは、銀閣寺へ向かう観光客の波とは逆方向に歩き始める。いまでも同じ位置にある定食屋「大銀」で盛り合わせ定食（これしか食べたことがない）か、かつて交差点西南角にあったトンカツ屋でトンカツ定食（だし汁に卵が丸ごと入ったのがつく）を食べる。大学へ行く日は学食。それで十分満たされて、食に関してはそれ以上のものをまったく望まなかった。本以外のことに金をかけることを極端に渋った。これはいまも同じ。

腹ごしらえをしたところでタバコに一本火をつけ、「おやつ」本を求めて西へ西へと歩きだす（この交差点を南へ少し下がったところに沢田研二の実家があった）。手前から竹岡書店、千原書店と隣り合わせた二軒を攻め、しばらくだらだらと坂を下り、百万遍の交差点へ。京都大学の向かいにある、井上書店、吉岡書店を覗いて東山通りを北上。叡山線「元田中」近くの福田屋書店が締めで、ご近所散歩古本コースの一セットとなる。*2

このうち一番本を買ったのは吉岡書店と福田屋書店だった。京都の古本屋はマンガを置いていない店が多いが、福田屋さんにはマンガがあり、全体に若者向けの品揃えをしていた記憶がある。「ガロ」のバックナンバーなどもここで揃えたはずだ。「ユリイカ」や「現代詩手帖」のバックナンバーもよく買ったな。七〇年代半ばから八〇年代にかけて、南伸坊編集の「ガロ」、三浦雅士編集の「ユリイカ」、八木忠栄編集の「現代詩手帖」、小野好恵編集の「カイエ」などの雑誌が発散した熱気から、つねに啓蒙された覚えがある。*3

吉岡書店では表の均一台（とはいっても値段はそこそこついていた）と、入ってすぐ両側の文芸書の棚。文庫本の裏表紙の右肩に、直接エンピツで小さく値段を書き込むやり方が懐かしい。ここで買った、角川文庫のアラン『精神と情熱に関する八十一章』（小林秀雄訳）はいまでも所持していて、ちゃんと吉岡書店方式のエンピツ文字価格表示「150」が消さずに残されている。おやおや、いま久しぶりに見返してみると、本文のこんな箇所に線が引っ張ってある。

時計の針は、場所を変えるが時間を描き出しはしない。時間の本来の性質とは、その取り返しのできない変化だ。過ぎ去った時は永久に今とはならない。同じ印象がまた還って来ても、僕は依然としてその印象をかつて感じた者だ。春は、すでに幾春かを過ごした人を訪れる。生き物がみな老いるように、どんな意識でも取り返しがつかず年をとるものだ。

……若いですねえ。線を引っ張りながら、若き岡崎は何を煩悶していたのでありましょうか（何も考えていなかった可能性が強いが）。
＊1　その後、二人とは連絡も途絶え、現在どうしているのかわからなくなったが、もし、これを読むことがあったら、ぜひ連絡してくれ（後記／二〇二三年、思いがけず広島出身の男の所在が判明し、電話で話した。四十年以上ぶりのことだった）。

＊2　三十年を経たいまでも、これらの古本屋はそれぞれ営業している。
竹岡書店（左京区浄土寺西田町八一—四）
井上書店（左京区田中門前町一〇〇）
吉岡書店（左京区田中門前町八七）
福田屋書店（左京区田中里ノ前町五五、現在、同じ町内で移転している）

＊3　「カイエ」の創刊号（一九七八年七月号）「特集・80年代文学へ向けて」表紙に並ぶ執筆陣。どれもよく当時読んだ書き手ばかりだ。ありし日の安原顯が好みそうなメンバーだ。
大岡信、川村二郎、中上健次、佐々木幹郎、桶谷秀昭、秋山駿、富士川義之、清水哲男、飯田善國、佐々木幸綱、三田誠広、粟津則雄、磯田光一、篠田一士、高橋英夫、井上ひさし、倉本聰、川本三郎、吉本隆明、谷川俊太郎、入沢康夫、渋沢孝輔、島尾敏雄、津島佑子、澁澤龍彥、種村季弘、蓮實重彥、ボルヘス、ビュトール

古本は中央線に乗って

横光利一の短編に「春は馬車に乗って」がある。よほど印象的なタイトルと見えて、轟夕起子が主演の映画『ハナ子さん』の中で唄うのが「お使いは自転車に乗って」だったし、黒澤明の『醜聞《スキャンダル》』で、劇中の三船敏郎と山口淑子のスキャンダルを新聞が「恋はオートバイに乗って」と見出しをつけて書き立てる。また、五つの赤い風船に「恋は風に乗って」という曲があれば、荒川洋治はエッセイ集のタイトルに『詩は、自転車に乗って』（思潮社）とつけた。

何が言いたいか。私はここにぜひとも「古本は中央線に乗って」をつけ加えたい。中央線の古本屋エッセイをアンソロジーにするなら、とひそかに胸に温めてたタイトルだが、もうここで披瀝してしまおう。

東京の西側へ伸びる鉄道路線はあまたあれども、これほど駅ごとに古本屋が充実したエリアはほかにない。昔からそうだったが、他の沿線から徐々に古本屋が撤退する劣勢に比して、中央線沿線のがんばりが目立つのだ。もちろん、この線にも年々、撤退はあるが、それを補塡するようにここ十年ほど、新規の店も次々とオープンしている。日本国中の古本屋をチェックする私から言わせれば、どこを探してもそんな街はほかにない。

とくに中野から三鷹までの間、各駅に、周辺住民の古本需要と供給がまかなえるぐらい、密度が濃く、活気がある。こうなると、寝ても覚めても古本のことを考えているような「古本者」を名乗るためには、ちょっとほかの路線には住めなくなる。

なぜ中央線だけに、これほど古本屋が特化して集まってくるのか。まずは、本以外にも中古レコード、古着、古道具（リサイクル）など「古物」を扱う業種が多く、「古物」にあらかじめ親しみがあり、アレルギーが少ないことが挙げられよう。他人が一度手を触れ使ったものは、どうしてもダメという「清潔派」は意外に多く根強い。中央線族は、逆にほかの人が一度使ったものなら大丈夫のはず、という楽観的な免罪意識を持つと思われる。

もう一つ、この沿線には古くから、文士やライター、漫画家やミュージシャン、編集者やカメラマン、デザイナーなど、出版業界とその周辺に身を置く人種が多く住みついていることも要因としては大きい。つまり、自然に本が集まって、また出ていく。本の肥沃なデルタ地帯のようだ。本の文化もそこから立ち現れる。

私は中央線にあこがれて、一九九〇年春、大阪から上京してきた。若き日より、熱中して聞いた日本のフォークソングに吉田拓郎「高円寺」、友部正人「一本道」（阿佐ヶ谷）、斉藤哲夫「吉祥寺」など、中央線沿線が歌われた。また、十代に神のように崇めた漫画家の永島慎二が私小説的作品の『フーテン』で、阿佐ヶ谷周辺、そして新宿を描き、好きなものがみんな中央線に集まっていた。今思えば私の東京志向の源泉だった。関西在住時代から、東京における各鉄道路線のうち、中央線の各駅についてやたらに詳しかった。

ところが、諸事情から上京して最初に住んだのは川一つ越えた埼玉県戸田市。聞いたこともない街で二年弱を送りながら、都内の小さな出版社に席を得て毎日、埼京線と都営新宿線を乗り継いで通っていた。この会社がつぶれ、いよいよ失うものはない決意をもって高円寺に移り住む。この喜びは、これまで何度も書いてきて、我ながらちょっとイヤになっている。

高円寺南五丁目、環七を一本東に入った細い道沿いに下宿を見つけた。このくねくねと蛇行した細い道には道祖神があり、環七が開通する前は、おそらくこちらがメインの街道であった。とにかく憧れの町に住み、高円寺をわがものにすると、古本屋、喫茶店、定食屋、夜の酒と遊びまくっていた。三十代の半ばに達していたが、気分は若者で第二の青春を謳歌したのである。私の本当の東京体験はこの高円寺から始まる。

前述のとおり、沿線各駅に複数の古本屋が散らばっていたから、中野から国分寺あたりまで、日々古本まみれになっていた。結婚して一九九三年冬に神奈川県川崎市多摩区へ引っ越すまで、わずか一年半ほどの高円寺だったが、これは濃密な体験だった。名刺の住所に高円寺と記載することさえうれしかったのである。そして、結局小平市、現在の国分寺市と中央線に舞い戻ることになる。

その後の中央線三昧も含め、記憶は古本屋が起点となる。無くなった店も含め、つれづれなるままに記憶をたどろう。

高円寺では北口、二軒向かい合わせになった「竹岡書店」は忘れがたい。北側の店は相当広く、床に雑誌が積みあがっていたり、半ば倉庫みたいな店で混とんとしていたが、南側の店が私にとってはメインで、じつによく通い、じつによく買った。文芸書を中心に私好みの本がよく揃い、そして安かった。ここでチョロチョロしていた当時小学生だった目のクリクリした可愛い女の子が竹岡の娘さんで、いま西部古書会館の即売店で時々クロークをしている成長した姿を見ると、時間の流れを知り感慨がある。「竹岡書店」はその後、両店とも店売りを止められた。

高円寺駅高架下の阿佐ヶ谷寄りには「都丸分店」「球陽書房分店」があり、一時期「小雅房」が店を開いていた。いずれも今はない。高架下をなおも進めば、激安定食屋「タブチ」が待っていて、ここは通い慣れた道となる。「都丸分店」には、サスペンダーをした黒メガネのスタイリッシュな男性がいたが、のち独立して「比良木屋」を開く（その後閉店）。「球陽書房」は本店のほうが小さくキオスクみたいな店だったが良書が充満し、北中通り入口にあって関所のように、ここを覗かないとその先へは進めないのだった。

北中通り「都丸書店本店」のさらに先、「十五時の犬」が出来たのは二〇〇〇年代に入ってからだと思う。学生かとみまがう若い男性が店主で、海外文学など、じつに小まめによく揃え、いい店を作ったなあと感心したものだった。一時は手放し、その後再燃しやっきになって買い集めていたブローティガンが数冊あって、未所持を手ごろな値段で買ったことを覚えている。その後、同じ高円寺のあづま通りに移転し、本をさらに増やして健闘中。古書組合未加入で、よくあれだけいい本が揃えられるものだと思う。

中央線は、素手で健闘する小売業の若者を応援する街だ。

駅から南下するパル商店街はアーケードに守られ行きかう人も多いが、その途中に一時期「かんたんむ」があった。かつて小岩駅前に二店舗を展開し、神保町のビル内ワンフロアで「古書モール」を運営するなど増殖する古本屋さんだった。現在はネットと即売会や古本市などで販売を続ける。

さらに南、アーケードが尽きるその先に「大石書店」。これは今もある。昭和六年創業。とにかく扱う本も店もきれいで、古本に詳しくない友人を誘って入店した時、「ここ、新刊書店じゃないの？」と言ったことを覚えている。著名な評論家を顧客に持っているらしく、晶文社などの新刊が出版されて半年もたたず店に並び、よく買わせてもらった。

丸ノ内線「新高円寺」駅方面へ続くこの商店街沿いには、かつて「アニマル洋子」「西村谷書店」「勝文堂」などが続き、古本散歩の楽しめる道だったが現在はいずれも撤退し、古着と雑貨とラーメン屋が集まる通りになってしまった。表の均一台が充実していた「勝文堂」では本を売ったこともある。『全国古本屋地図』（日本古書通信社）を見ると、「新宿のヤマノヰ本店のご子息の店で、一般書他、教育、体育、武道関係を扱う」とある。「御子息」というのがいいですねえ。かつて古本屋さんは、こうした由緒のたどれる履歴をみな持っていたのである。現在は、いきなり古本屋という店も多く、出自や履歴を背負わない分、軽快でポップな店づくりをしていて、それはそれでいい。

阿佐ヶ谷、荻窪と書き出せばきりがない。少し飛ばして、書きとどめておきたいのが西荻窪にあった「スコブル社」（店名は宮武外骨に由来）。南北を貫く大通りの一本裏筋、西荻南二丁目、「天心堂」の近くにあった店。ここを懐かしがる中央線人は多いだろう。深夜を過ぎて、客がいればそのまま明け方近くまで開けていたと聞く。じつにユニークな店だった。半地下で路面から階段を少し降りると、広い店内にありとあらゆる本が集められていた。一種の「知」の宝庫であり、沿線在住の編集者やライター、業界人がこの店で回廊することでアイデアを得て、発信されていったのだった。

オーナーは別にいたらしいが、私の記憶にある店番はいつもメガネの女性。「エッジ」というドキュメンタリー番組に私が出演し、収録のため西荻古本散歩を収録する際、この女性に話をうかがったこともある。自分でろくに探そうとせずに、すぐ「こんな本はありますか?」と聞く若い客に「それを自分で探すのが楽しいのに」と苦言を呈しておられた。まさに、自分で探し、掘り出す楽しみのある店だった。

西荻は昔から古本屋の多い町だったが時代の消沈により徐々に姿を消しながら、それでも「盛林堂書房」「音羽館」「忘日舎」「にわとり文庫」、少し離れて「西荻モンガ堂」がそれぞれの流儀を守って営業を続ける。どの店にもつねに客の姿が見え、女性が多いのも特徴か。

私が仕事で古本屋巡りを依頼されたとき、よくガイドで訪れるのがこの西荻窪である。土日祝は快速しか停車しないハンデが、逆にこの街を歩く楽しみと心の余裕を与えている気がする。ネコも悠々と路地を徘徊している。

一九九五年に小平市のマンション（ここで娘が生まれた）、二〇〇〇年になったあたりで国分寺市に一軒家を所持するあたりから、中央線の西側、武蔵小金井、国分寺、国立などと所縁が深くなった。武蔵小金井駅前の「伊東書房」は駅から近く、なかなか来ないバスを待つ間によく立ち寄った。メインは自然科学、理工書、コンピューター関連の本で「理系」の店だったが、その分、宗旨違いの「文系」の本は安かった。新聞の広告チラシの裏などを細分し、その裏に書名と値段をボールペンで書いて裏見返しに貼るスタイルは、他所の店であまり見ない。店売りを止められるなら（店舗は現存）、どれか一枚、残しておくんだった。

ここの店頭均一からの掘り出し譚は数多く、永田耕衣署名入り限定版句集の数百円など、「あ、これは値段のつけ間違い」と指摘されないか、ドキドキしながらレジへ運んだ記憶がある。なんでもない本に、ご近所にお住まいの作家、黒井千次氏から某氏への手書き年賀状が数枚挟まっているのを見つけ、それ欲しさに買ったこともある。

武蔵小金井では長く「中央書房」が支店を作られるなど、この町の古本屋の「顔」だったが、数年前、駅近くに小ぶりながら良店を作られた。二四八号線沿い、中大付属高前に「はてな倶楽部」、もっと手前に女性古書店主の「古書みすみ」が誕生し、新しい古本巡りの動線を生み出している。つねに何かが起こる中央線には、これから先も目が離せない。ほら、こんなふうに古本屋について書き始めると、ダラダラととめどもなく止まらない。仕方がないなあ。

というわけで、上京して編集者からライターとなり、次第に書評や古本関連の仕事が増えていったのも、中央線沿線に住み続けた地の利が大きい。古本屋店主たちとの公私を越えたつきあいもそこから生まれた。私にとって貴重な情報源であり、ものを生み出す重要な原動力ともなった。「中央線古本力」と名付けたい気持ちである。

ただ古本を売り買いするだけでも、それで十分に愉しい。しかし、知り合った古本屋さんたちや古本仲間と、喫茶店や酒場で打ち解けて、とめどもなく「古本」の話をするのはもっと楽しい。私はその時、すべての掛け金をはずし、デレデレになってほとんど溶け出しそうな気配である。

古本の売り買いがネット販売主流となりつつある今、この趨勢を押しとどめ、回復することは難しいだろうと思う。店にわざわざ出かけ、あるかないかが不明のまま時間と手間を費やすことを惜しみ、手を汚さずほしい本だけをピンポイントで吊り上げる。そこに何の不足があろう。店売りする古本屋という業態が壊滅状態にある地方に住む方にとって、ほかに手がないと嘆かれれば口をつぐむしかない。

しかし、中央線在住者なら、これだけ豊富に、しかも個性ある店舗へ足を運ばないのは大いなる損失だとここで言っておきたい。古本屋の店先をくぐり、しばし本棚と対話するのは時間旅行に似ている。「古きをたずねて古きを知る」のである。こうした時間旅行を楽しむ余裕のある人が、この世に千人はいるだろう。それで充分。本当に大事なものは、つねに千人ほどのコアなサムライに受け継がれていくのだ。比較的、この古本侍が多く住む中央線沿線は、古本を熱く語る最後の砦になるかもしれない。

＊註　本稿は古本屋ツアー・イン・ジャパンの小山力也さんとの共著『昭和三十年〜平成二十九年　中央線古本屋合算地図【新宿駅〜八王子駅】』（書肆盛林堂）に書いた二本の原稿を大幅に加筆し再編集した。

ふるほん人生双六《すごろく》

原作　岡崎武志

これを原作に双六を作ろうと計画中。

1　誕生。古本屋で買った姓名判断の本で、名前をつけられる。
2　小学生。古本屋の存在を知る。新刊書店で一冊買う金で、二冊、三冊買える事を知る。「げっ、すっごく得じゃん」。
3　中学生。角川、新潮の文庫を古本屋で買う。初めて岩波文庫を買ったとき、背伸びした気分。
4　高校生。親父の背広着て、大人のふりしてエロ本買おうとするがばれる。
5　大学生。金がなくて百円均一の本ばかり漁る。
6　大事な本にグラシン紙をかけるようになる。
7　古本屋の親父にマンガのことを聞かれ、マンガの値づけを手伝うようになる。
8　父親の本棚から高そうな本を盗みだし、古本屋に売る。
9　買った古本の間から一万円札が出てくる。その晩は焼肉。

10 古書会館即売会デビュー。あまりの混雑と殺気に恐れをなして早々と退散。

11 ミステリを古本屋で買い、中を開けたら、いきなり犯人の名が書いてあった。

12 白っぽい本、黒っぽい本など、業界用語を使いだす。

13 古書目録を風呂に浸かりながらチェックする。

14 銭湯の湯船で知らない親爺から挨拶される。あとで考えたらいきつけの古本屋の店主だ。

15 出張ででかけた地方都市。駅につくなり支社に顔出す前にまず古本屋を訪ねる。

16 新刊書店へ入っても、ついくせで裏表紙の見返しの古書価を確認してしまう。

17 駅前の「古本（ふるもと）歯科」の看板が、何度みても「ふるほん歯科」と読めてしまう。

18 妻から「古本と私とどっちが大切なの」と詰問され、「そりゃ当然ふる……」と言いかけて、あわてて「古女房のおまえさ」と言い直す。

19 娘の勉強部屋を確保するため、泣く泣く蔵書を処分。ときどき、売った古本屋へでかけ、棚にあるもと自分の本を前に涙ぐむ。

20 子供の給食費にまで手をつけて、古本を買うようになる。

21 古本屋の夢をひんぱんに見る。「ああ、買っておいたらよかった！」と寝言を言う。

22 古本を買う体力も金もなくなり、昔の古書目録を日向でしみじみ読む。

23 大地震で蔵書の下敷きになる。おだぶつ。

24 天国の古本屋通りは金がなくても古本を買える楽園だ。

25

せっかく生まれ変わって誕生したのに、古本屋で買った姓名判断の本で名前をつけられる。あーあ。

第四章

愛書狂——二〇〇八年から二〇二三年の本の話

蟹工船ブーム

「蟹工船　はまる若者」という記事を、朝日新聞で見つけたのが二〇〇八年五月十三日。一瞬、目を疑った。えっ、あの、小林多喜二の「蟹工船」？　読むと、そうだった。この約八十年前の日本プロレタリア文学の傑作が、各書店でよく売れている。新潮社は、「文庫の『蟹工船・党生活者』を例年より二千部多い七千部刷ったが足りず、さらに五万部増刷することにした」という。

さっそく某大型書店へ偵察。すると文庫の新刊売り場に、面陳で八冊も『蟹工船・党生活者』が並んでいた。浅田次郎、恩田陸の新刊文庫と同じ扱い。驚いたねえ。長生きはするもんだ。

「朝日新聞」記事もそういう扱いだが、要するに、「下流」「ニート」「ワーキングプア」といった言葉を生んだ、劣悪な労働条件で働く二十代、三十代にとって、過酷きわまる蟹工船の労働者たちの姿が、わがことのように思えるらしい。それに描写を見れば、ストーブはブスブス燻り、ハッチの上を波がザアザア越え、それが壁に当たりドシンとくる……というふうに、擬音が駆使され、劇画チックなのだ。「他人ごとでねんだど」という方言、「腐れ塩《しお》引《びき》！」などの罵倒語も、スマートな現代小説に慣れた若者には、かえって新鮮に映るのではないか。

つまり、光文社の古典新訳文庫で、海外の古典文学を読む調子で、「蟹工船」に触れることができる。案外、マックのテーブルで、「コバのカニコウあるじゃん」てな調子で、フライドポテトをつまみながら「蟹工船」の読後感を語り合う風景が見られるかも。

二〇〇八年七月

重い本・厚い本

「重たい！」二〇〇八年五月、開高健没後二十年を前に出された『一言半句の戦場』（集英社）を手にとった時の感想がそれだった。単行本・全集未収録の文章を集めたこの本は、A5判サイズで約六百ページ。重さを量ったら約八百グラムもあった。四六判の標準単行本が約四百グラムだから、倍の重さだ。持ち歩けないよ。

ただ、こんなもんじゃない。発売が何度も延期になり、予約者をさんざんじらして今年一月に発売された、大竹伸朗『全景 1955―2006』展カタログは、千二百ページに厚みが十・五センチもあり、重さはなんと約六キロ。私は見たことないが、買った人の話だと、一人では箱から出せないほどで、一度ページを開いたっきり、触れてもいないそうだ。大型美術書・写真集の版元ドイツのタッシェンから出たヘルムート・ニュートン写真集は、あまり重すぎて、専用の書見台がついているという。やれやれ。

しかし、世の中の一般的な傾向としては、軽い本の方がもてはやされている。文庫、新書が新刊書店の売り場でも、幅をきかせているのがその一例。これはみんな忙しくなりすぎて、読書の時間はせいぜい、通勤の電車の中ぐらいだからかもしれない。カバンの中に忍ばせて持ち運ぶのには、軽い本がいいに決まっている。

先日、古本屋で棚を見ていたら、客が本を売りに来たのを、店主が断っている会話が聞こえてきた。その理由が「重い本はダメなんですよ」。見ると、昔の美術全集の類だ。嫌われる重い本。それに反逆するように約六キロの本を作る人がいる。「重い」に「思い」がこもっている。

二〇〇八年九月

おもしろい本はありますか?

書評なんて仕事をなりわいにしていると、「最近、何かおもしろい本はありますか?」「おすすめの本は?」などと、よく訊かれる。かんべんしてほしい! 自動販売機みたいに、その人に合った「おもしろい本」など教えられない。

この夏、東京から塩尻経由で中央本線を名古屋まで行った時のこと。持参したガイドを車窓と比べて見ていたら、「南木曾」のあたりに「読書発電所」を発見。その近くには「読書ダム」もある。「読書」と書いて、「よみかき」と読むようだが、本好きにはたまらないネーミングだ。

あとで調べたら、すでに「読書村」は無くなり、発電所やダムにその名が残るのみとわかった。しかし、本好きの村という妄想は消えない。ネット検索してみると、吉村達也『読書村の殺人』というミステリが出ているが、中公文庫始め、いずれも品切れ。あわてて古本屋を駆けずり回り一日で見つけた。この本によれば、「読書村」は、明治初年の廃藩置県により木曾地方にあった七つの村のうち、三村が合併し、その頭文字を取って「よみかき」とし、「読書」の字をあてはめたという。『読書村の殺人』では、この村にある古本屋の主人が本の山から死体で発見される。

ちょうどテレビを見ていたら、この読書発電所が出てきて、福澤諭吉の養子となった電力王・福澤桃介により建設されたと知る。すると、今度はこの相場の天才に興味がわいてきて、また本探し。本なんて、読む気になれば向こうから飛びついてくるんだ。

二〇〇八年十一月

人の命と作家の命

先日、一九九〇年に自殺した純文学作家・佐藤泰志を偲ぶ会が東京・西荻窪で開かれた。芥川賞候補に五度、三島賞候補にもなりながら無冠のまま死を選んだ。晩年は酒に溺れ、家族に迷惑をかける日々だったという。出席された長女の方が、「亡くなったと聞いた時、正直言ってホッとしました」と告白されたのが印象的だった。

同じ時期に出た「小説新潮」（〇八年十二月号）掲載の、豊島ミホさんの「休業の理由」というエッセイが、仲間内で話題になった。『青空チェリー』でデビューして六年、若い読者の支持も得ていた豊島さんが、休筆宣言をしたのだ。「結局私は逃げ出すのだ。皆が耐えているところを、耐えられなくて逃げる、それだけのことだ」と、悲痛な心境をストレートに綴って胸に迫る。

彼女はまだ二十六歳。いつだって、出直しがきくじゃないか、というのは、何の慰めにもならないか。次々と原稿の注文があり、大手の出版社から単行本や文庫本が出る。そんな豊島さんが「私という作家は各出版社にとって不良債権に過ぎない」とまで書く。その心中を推し量ることはできない。ただ、かつて開高健が、敬愛する先輩作家の井伏鱒二に、「原稿が書けない時はどうすればいいか」と問うたことがある。井伏は「書けなければ、原稿用紙にいろはにほへと……と書けばいい」と答えた。

道半ばで倒れた佐藤泰志。走り始めてすぐに疲れた豊島ミホさん。原稿に「いろはにほへと……」と書く図々しさが欲しいところだ。

二〇〇九年一月

給付金を図書カードで

五代将軍綱吉が発した「生類憐れみの令」以来の愚策ともいうべきが「定額給付金」。国民の「反対」の声が大きいのに、無理を押し通してしまった。一人、一万二千円（高齢者と若年者は二万円）もらっても、近場の安宿で一泊すればパーだ。紙より薄い有り難味は、日本国政府を象徴している。

せっかくの二兆円だ。ほかにもっと有効な使い道はないのか、とさまざまな案が飛び出したが、もっとも秀逸は、二〇〇八年十二月「ＳＰＡ！」誌上で、坪内祐三が福田和也との対談で「これでいいのだ！」で発した案。坪内曰く、定額給付金の有効利用に「出版不況を吹き飛ばす秘策」あり、と。つまり「一人一万円の図書カードを送る」というのだ。現金一万円は微妙な遣いでだが、本を一万円となると頰がゆるむ。

出版科学研究所発表によれば、二〇〇八年度の出版販売金額は書籍、雑誌を併せて前年比三・二％減の二兆一七七億円だという。定額給付金の総額にほぼ見合う。天の配剤というべきか。あんまり見合いすぎて、ほかに使うことは考えられない。これで出版界が潤えば、出し渋っていた地味な企画も再点灯するかもしれない。いいことづくめなのだ。

一万円の図書カードを握りしめた家族が、続々と書店を訪れる。わくわくしながら選んだ本を提げて、家族揃って家路につく。二兆円でも釣り合わないほど、幸せなイメージじゃないか。何より、本を読めば漢字を覚える。真っ先に図書カードを使ってもらいたいのは、もちろんあの人だ。

二〇〇九年三月

太宰治生誕百年

芥川比呂志が若い頃、ある酒席へ参加したが、萎縮して一人無言でいた。すると座敷の主人格の男が声をかけた。「きみ、靴下を脱いでごらん。楽になる」。言われた通りにすると、本当に気が楽になったという。絶妙のアドバイスをしたのが、あの太宰治。太宰は、酒を断る比呂志に、またこう言った。「弱きを助けよ」。勧める方が弱い立場だから、助けると思って飲んでくれ、という意味だ。小説の天才は、社交の天才でもあった。その太宰が生まれたのが一九〇九年六月十九日。今年は生誕百年とあって、さまざまなイベントが行われるようだ。

故郷の青森県では「生誕百年記念式典」および、各種の企画が目白押し。笑ったのは「走なあれメロスマラソン」で、太宰の生家「斜陽館」を見ながら快走できる、とのこと。……なあんだ、最後は裸でゴールするのかと思ったよ。「『人間失格』大会」も探してみたが、さすがにそれはない。

「太宰治」で、いちばん驚いたのが「CABIN」第十一号。近ごろ、届くのが楽しみな文芸誌の巻頭に、高橋徹が「津軽行2008」を寄せている。そこに「来夏発行予定の古書目録『特集太宰治』を書き出す前に」とある。「月の輪書林」の次回目録は「太宰治」だ。

「私家版・安田武」「古河三樹松散歩」「美的浮浪者・竹中労」など、特集主義の目録で世の読書人をうならせてきた古書業界の鬼才が、次に挑むのが「太宰治」とは！　もちろん、あの月の輪書林のことだ。並みの特集になるわけがない。今年の夏は熱いぞ。

二〇〇九年五月

中公新書が二千点突破

『ガリバー旅行記』のスウィフトは、一七二九年、貧苦にあえぐ母国アイルランドを救うための、ささやかな提言をパンフレットに書いた。それは幼児を太らせて、食肉用として売れ、というものだった。

たちの悪い冗談だと、マジメな人は顔をしかめるかもしれない。しかし、講談社、集英社、小学館の三社がブックオフと手を組む（株を取得）と聞いた時、スウィフトの提言を思い出した。裏に潜む思惑はどうあれ、かつては敵視していた新古書店と連携することは、せっかく育てた子どもを売り渡すことにならないか。

今年、中公新書の刊行点数が二千点を突破し、記念として『中公新書の森』という新書判の小冊子が作られた。フェア開催書店で中公新書を買えば無料でもらえる。エッセイに対談、有識者や評論家など一七九名による「思い出の中公新書」アンケートと、なかなか楽しい。会田雄次『アーロン収容所』、宮崎市定『科挙』、石光真人編著『ある明治人の記録』などに多数の票が集まった。新書がいささかスナック菓子のように乱売されるなか、中公新書二千点の歴史は壮観だ。芳賀徹の「古今東西の人文社会自然にわたる一大百科全書の観さえある」という評も、あながち祝辞的な過褒に聞こえない。

「いまや、書物によって視野を拡大し、変りゆく世界に豊かに対応しようとする強い要求を私たちは抑えることができない。この要求にこたえる義務を、今日の書物は背負っている」と、「中公新書刊行のことば」にある。書物は売られるために太らされた子どもではない。

二〇〇九年七月

出版社さん、神保町へ戻ってきませんか？

本の街、東京神田・神保町へ通い出して、もう二十年近くになる。週末に駿河台の東京古書会館で、一般客向けの古書即売会があるからだ。希書に奇書、それに手頃な雑本まで、古本好きにとって、これほど興奮する場所はない。

会館へ行くのに、私はいつもJR御茶ノ水駅の聖橋口から、だらだら坂を下って、稲妻型に角を曲がり目的地へたどり着く。途中、白水社の社屋を左手に拝むのだが、最初に発見した時、瀟洒で白いビルは仏文学の牙城にふさわしいと思うと同時に、意外に小さいな、と思った（失礼！）。同時に、そう言えば数十年前までは、この近くに筑摩書房も河出書房（現・河出書房新社）もあったのか、と感慨に耽ったものだ。筑摩書房前社長・柏原成光の新刊『本とわたしと筑摩書房』（パロル舎）には、一九八八年までこの地にあった、古ぼけた社屋の思い出とともに、中小の出版社が肩寄せ合った時代の神保町のことが熱く語られている。

小さな酒場では、岩波、筑摩、河出、白水社などの編集者が呉越同舟で酒を酌み交わし、情報交換をしたようだ。かつては、すずらん通りに銭湯があり、夕暮れになると、「知」が集まり、温まってはまた社へ散らばっていったとも聞く。もちろん、新刊書店、古本屋まわりは欠かさなかっただろう。

どうだろう、筑摩も河出もそれに思潮社も、もう一度、神保町へ戻って来ませんか。なんといっても出版社は「本の街」にあるのがふさわしい。本のパワーを取り戻し、神保町を「知」の泉にするために。

二〇五X年本の話

二〇〇九年九月

二〇五X年、ついに地上から、本や雑誌、新聞など紙の印刷物が消え去った。一部の好事家のために、紙の束に印刷された「本」が細々と作られたが、すべて限定版で国家統制下に管理された。それは一冊で車が一台買えるほどの金額となった。

予兆はすでに二〇〇〇年代に入る頃から始まっていた。本が売れない。ＩＴ化が急激に進む。情報はすべてケータイかパソコンから得るようになり、とくに若者は新聞を読まなくなった。瞬時にスポーツの結果がわかるケータイに比べ、翌朝届けられる「新聞」は「ぜんぜん新しくない」と二〇〇九年頃、若者が街頭で答えている。

ケータイの進化はすさまじく、喋らなくても本人の気持ちが登録した自分の声で相手に伝わるようになった。簡単にプロポーズできることから未婚率が減ったのは、社会学者も予想できなかった。国会図書館のデータベース化はとっくに済んでおり、過去のすべての出版物も無料で閲覧可能となっていた。本など見たことも触ったこともない世代が、人口の三分の一を占めるようになり、「本離れ」さえ死語と化していた。

二〇五X年某月某日の夕暮れ、浜辺を散歩していた父親と息子が、波打ち際に打ち捨てられた銅像を発見した。薪を背負い、本を読む二宮金次郎の像だった。これを見た息子が不審そうに父に聞く。「この人、手に何を持っているの？」。若い頃、本を手に取ったことのある三十三歳の父親は、いったい息子にどう説明するかと、高い波音を背に大いに煩悶した。

二〇〇九年十一月

棺に納める一冊

年が改まってまずすることは、一年の計をたてる前に、今年最初に読む本はどれにしようかと思案することだ。それこそが読書人だろう。年末に買ったとっておきの新刊や、再読に耐え、心を清々しくするお気に入りの一冊など、一年の最初を飾る本を決めるのは、一種の儀式のようであった。

しかし、五十の坂を越え、坂の上の雲を振り返るようになってからは違う。最後にお棺に入れるにはどの本がいいか、と考えるようになった。新年早々縁起でもない、なんて怒ってはいけない。人間、いかなる場合も締めくくりが大事なのである。

無人島へ持っていく一冊というアンケートがあるなら、棺に納める一冊という問いかけがあってもいい。そこで感心したのが吉田健一。遺体の胸に置かれたのは、読みさしのフィリップ・イード『イーヴリン・ウォー伝』だった。篠田一士が『樹樹皆秋色』のなかで書いているのだが、なんとも福々しく、忘れがたい光景に映ったという。ちなみに同著によれば、石川淳の棺には、荘子、ミショー、そして天金のヴェルレーヌ詩集の三冊が納められた。これはまた、いかにも和洋古今の文学に通じた碩学の文人らしい見事な三幅対だ。

ところでいま、雑誌でもっとも読ませるのは『yom yom』（新潮社）連載の川本三郎「君、ありし頃」。一昨年、食道癌で亡くなった夫人の恵子さんを偲ぶ文章だが、残された者の哀切が行間まで沁み渡って泣かせる。川本は亡骸と一緒に恵子さんの著作を入れたそうだ。さて、私はどんな本を棺に入れるか。もちろんそれは内緒である。

二〇一〇年一月

若い人が好きな作家について

定期券をキセルに悪用するヒトがあまりに多く、頭を悩ませる記述が『国鉄あ・ら・かると』にある。昭和四十年に日本国有鉄道（現ＪＲ）から非売品として出された鉄道雑学本だ。「キセル」とは、途中の運賃を払わず改札を通ることを意味する。喫煙具の「煙管」の吸い口と雁首だけに金属が使われることからついた隠語だが、Ｓｕｉｃａの普及で減少したようだ。そもそも「煙管」自体が死語といっていい。また無賃乗車は「薩摩の守」と言われ、これは「薩摩の守忠度《ただのり》（タダ乗り）」に掛けてある。いずれにせよ不正はいけません。

大江健三郎の新作長編『水死』（講談社）を読んだら、著者の分身とも言える、長江古義人という小説家が出てくる。ここで長江は、四国の森の中にある仕事場で、若い劇団員たちに刺激されながら、水死した父親の小説を書こうと試みる。

作中に登場する若い女性の劇団員には、長江つまり大江の作品をそれまで未読で、すでに過去の人であり、「現代」ではなく「近代」の作家だと思っていた、と言わせている。ここで気になるのが、本好きを自称する、いまの若い人と話していると、現代作家の名前しか挙がらないことだ。村上春樹、伊坂幸太郎、東野圭吾、川上弘美、角田光代など、同じ今の空気を吸う作家しか興味がないらしい。

その他となると漱石、芥川、太宰と半世紀以上タイムスリップしてしまう。戦後派も第三の新人も内向の世代も眼中にない。途中に金を使わないから「キセル」と一緒だ。不正はいけません。ちゃんと途中にも金を払おう。

二〇一〇年三月

金子彰子という詩人

私は学生時代から詩が大好きで、十ほどの作品を諳んじることができる。グレアム・グリーン「事件の核心」に、詩が好きな男ウィルソンが登場するが、彼は詩を「薬のようにこっそりのみくだす」。詩が心を慰め、温め、奮い立たせるのだ。

一編の詩も暗唱できない人生なんて、花の咲かない木のようなものだ。そうは思わないか。現在、詩集は読まれない著作物の代表のように言われているが、詩に力がなくなったのか。詩を求める力が絶えてしまったのか。ところが、二〇一〇年二月十四日、目の覚めるような詩集が出た。金子彰子詩集『二月十四日』だ。表題作は昭和六十年にチョコレート会社による「バレンタインデー」詩の懸賞で特別賞を受賞した。まだ十五歳だった。〈いわし焼く夕方／「焼き方が足りんぞ」／その一言に堰がきれ／とめどなく嗚咽漏らす〉と意表をつく書き出しの失恋詩。

選者の井坂洋子に絶賛された彼女は、翌年に数編を発表したのを最後に、詩を書かなくなった。橋の下を多くの水が流れ、四十に手が届こうというある日、奇跡的なできごとがあり、再び詩を書き始める。金沢の自称「自営零細の書籍編集発行所」龜鳴屋が、その「奇跡」のバトンを受け継いで、詩集『二月十四日』の発行元となった。

「一篇の詩がそんな力をもつことがあるらしい。その詩や、金子彰子という詩人の運命を感じずにはいられない」と、同著の解説で井坂洋子は四半世紀ぶりに大人になった少女を励ました。詩には人を動かす力がある。そのことをあらためて感じさせるできごとだった。

二〇一〇年春

苦労人は裏方の「苦労」を知る

二〇一〇年四月九日、井上ひさし逝去。「ひょっこりひょうたん島」主題歌をランドセル姿で歌い、文庫の「ブンとフン」を自分のお小遣いで買った世代としては、井上の作家的成長が自分史と重なる。

筑摩現代文学大系に井上が収録された巻で、川本三郎が月報を書いている。七一年「朝日ジャーナル」編集者時代、井上の担当になる。川本がある事件にまきこまれて逮捕、朝日をクビに。一カ月の留置所暮らしから出て来た時、留守宅に何度も井上から激励の電話をもらったことを知る。「〝朝日のきれめが縁のきれめ〟みたいな人間が少なくなかったので」川本はジンときた。

井上の手書き原稿の特徴は、稀にみる読みやすさだ。丸っこい柔らかな文字は人柄を表していた。原稿がたびたび遅れることから「遅筆堂」と名乗ったが、文字に乱れはなかった。川本の生原稿もていねいで編集者に喜ばれている。

自らの原稿の文字をそのまま印刷して月報としたのは「植草甚一スクラップ・ブック」。

植草は自伝のなかで、東宝の社員だったころ、印刷所の植字工程を目撃し、その苦労を思いやって「それでぼくは原稿は楷書で大きく書くことにしたんだ」と記す。植字部から賞状をもらいたかった、とも。

右に挙げた三人に共通するのは、もの書きとして世に出る前に、いずれも前哨戦と呼べる苦闘の時期を持つ苦労人だったこと。井上は若き日、浅草フランス座で幕の上げ下げからトイレの掃除までした。苦労人は、編集者、植字工など裏方の苦労を知る。かの石原慎太郎は悪筆で、文字を読み解く専門の植字工がいたそうだ。

二〇一〇年夏

荻原魚雷と「森崎書店の日々」

「二十代の頃、ずっと旅館の若旦那になりたかった」とは、なんと覇気のない望みか。エッセイ集『活字と自活』（本の雑誌社）で荻原魚雷はそう書く。現在四十歳のフリーライターで、三十過ぎまで年収二百万円以下の貧乏暮らしを続けていた。

しかし、彼はいかなる時も好きな本を読み続けた。電車賃をケチって、古本屋で一冊百円の文庫を買う日々。尾崎一雄、古山高麗雄、鮎川信夫など地味な書き手から、生き方を学ぶ。進退窮まった時も、尾崎の「とにかく生きてゐてみようと考へ始める」という一行を読み、開き直るのだ。

『活字と自活』には、自分の歩幅に合わせた読書で、じっくりと人生を作り上げてきた男がいる。「おそらく好きな仕事に就くことよりも、自分のやっている仕事を好きになることのほうが簡単」と言い、「そのことを昔の自分に教えてやりたい」という一行が泣かせる。

そんな男がうろつくのが、東京・神田神保町。この町を舞台に「森崎書店の日々」という映画が作られた。ひと足先に試写を見た。神保町の裏路地にある古本屋「森崎書店」に、恋人に裏切られた若い女性がやってくる。店主とは叔父と姪の関係だ。文学にまったく縁のなかった彼女が、次第に古本に染まっていく。最初に手を出したのが尾崎一雄の「まぼろしの記」というのがシブい。神田古本まつりの日、叔父が彼女に言う。「開くまでは静かだけど、開いてしまうと、とてつもない世界が広がっている。また閉じると静かになるんだ」。まるで本の世界みたい。

二〇一〇年秋

「注解」小考①

ひっつめ髪にメガネ、普段着はトレーナーと、超地味な女子大生を主人公にしたマンガ『野田ともうします。』（柘植文著）が抜群に面白い。第二巻では、彼女が突然、「太宰治の

『津軽』って文庫本に注解が447個あるのをご存知ですか?」と言い出す。新潮文庫版の『津軽』(九五刷)の巻末にある「親切すぎる注解」を話題にし、「呉服店」が「和服の織物を扱う店」とあるのを「そんなの知ってるよ!」とからかう。ギャグマンガとは思えない内容に仰天だ。

私が知るかぎり、いち早く新潮文庫『津軽』「注解」に疑義を唱えたのは「週刊文春」連載エッセイ「お言葉ですが…」の高島俊男だ。「これは賤しきものなるぞ」と題して、「なんでもない語にまでかたはしから注をつける」愚を徹底批判している。しかも、ほとんどが「広辞苑」丸写しだとあきれる(『広辞苑の神話』文春文庫に所収)。高島の批判を受け、現在の注解は手直しされているが、私の所持する『津軽』は、「さるまた　男が用いる、腰やまたをおおう下着の短いももひき」という珍解版。昭和四十二年版を見ると注解はない。昭和人に「さるまた」は説明不要。それだけ昭和は遠くなったのだ。

文庫の注解で目覚ましい成果を挙げたのは、岩波文庫版「浮雲」。二〇〇四年の改版時に、校注の十川信介は六六四もの注を新たに付した。「頤」を「したあご」。ここでは生計。『おとがいを養う』で生計を立てるの意」とし、髪型や帽子などの風俗は図版で示す。明治という時代の可視化への挑戦で、ほれぼれした。

二〇一〇年冬

好きな本を好きな人に売りたい

「あんたみたいな唐変木に、うちの本は売れないね」と若い男の客を追い返すのは、古書店の老婦人店主。名は前田紅子。木造二階建ての素っ気ない店舗に看板はなく、引き戸の脇に「古書アゼリア」と表札がかかっている。

若竹七海によるミステリ『古書店アゼリアの死体』の一場面である。ロマンス小説を専門とするこの店は、気に食わない客は拒絶し、ヒロイン・相澤真琴のような気が合う客には「店を閉めよう。コーヒーを奢るよ」と言う。真琴は、紅子が繰り出すロマンス小説カルトクイズに合格したのだ。

書店員の方にぜひおすすめ。というのも、気に食わない客を怒鳴りつけて追い返すなんて、とてもできないだろうから。都内某大型書店へ週に一度は顔を出すが、何度かカウンターで若い店員を怒鳴りつけている客を見た。ねちねちと嫌みを述べ、あげくに「店長を呼べ！」とふんぞりかえる。

構造的不況にともなう低賃金、重労働、理不尽な客と新刊書店の店員たちの過酷さが増している。知り合いの書店員とお酒を飲んだとき、「わたし、本が好きでこの世界に入ったけど、だんだん本がキライになるのよね」と溜息まじりに呟いていた。

東京の吉祥寺「百年」、雑司ヶ谷「ひぐらし文庫」、国立「ゆず虎嘯」、清澄白河「しまぶっく」、大阪の中崎町「本は人生のおやつです!!」等々は、ここ数年に生まれた古本屋、および一部古本を置く店だが、みんな店主はもと書店員。好きな本を好きな人に好きに売りたくて始めた人ばかり。イヤな客は追い返してやれ！

二〇一〇年十二月

古書マニアの敵

古書マニアや蔵書家の敵は、火、水、それにカミさんだ、なんてことをよく申します。理解がないと、次から次へと本を家に持ち込む亭主は、暮しをあらゆる意味で圧迫する暴君なんですね。いや、ひと事じゃありません。

神保町の古書店を舞台にした映画「森崎書店の日々」の中でも、近代文学のコレクターの客が、若いカミさんに、知らないうちに蔵書を処分されて参っている姿が描かれていました。詩人の清水哲男さんは、古い「少年マガジン」のコレクション（古書価高し）を、妻に売られてしまった、とエッセイに書いていた。おお、怖い。

われわれ本好きの間で、しばらく話題になったのが、岸部シロー事件。某民放の情報番組の企画で、風水に詳しいお笑い芸人が岸部宅を訪れ、あれこれ指導した。古書マニアの岸部の蔵書を見た彼女は、「古い本を溜め込む人の頭には、ほこりがかぶっている」と発言。そんなアホな！。そして、岸部の留守中に、新古書チェーン店を呼んで、蔵書を売っぱらってしまった。そのなかに、集英社版の「吉田健一著作集」全三十二巻があり、一冊二十円と査定された。三十二冊でたった六百四十円。本の値打ちより美醜だけで査定されるとこうなる。古書店市場の相場では、美品で一万五千円から二万円。帰宅した岸部はただ茫然。番組終了後、件の風水芸人のブログには抗議、批判のコメントが殺到、即炎上となった。吉田健一が一冊二十円、という暴挙が本好きのハートをいたく傷つけたというわけです。「断捨離」ブームに背を向ける一席、お粗末さま。

二〇一一年春

本棚は「創作」だ

知り合いの古本屋さんの話では、三・一一以後、客からの買い取りが目立って増えたという。東京でも、二階以上に本を置く家では、蔵書に被害があったようだ。災害は、わが本棚と向き合い、蔵書のあり方と処分を考えるきっかけとなる。

一九九五年一月十七日、阪神淡路を襲った震度七も、愛書家が所蔵する本をなぎたおし、焼きつくした。蔵書十三万冊と言われる本の虫・谷沢永一宅も、書庫の二階は本棚がすべて将棋倒しになった。本は床に散乱し、主は途方に暮れた。そのことを新聞に書いたところ、司馬遼太郎から速達が届いた。修復は人まかせにして、暖かくなってから、自分で整理し直した方がいい。冬期、谷沢の身を案じた真情あふれる手紙に、本の虫はいたく感激し、助言にしたがった。

本棚とは、単に本を並べればいい、というわけではない。自分の読書傾向、趣味嗜好、思想が色濃く反映する。「創作」と言ってもよい。クラフト・エヴィング商會による新刊『おかしな本棚』(朝日新聞出版)は、まさしく、本棚が「創作」であることを知らせる傑作だ。吉田浩美・篤弘が、本棚からテーマ別に本を抜き出して並べ、黒バックで撮影した写真にエッセイを付す。

「森の奥の本棚」「旅する本棚」など、セレクトされることで、本が新たな意味を持つ。「ただひとつだけの本棚」は、『十字軍』『都市』『時間』など表題が単語一つの岩波新書がずらりと並ぶ。その数、五十一冊。ところどころ色褪せた背が、諧調を作り、横並びのタイトルは詩のようだ。本棚は呼吸し、そして自ら雄弁に語る。

二〇一一年夏

志が高い本・低い本

近ごろ、本好きの仲間が顔を合わせるとその話になったのが、評伝『アインシュタイン』の翻訳騒動。これが傑作な話なのだ。ことの次第を「朝日新聞」が読書欄のコラム「本の舞台裏」で伝えている。

武田ランダムハウスジャパンから出た『アインシュタイン』の下巻に意味不明の訳文があった。たとえば「利益がケーキを味わっている言語の破れかぶれの災難」なんて書いてある。現代詩か、シュールリアリストの文章みたい。ほか、珍訳が続出。どうやら、依頼していた翻訳がまにあわず、外部に発注したところ、機械翻訳にかけて「機械的」に訳したらしい。「エキサイト翻訳」ほか、無料で翻訳してくれるサイトがあるのですね。下巻はすぐ回収されたが、かえって話題となり、珍訳版は一時ネットオークションで三万円の値がついた。思わぬことで、大きな宣伝となった。いろんな人に責任はあるが、問題はやはり編集者。事情はあるにせよ、志が低すぎる。

装幀家で画家の司修の新刊『本の魔法』(白水社)を読んでいると、文学が元気だった一九七〇年代、作家と編集者、そして装幀家の三位一体の格闘のなかで、本が作られていたことがわかる。

森敦『月山』で司修と組んだ河出書房新社の編集者・飯田貴司。司が提示した案が気にいらず、ただ酒を飲むばかり。困った司がやけになって出した腹案に「これです」と絶叫した。時代が違いますよ、と言うかもしれない。しかし、「絶叫」する思いを失った本など、それこそ紙のムダじゃないか。

二〇一一年秋

雑誌のスピリット

一九七〇年代に神戸から出て六号で消えた伝説の雑誌が「SUB」。北沢夏音『Get back, SUB!』（本の雑誌社）は、失われた雑誌にかかわった人々を追うノンフィクション。束も厚ければ、著者の思いも熱い本だった。「あとがき」が六十ページ強！

仲俣暁生『再起動せよと雑誌はいう』（京阪神エルマガジン社）は、いま出ている各種雑誌を片っ端からまな板に乗せて論評する。「冬の時代」と呼ばれる雑誌だが、どうあり続けるかを犀利な分析で問うている。『再起動せよと雑誌はいう』収録のコラムで、仲俣は「イマイチ元気がない雑誌が『本の特集』をやったら、危険なサイン」と言う。たしかに、書店や本の特集をする雑誌がこの数年目だっている。「雑誌というのは、外への世界への『窓』だったはずなのに、内向きになるのを「危険」というのが仲俣の意見だ。

六二年生まれの北沢は、リアルタイムでは「SUB」を知らない。古本屋で発見して衝撃を受け、追いかけ始めたのだ。『Get back, SUB!』のなかで、「雑誌にとって一番大切なのはスピリットだと、ぼくは信じる」と書いている。大事なのはここだ、と線を引いた。

「朝日新聞」（二〇一一年十一月二十三日）では、手作りによる少部数の小冊子「ZINE（ジン）」の流行を取り上げていた。「小さな声で伝える媒体。紙で作るところからも手紙に近い感覚」と、ZINE発行者の女性が発言している。小さいけれど手軽で自由。これぞ雑誌の「スピリット」ではないか。

二〇一二年冬

『赤頭巾ちゃん気をつけて』が新潮文庫に

トーハン発行の月刊情報誌「新刊ニュース」には、挟み込みで「文庫・コミックス新刊案内」が付録でついていて、これで文庫の新刊をチェックするのが楽しみ。「へえ」とか「しめしめ」とか「ううむ」と言いながら、先だって届いた案内を見てびっくり！　なんと、新潮文庫の三月新刊に、庄司薫『赤頭巾ちゃん気をつけて』が入っているではないか。「へえ」を大きく長く伸ばして驚いた。なぜなら、これは中公文庫独占の書目のはずだから。

日比谷高校卒業を目前に、学園紛争で東大入試が流れ、揺れ動く受験生・薫くん。愛犬には死なれ、足の爪をはがしたり、恋人とはケンカ中と冴えない若者の一日を饒舌体で描き、芥川賞を受賞した青春小説の傑作だ。中学生時代、私も夢中になり、作文から日記まで、すべて薫くんの文体と化し、まったくもって困ってしまった。

この作品、初出が「中央公論」で、単行本も中央公論社（現・中央公論新社）から。文庫も当然ながらずっと中公文庫だ。一九六九年の発表から、「赤頭巾」と同社とのつきあいは古女房みたいに長い。ここへ来て、まさかのトレード（と言っても中公文庫版も健在）。しかも「薫くん四部作」が毎月続々と新潮文庫から刊行されるという。七十半ばの薫くんに何があったか？

ただ、残念なことに、ラスト近くに登場する銀座の書店「旭屋」は、二〇〇八年に閉店している。私が初めて上京し、銀座へ出て、この書店の前に立ったとき、「ここが薫くんが足を踏まれた……」と思ったものだった。

二〇一二年春

図書館で借りるということの意義

さる五月中旬、東京・青山の草月ホールで、「柳家三三で北村薫。2012〈円紫さんと私〉シリーズ」を観た。北村薫の人気シリーズの短編を、一人芝居のように噺家・三三が口演する。続いて作品に登場する落語を披瀝するという趣向。

この夜は「朧夜の底」（『夜の蟬』）と「山崎屋」という組み合わせ。三三とは？『夜の蟬』とは？と説明していたら字数が尽きるので割愛。「朧夜の底」は、神保町の新刊書店が登場。ネタばらしになるが、値段の高い専門書を、あるトリックを使って客が無料で読む。落語が終わったあとに、三三と北村薫のトークがあった。原作者の北村が、それほど読みたければ図書館で借りるという手もある、と自らトリックの瑕瑾を指摘。北村は大学時代、読みたい本は古本屋で探してでも買うのが原則だった。そう言えば、北村が所属した早稲田のミステリ研は、古書通の猛者だらけ。

しかし、「円紫さんと私」シリーズの第四作『六の宮の姫君』では、女子大生の「私」がさかんに図書館を利用している。芥川龍之介作「六の宮の姫君」執筆に秘められた謎を、「私」があらゆる資料を使って解く。昭和四十六年筑摩書房版「芥川」全集を借りに、隣りの市の図書館まで遠征するのだ。これは「私」が、公立図書館の充実した首都圏に在住しているおかげ。北海道や青森、福島、和歌山、沖縄などは、市町村の約半数に図書館がない。駅や郵便局、役場などの片隅に本棚一つでいい。全市町村に本を行き渡らせるわけにいかないものか。

二〇一二年夏

「本」と「本屋」を巡る小説やマンガのこと

中学三年のとき、担任の国語教師が、履歴書などの「趣味」の欄に「読書」と書くことを戒めた。師宣《のたま》わく「読書は趣味とは言えないよ」。「読書」なんてあたりまえ、と言いたかったのか。おかげで「読書」と書きづらくなった。

三上延の『ビブリア古書堂の事件手帖』（メディアワークス文庫）が、よく売れている。シリーズで三作出て累計百万部を突破したそうだ。北鎌倉の古書店を営む栞子さんは人見知りの若くてきれいな女性。彼女の周辺で本を巡るさまざまな事件が巻き起こる。そう言えば、最近、書店や図書館、それに古書店を舞台にした小説やマンガがやたらに多い。「朝日新聞」（二〇〇六年十一月十六日付文化欄）では、「書店員ブーム到来⁉　小説の主役も『書店員』が人気」という記事を掲載。梅田みか『書店員の恋』を中心に、書店員小説がブームであることを告げる。ここに有川ひろ『図書館戦争』、マンガでは古本屋が登場する玉川重機『草子ブックガイド』などを加えて、「本」関連の本をカウントしていけば、ここ五、六年に限ってもたちまち五十作品を超える勢いだ。

この現象はどういうことだろう。携帯端末の普及による読書離れの反作用か。読書する人へのリスペクト？　そのうち「読書」は「趣味」の域を越えて特殊技能と目される。「本」を巡る小説やマンガの隆盛は、そんな未来の前触れか。「見て、あの娘、本読んでる！」「ウソッ、マジ？」

二〇一二年秋

中公新書「刊行のことば」について

昭和二十年～三十年代の日本映画で、サラリーマンの出勤風景を見ると、新聞を脇に挟むぐらいで手ぶらが多い。身軽なのだ。しかし、おそらく背広のポケットには新書があった。文庫なら完全に隠れるが、新書なら、頭の先がちょっとポケットからはみだす。それがまたかっこいい。

岩波新書が創出した「新書」という形態は、現代人に必要な知識と教養をコンパクトに詰め込み、高度成長を裏から支えた知力の供給源であった。

昨年、創刊五十年を記念して、中公新書が『総解説目録　1962/2012』を作り、書店等で無料配布した。もちろん新書サイズ。歴史・ノンフィクションの良書を信頼できる著者で提供し、川喜田二郎『発想法』を始め、次々とベストセラーを放った。硬派な叢書である。「いまや、書物によって視野を拡大し、変りゆく世界に豊かに対応しようとする強い要求を私たちは抑えることができない。この要求にこたえる義務を、今日の書物は背負っている」と「刊行のことば」にある。気宇壮大で勇ましく、涙ぐましいほど真摯である。この無署名のマニフェストが、『総解説目録』所収のエッセイで、加藤秀俊によるものと判明した。当時三十二歳の少壮の学者だった加藤に、「刊行のことば」の執筆依頼をしたのが、初代編集長の宮脇俊三。歴史的なやり取り。まるで、若き剣豪の名勝負を見ているみたい。

二〇一三年冬

図書館への悪口は……

「売れ筋本ばかりの図書館では」と題された一般購読者からの投稿が、某日某紙に掲載された。内容は現行の公立図書館批判で、要するに、読みたい本がないと投稿子は言うのだ。「実際に購入されるのはベストセラーばかり」と憤慨している。私はこれを読んで、いまだに公立図書館への無理解や偏見がこれほどはびこっているのか、と驚いた。そして、日々、少ない予算で本を購入し、整理と管理をし、来館者へ手篤いサービスを怠らない図書館職員やスタッフの人たちのことを考え、胸が痛くなった。

私が子どもだった約四十年前、公立図書館の環境は、いまと比較にならない劣悪さ。本棚に並ぶ本は函もカバーもなく、総じて古く汚い。貸出し冊数は現在の九分の一ぐらい。図書館職員は不親切で、閲覧席は早朝から受験生が占領していて座れない。公立図書館には、貸出し中心という市民サービスの理念のない暗黒時代があった。それを変えたのが昭和四十年代の日野市図書館だ。地元出身の市長・有山崧《たかし》と、彼が見込んで石川県七尾市図書館から引き抜いた司書・前川恒雄による、図書館革命が始まった。

バスを改造した移動図書館をふりだしに、彼らが「最低の地点から、全力をふりしぼった」格闘が、前川恒雄『移動図書館ひまわり号』（夏葉社）に書かれている。これは涙なくしてページをめくれない感動のドキュメント。図書館の悪口は、どうぞ、この本を読んでからにしてください。

ポケミスの装丁

二〇一三年春

もう二十年近く前、都内某書店で村上春樹を目撃した。まだ、いまほど顔が知られていない。気づく人もいないようだった。ファンだった私は、しばらく後をくっついて行った。すると、のちの国民的文豪はポケミス（ハヤカワポケットミステリの略）棚へ。

村上の短編「土の中の彼女の小さな犬」を映画化した「森の向う側」で、雨に降り込められた小さなホテルに滞在する主人公が、読んでいるのはポケミス。あの三方を黄色く染めた、薄い新書のミステリ叢書は、小道具としても洒落ている。と、言っても、先の映画に出てくるポケミスと現行のものはデザインが違う。旧ポケミスのデザインの多くは勝呂《すぐろ》忠。固定のスタイルに、抽象画をあしらうデザインは、優雅で気品があった。俗悪な表紙が目につくジャンルに、新風を吹き込み、ミステリ自体の普及に寄与するところ大だった。

その功績を認めつつ、愛好家の丸谷才一は、「実にぞんざいないい加減な装丁」が多い、と勝呂装丁を批判した。言われて初めて、私自身も勝呂装丁に飽きがきていることに気づいた。二〇一〇年三月、勝呂の死去により、同シリーズは新スタートを切る。

一八三八番『卵をめぐる祖父の戦争』より、装丁は水戸部功に。表紙全面を使い、毎回趣向をこらした水戸部装丁は自在かつ斬新で、手に取るのも楽しい。『二流小説家』『黄昏に眠る秋』『謝罪代行社』など、眺める楽しさで買った巻がいくつもある。初夏、並木通りのカフェで、新生ポケミスを読んでいる女性を見かけたら、その日はいい日。

二〇一三年夏

海文堂書店のこと

いまも衝撃のラストシーンが語りぐさとなる映画「猿の惑星」（一九六八）。人間を猿が支配する惑星に不時着した飛行士が、浜辺で見たのは自由の女神像の残骸。じつは「猿の惑星」は近未来の地球であった。

朽ちず壊れぬ石の物体なら、数百年を経てその姿を残す。しかし、今回の場合は、記憶の中にしかその姿は残らないだろう。神戸の老舗新刊書店「海文堂書店」が閉店した。創業は一九一四年。創業一〇〇年を来年に控えながら、今年九月末に閉店となった。閉店決定の一報を告げた「神戸新聞」は、本好きのブログやツイッターで回し読みされ、激震が走った。誰もが、本好きのための個性あふれる書店の消滅を惜しんだ。

店名の通り、海・船舶・港湾など「海事」書籍が充実するのはもちろん、郷土資料を集めた「神戸の棚」、複数の古書店による古書販売コーナー「元町・古書波止場」を開設するなど、近隣の大型書店にはない「味」を出していた。しかし、売上げ低迷の歯止めはかからなかった。

閉店のニュースが流れてから、連日、「海文堂」愛を訴える客が詰めかけた。同店HP掲載の「海文堂書店日記」（平野義昌）では、「シベリアから帰ってきてからずっと通っている」老体や、「ほんまにやめるのん！　なんでよー、なんで、なんで」と悲鳴をあげる女性など続出。「怒りと悲しみ。まるで男女別れの修羅場」とおどける名物店員の姿勢がかえって泣かせる。

「朝日新聞」書評欄のコラム「扉」で、記者の大上朝美は、「そこで買うのがうれしくなるような海の本が充実し、名前の通り明るく開かれた雰囲気の店でした。寂しいです」としんみりさせた。

二〇一三年秋

版下派装幀家のこだわり

川端康成が「雪国」などでノーベル文学賞を受賞したのは一九六八年。私は小学六年生。図書室で借りて読んでみた。有名な冒頭シーンを美しいと思ったが、島村が駒子に再会した時、左手の人差し指が「一番よく覚えていたよ」のエロチックな意味はわからなかった。

指先の絶妙な感受性は、とても数値化できない。そんなことを考えたのは、二〇一三年十一月、某所で「版下ってなに？　最後の版下装幀家・多田進の世界」と題された講演を聞いたからだ。聞き手は画家で装幀家の林哲夫。これがじつに興味深かった。

今では、ほとんどの装幀家が、パソコンを使う。多田は一九七一年に植草甚一『衝突と即興』（スイング・ジャーナル社）で初めて装幀を手がけ、以来四十年以上、手作業による版下一筋で仕事を続けてきた。罫線などもサインペンを使って自分で引くという発言に、林がのけぞって驚いていた。

版下を作るには、文字は写植を使用。ところが、その写植業者が絶滅に近い。日本経済新聞は二〇一三年十月十日付で「版下の時代」という特集ページを組んだ。同じく版下派の装幀家・間村俊一が登場。版下にこだわる理由を「原寸大の強みがあるからだ」と答える。拡大縮小が自由なパソコンでは「緊張感が欠ける」と言う。手仕事の版下入稿では、指先の感受性がものを言う。もっとも、本の買い手に、装幀の制作過程がパソコンか版下かは見分けられない。こだわる方がおかしい、という世の中になっていく。それでも指先はきっと、しつこく、覚えているものなのだ。

二〇一四年冬

紙の本は生きものなのだ

一九四二年アムステルダム。隠された屋根裏部屋に、少女を含む一家が息を潜めて暮らしていた。少女はキティと名付けた日記に、思春期の苦悩、小さな喜びを書き付けた。その名はアンネ・フランク。彼女が書いた『アンネの日記』は、全世界で訳され、ロングセラーとなった。

その事件は、今年二月末、テレビや新聞で相次いで報道された。『アンネの日記』とユダヤ人迫害の関連本が、東京や横浜の図書館で次々と破られた。「朝日新聞」(二〇一四年二月二十八日付)は、「破れない　アンネの志」と題し、これを大きく取り上げ、犯人の卑劣な行動を批判。イスラエル大使館に激励と謝罪のメッセージが届いたという。

ページが引き裂かれた写真には、みなこぞって胸を痛めた。盗まれたのではなく破られた。そのことに衝撃を受けた。本は破れ、痛めつけられるメディアであることが、今回の事件でわかった。それは精神的苦痛を伴うのである。

3・11以後の震災被災地の書店をルポした稲泉連の『復興の書店』(小学館)に、こんなエピソードが。あの日、仙台駅前のジュンク堂ロフト店。停電し、非常灯でオレンジに染まった店内を、書店員の佐藤純子さんがお客たちを誘導していた。床に散乱した本を踏むことに躊躇する人へ、「気にしなくていいですよ」と佐藤さんは声をかけた。死を直視する混乱のなか、なおも本を踏むことを罪と考える人がいる。その話に私は感動した。「紙の本」はテキストを盛る皿ではない。血を流す、我々と同じ生きものなのである。

ヨシモトを読んでみるか

二〇一四年春

毎週金曜の夜、NHK・Eテレで「団塊スタイル」という番組を放送中。リタイアした団塊世代に趣味を指南する。六月十三日放送分は「読書」の特集。眼科医・梶田雅義の発言が面白い。歳取って集中力を失い本が読めないというが、ほとんど視力のせい。合った老眼鏡を作れば解決すると明解だ。

そこで思い出すのが一昨年亡くなった詩人・評論家の吉本隆明。晩年、目が悪くなり、語り下ろしの本が多かったが、拡大機を使って読書は続けた。視力が衰えても、知力の発動は止まなかった。「父は最後まですごくがんばりました」と、娘のよしもとばなな（当時の表記）は、死後、ツイッターに書き込んだ。

安保世代の理論的支柱となり、戦後最大の思想家とも目される吉本隆明の文業が、今年の三月より、晶文社から全集としてまとめられている。全三十八巻+別巻を七年がかりで出すという。出版不況のなか、無謀とも思える事業だが、初巻はすでに三刷。売れ行きは好調と聞く。

じつは私は一九五七年生まれのサブカル世代。植草甚一や小林信彦を崇め、「ヨシモト」

と言われれば、お笑いの方をすぐ思い浮かべる人間だ。いかなる意味でも、吉本隆明の影響下にはない。残念ながら。ただ、あれはもう二十年も前のこと。東京の古書の町・神保町で、偶然、生の吉本隆明を見かけた。白山通りを蕎麦屋の出前持ちみたいな大きな自転車に乗って、軽快に走り去った姿がステキだった。だから、私にとって吉本は「軽快」なイメージ。重厚なくびきを取り、ぴったりの老眼鏡をかけて、吉本を読んでみるか。

二〇一四年夏

雑誌の「本屋」特集

二〇一四年二月号の「ソトコト」で、「なじみの本屋」という特集が組まれた。買ってみたが、「まだ出るか」と呆れもしたのだ。書店をガイドする特集の雑誌が、この五年ぐらいの間で、めちゃくちゃ増えている。果してこれはいいことだろうか。

この傾向が顕著だったのが二〇一一年。三月に「エイムック」が「本屋さんへ行こう」、四月に「ケトル」が「本屋が大好き！」、六月に「ブルータス」が「本屋好き。」、「ミーツ・リージョナル」が「本屋の逆襲！」を特集。毎月、どこかの雑誌が「本屋」特集をするという異常な事態が発生した。

「ブルータス」が特集したときは、思わず「ブルータスよ、お前もか！」と天を仰いだ。しかし、じつは一九九九年に全国で約二万二〇〇〇軒あった新刊書店が、二〇一一年には約一万五〇〇〇軒に減っていた。小中規模の書店が次々と閉店していく雪崩現象の最中だったのだ。雑誌が書店を特集したのは。

もちろん出版社側に悪気はない。劣勢にある書店を応援しようという意図であったと思う。書店が元気な頃に盛り立ててもらえれば、もっとよかったと思うが、えてしてそういうものだ。映画館も寄席も銭湯も喫茶店も、つぶれるとわかってから客が押し寄せ、淋しいと呟く。時すでに遅しだ。

「ソトコト」の書店特集を読んでいて救われるのは、劣勢をバネに、さまざまな工夫を皆がしていること。香川県「仏生山温泉」は、古本文庫を一冊二〇〇円で販売。温泉に浸かりながら、読書する客がいる。本好きには、究極の楽しみだといえよう。

二〇一四年秋

個人の日記の魅力①――帝大生の日記

「俺は女から超越してやる」と書いた翌日、「革命性の標識を何処へ置くか」と書き始める日記がある。書き手が誰かはわからない。昭和五年、二十四歳の帝大生の手によるものであるのは確か。これ、古本市で求めた肉筆日記なのだ。

古本屋（市）というのはおもしろいところだ。この世に紙でできたものは、市場価値がある限り残され、売られていく。個人の日記やアルバムもそうで、私はけっこうな数を所持している。原稿書きに疲れた夜など、これらを肴にして、ウィスキーのグラスを片手にちびりちびり読むのが楽しみ。

三日坊主の代表と言われるのが日記。新年から三日、一週間で終わるものも多いが、これは半分くらい達筆なペン字で埋めつくされている。本郷あたりに下宿する日記の書き手は、のち千駄ヶ谷、高円寺へと居を移す。マルクス主義吹き荒れる昭和初年、そんな傾向も散見できる。「読書会」では「理論と実践の関係」を討議。なぜか出席者はのちに墨で消した跡あり。昭和五年は共産党員が一斉検挙され、傾向映画「何が彼女をさうさせたか」のタイトルが流行語に。八月には浅間山が大噴火を起こしている。騒々しい年だった。ベストセラーは林芙美子『放浪記』。

帝大生くんは、まだ童貞。恋人のY子に振られ、わが容姿の醜さに煩悶している。読み進めていくと、途中、ページに大きく×印。そこから先、数ページが破り取られている。帝大生くん、どうした？　何があった！　投獄されたのか、あるいは自殺……。八十五年も前のことながら心配である。

二〇一五年冬

月刊小説王

思えば不思議な時代だったのだなあ、と今、一冊の雑誌を前に考えている。角川書店から出ていた文庫サイズの小説雑誌「月刊小説王」の話である。一九八三年九月に創刊、翌年十一月までに十五冊を出して消えた。短命な雑誌だったが、ボリュームも活力もたっぷり。

私が所持するのは、一九八三年十月刊の「二」と、八四年五月刊の「九」。前者は漫画が二本あるほかは、すべて連載小説。往年の絵物語作家・山川惣治を再び人気作家にするのが眼目らしい。荒俣宏「帝都物語」も初出はこの雑誌だった。それが「九」では、小説以外にも対談、コラム、エッセイ、評論と誌面はにぎやかに。特に細野晴臣と中沢新一、松任谷由実と笠井潔の二大対談は豪華かつ、時代を感じる。前者はチベット神秘主義を語り、ユーミンと笠井は「縄文」ブーム。

しかし驚いたのは、巻末の告知。「角川文庫洋上セミナー」に三百五十組（七百名）をご招待、とある。大型客船を一隻チャーターし、角川春樹、赤川次郎、片岡義男はかのトークに、角川映画の上映、パーティーとゲーム、ゲストに薬師丸ひろ子、原田知世などが登場。費用はウン千万？　眼も眩む大盤振る舞いだ。

ジョージ・オーウェルが全体主義を憂えて書いた近未来小説のタイトルが『１９８４』。この年、冬季サラエボとロス五輪開催、日本ではグリコ・森永事件、日本専売公社や電電公社の民営化が決定するなど、激しく動いた年だ。そんな中、角川は有卦に入り、出版カーニバルをぶちあげていた。『月刊小説王』は、出版が元気だった時代に見た、夢の残骸みたいだ。

二〇一五年春

肴になる本

これを取り上げずして、何のための当欄か。いささか力こぶを作って紹介したいのが『書影の森――筑摩書房の装幀 1940–2014』である。著者は『装幀時代』などの著作を持つ臼田捷治。筑摩書房の歩みを装幀でたどる、オールカラーのみごとな本だ。

当然ながら版元は筑摩書房かと思ったら、なぜか、みずのわ出版。奥付の住所は「山口県大島郡周防大島町西安下庄庄北二八四五庄区民館二軒上ル」。目玉がぐるぐるしてくるが、周防大島でみかん農家と兼業による一人出版社なのである。

青山二郎装幀による『中野重治随筆抄』（一九四〇）から、水戸部功装幀の保坂和志著『魚は海の中で眠れるが　鳥は空の中では眠れない』（二〇一二）まで、ページを開けば次々と繰り出す二三四冊の書影は壮観。本は美しい。「まさにその歩みは、装幀文化の縮図であり、みごとな見取り図だといってよい」と著者は言う。

たとえば和田芳恵『筑摩書房の三十年』(一九七〇)は、無記名ながら、社員で詩人としても高名な吉岡実の仕事だとわかる。シンプルだが手堅く品位のある装幀は、筑摩書房のカラーを作った。栃折久美子、中島かほる、加藤光太郎など、忘れがたい社内装幀本をいくつも世に送ったのが筑摩だった。

某夜、酒場でこの本を、本好きの仲間で回し見したところ、ある男が「これ一冊で、酒を何杯でも飲めるな!」と発言し笑わせた。まさしくその通り。登場する本の思い出を語りながら、『書影の森』を肴に、われわれはその夜、幾度も盃を空けたのである。まずは、みずのわ出版に乾杯!

二〇一五年夏

作家の師弟関係

二〇一五年度上半期芥川賞受賞者が、又吉直樹「火花」に決定し(同時受賞は羽田圭介)、大いに話題となった。受賞作の「火花」は、たちまち二百万部超えの大ヒットに。又吉は、芥川龍之介「トロッコ」を読んで、読書の面白さを知り、太宰治「人間失格」で深みにハマった。その芥川の名を冠し、太宰が死ぬほど欲しくて逃した賞を我が手に。強運の人である。早くも次回作に期待が集まるが、本業の方も売れっ子。これだけのプレッシャーの中から創作するのは、なかなか大変だろうと案じる。又吉に文学上の直接の師はいないはず。かつては先輩作家や、同人誌主宰者など、「師」と呼べる人がいて、新人作家を手厚く導いた。

又吉より半世紀も前の一九六一年、「忍ぶ川」で芥川賞を受賞したのが三浦哲郎。彼には文学上の鉄壁の師がいた。三浦による回想『師・井伏鱒二の思い出』（新潮社）を読むと、その師弟間における深く、熱い関係性が胸を打つ。三浦は同人誌に書いた習作を、井伏に認められ師弟関係を結ぶ。

井伏の仲介により、「新潮」から原稿依頼があり、伊豆の温泉宿に十日ほど籠ることに。その旅費、滞在費は井伏が負担した。一九五五年に新潮同人雑誌賞、六一年に芥川賞を受賞するも、直後にまったく書けなくなった。苦しむ弟子に師は言った。「人目を気にしないで、自分の流儀を守るんだね。急ぐ人がいたら、道を空けてやるさ。お先にどうぞ、だよ」。この井伏の言葉を、そのまま又吉直樹に贈りたい。「人目を気にしないで」「お先にどうぞ」だ。

二〇一五年秋

天才詩人ドルーエちゃん

「重さ／ひそやかさ／肉の肌／たち並ぶ家々は／さながら猛獣の口のよう／その口の、つやのある歯並を通して／しゃっくりのたびに／血がぱっと顔へかゝる（後略）」

これは「パリの空」という詩。古本屋で買った「詩誌ポエトロア」（小山書店　一九五六）で見つけた。特集は「フランスの新らしい詩人たち」。作者は誰だろう？　プレヴェールそれともツァラ、ボンヌファ？　いいえ、彼女ミヌー・ドルーエは、この詩を書いた時、わずか八歳だった。篠原宏によれば、この天才少女は一九五五年に初の詩集を出したところ、大評判で、わずか三週間で売切れた。フランスでは毎日、ドルーエの記事が出ない日はないという。

アンドレ・ブルトンは、ドルーエちゃんを「インチキ」呼ばわりし、母の代作と決めつけた。コクトーも疑義を呈し、天才少女は試験されることに。母親を別室に置き、三人の委員を前に、「パリの空」という題で詩を書かされた。わずか三十分で書きあげたのが冒頭に引いた詩である。まるで超能力の真偽を試すテストみたい。

その後のドルーエちゃんについては、よく知らない。何冊か本を出し、いまでも存命だが、目立った評判は聞かない。日本では安東次男訳により詩集『木　わたしのお友だち』がダヴィッド社から刊行されている。古書価は二五〇〇円から七〇〇〇円ぐらい。けっこういい値段。ドルーエの天才を疑ったコクトーには「恐るべき子供たち」という小説がある。子供だから「恐るべき」なので、平凡な大人は恐ろしくもなんともない。

二〇一六年冬

「未来」って何年先のこと？

パーソナルコンピュータの父と呼ばれるアメリカの学者、アラン・ケイは「未来を予測する最善の方法は、それを発明することだ」と言った。一九七一年の有名なセリフだ。未来が非常に輝かしいものだと思われていた時代が確かにあった。

一九六七年に小学館から刊行された「学習科学図鑑シリーズ」の一冊、その名も『未来の世界』という本が手元にある。一九六七年に考える「未来」とは何年先のことか。五十年か、百年か……とんでもない。ここで予想される「未来」とは、たった十年ぐらい先のことらしい。

一九八〇年頃には実現するはずだった「未来」が興味深い。交通ではモノレール時代が到来。アメリカの平原を高速モノレールが走り、日本でも東京～大阪間が一時間で結ばれる。人工太陽で昼なお明るく、郊外に電子化された住宅が建ち、みな自家用機で通勤する、とある。そんなバカな！　そのほか、ガンは克服され、新首都は富士山麓に決定！　それがたった十数年で実現できると、半世紀前の人たちは考えていた。東京～大阪間を一時間で結ぶリニアモーターカーの開通予定は二〇四五年。妄想を確信できる楽天性を持ちえた人々と時代がうらやましい。

一九六七年と言えば、東京オリンピック開催、新幹線の開通を経験し、万国博覧会は目前。

二年後には人類が月に降り立った。この調子で行けば、と考えるのも無理はない。未来に不安と翳りしか見えない我々は、せめて『未来の世界』を開いて、甘く明るい来るべき世界（じっはすでに過去）にうっとりするしかない。

二〇一六年春

デジタルに情緒はあるのか

二〇一五年、話題になったのが、映画『バック・トゥ・ザ・フューチャーPART2』（一九八九年公開）で、主人公がタイムトラベルした年に追いついたこと。そこに描かれた二十数年後の未来世界は、空を自動車が飛び、スケートボードも宙を走る。同じ二十一世紀初頭に設定された『鉄腕アトム』も空に自動車！

しかし、小学校に通うアトムが、教室で開くのは紙の教科書だ。六月二日の文部科学省の有識者会議では、二〇二〇年度から授業の一部で「デジタル教科書」の使用を認めた。当面は紙の教科書と併用するが、将来はデジタル専用も検討されているとか。現実は、『鉄腕アトム』を追い越す勢いだ。

デジタル端末を使えば、動画や音声の使用も可能になる。生まれた時からデジタル機器に囲まれた新世代には、受けがいいだろう。同時に、紙の本を触ることなく、一生を終える人類が大量に出現する事態も想像される。それでいいのか？

先日、鎌倉を訪れた際、老舗古書店K堂を覗いてみた。昔ながらのたたずまいで、古今東西の紙の本が棚を埋めつくしている。しばし棚と対話したのち、昭和十年刊の室生犀星『愛の詩集』（春陽堂文庫）を買った。八十二年後の今も、問題なく読める。これを散歩の友とした。所収の短い詩「ある日」を駅前の喫茶店で読む。「私はほんとに雨がすきだ／雨はいつも私を机のそばにつれてゆき／喜ばしい落ちつきを與へ／本を手にとらせる」。そしたら、本当に雨が降ってきた。こんな情緒がデジタルテキストでありますか、ってえの！

二〇一六年夏

ビートルズと永六輔

一九六六年六月、ビートルズが来日し、日本国中が沸いた。今年はちょうど五十年目。テレビ、雑誌が特集を組み、関連本も多数出た。公演場所となった日本武道館は、その二年前、東京五輪のために建てられたが、音楽で使うのはこれが初めて。

一万人収容の武道館は、以来、ディープ・パープル、カーペンターズ、クイーンなど、来日アーティストが舞台に立つ。その「聖地」に、一九七四年十二月六日、三人の中年男が登場、会場を満員にし「ビートルズ以来の盛況」などと言われた。すなわち小沢昭一、野坂昭如、永六輔は、「花の中年御三家」と呼ばれたのだ。

当時、三人はいずれも四十代前半で、現在なら「TOKIO」ぐらいの年。しかし、二〇一二年の小沢昭一死去以後、申し合わせたようにこの世を去った。同時代に活躍した愛川欽也、大橋巨泉も揃って鬼籍に。一つの時代が終わったのだ。

なかでも、永六輔はテレビにラジオ、作詞とマルチな活躍を見せたが著作も多い。芸人のゴシップやエピソード、名言をパッチワークにした『芸人　その世界』（岩波現代文庫）ほか「その世界」シリーズは傑作だ。武道館公演でも永は、その中から幾つか披瀝。「僕達は午前九時から午後五時の人間になりたくなかったんだ」はビートルズ。

一九九五年の著作『逢えてよかった!』（朝日文庫）は、著者の交遊録。その中で、「僕は長い間、老後の生きかたについて悩んできたが、目の前にいる先輩が小沢さんと野坂昭如さん。反面教師としての意味合いもあるが、このお二人あっての僕なのである」と書く。律儀にも、その順番を守るような最後だった。

二〇一六年秋

寺田寅彦の随筆

二〇一六年は夏目漱石没後一〇〇年、一七年は生誕一五〇年と記念年続きで、文豪の名をあちこちで見る。その弟子として寺田寅彦の名も、担ぎ出されたりする。この物理学者は随筆の名手でもあった。『柿の種』は、随筆というより、もっと簡素な雑感、アイデア、スケッチが短文で綴られている。

たとえば、イボだらけの男が小さな娘をおぶった姿を見る。「見るもおぞましい」男を背の娘は「おとうちゃん」と呼びかけ、片言で話しかけている。父子愛の本質を感じさせる名文だ。または安政の高知の話。刃傷事件で切腹させられた十九歳の少年がいて、祖母は「愁傷のあまり」失心しそうになる。あわてて周囲が鉄瓶の湯を飲ませた。然して老婆が鉄瓶の底をなでた手で触ったために、顔が黒くなった。

「極端な悲惨な事情」下にあっても笑いがあった。そんな何でもない話だと最初は読んだ。しかし岩波文庫版の池内了解説を読んで、印象は一変する。寅彦の父・利正は「実弟喜久馬の介錯役として首を切り落とす役目」を果たし、以後「内向的」な男になった、というのだ。つまり鉄瓶と老婆の話は、寺田一族が被った実話であった。

橋の上で上士と下士が争いになり、身分違いのため理不尽な裁定で、十九歳の若者が切腹。その介錯をしたのが兄。なんという悲劇か。この騒動を収めようと奔走したのが坂本龍馬で、司馬遼太郎『竜馬がゆく』にも描かれている。「なにげない文の中に、人間的なやさしさや悲しさの感情がほろりと出ていて」と池内は書く。この「ほろり」が寺田随筆の味だった。

二〇一七年冬

起ちあがり続けた男・遠藤周作

『沈黙―サイレンス』は、マーティン・スコセッシ監督が遠藤周作原作を映画化。映像の厚みとテーマの深化追求に衝撃を受け、久しぶりに原作を読む。新潮文庫版は増刷され、累計二〇〇万部に達したという。

以後、古本屋でも『沈黙』をチェックしてみたが、さっぱり見ない。聞くと、入荷してもすぐ売れるという。旧定価三二〇円を三〇〇円と強気の値付けでも捌ける。たしかに現定価の半額だ。元本の函入り単行本も、古書価急騰中。

一九二三年生まれの遠藤は、灘中（現・灘高）から慶應大学へ。そこだけ見るとエリートだ。しかし自伝『落第坊主の履歴書』を読むと、落第、受験失敗の連続で「すべて試験という試験に落ちてきた男」だという。「ぐうたら」「狐狸庵」という道化は、この劣等感を隠すための着ぐるみだった。

カトリック司祭の棄教をテーマにした『沈黙』では、恐怖から何度も踏絵を足にし「転ぶ」（棄教）、キチジローという農民が出てくる。この弱き、みじめな男こそ『沈黙』の主人公で、何度転んでも神に許しを乞い、起ちあがる。劣等生・遠藤周作がそこに重なる。

昭和三十年「白い人」で芥川賞を受賞。選考当日、遠藤は池袋の行きつけの飲み屋へ入った。すると、店のおばさんが言う。「さっき、ラジオで何だか、あんたの名前を言っていたよ」。芥川賞は当時、世間に知られていなかった。外へ飛び出した遠藤は、家に電話をかけ受賞を知る。転んでも起ちあがり続けた男への、神のごほうびだった。

二〇一七年春

読書はしないといけないの？

三月八日付け『朝日新聞』の「声」欄に、二十一歳大学生からの「読書はしないといけないの？」なる投書があった。某君は高校生までまったく読書習慣がなく、大学へ入って、必要から専攻する教育や社会一般の本を読んだが、「読書が生きる上での糧になると感じたことはない」。それが問題視される方がおかしいという。ううむ……。

後日、これについてどう思うか、賛否の意見が寄せられ、議論はさらに再びくり返された。「大人は読書を押しつけないで」と同調する中学生、「人との出会いを求めるなら」と諭す中年など様々。私はこのやりとりを不毛に思い、冷たく見ていた。もちろん、投書した某君は、読書する必要などまったくなく、そのまま一生を終えればいいのである。ただ、気の毒な人だと思うが……。

読書体験に見返りや理屈は要らない。幼い頃に一度その喜びを知れば、頭より先に、身体が欲して止まないというだけのことだ。本は情報を盛る皿ではなく、読書は何より、深い感動が根底にある体験である。「声」欄の某君は、幼少時に絵本や児童書、青春期に文学の洗礼を受けていないようだった。痩せた土地に、いくら水や肥料をやっても、芽は出ず、花は咲かない。

先日地下鉄で、こんな光景に出くわした。男子小学生が、背が取れかかってボロボロの歴史漫画の本を、夢中になって読んでいたのだ。父親の本だろうか。降りる駅が来て、少年は起ちあがったが、本は手に開いたまま。そのままホームを歩いて行った。彼なら大人になっても「読書はしないといけないの?」と悩むことはないだろう。私は心の中で拍手を贈った。

二〇一七年夏

芥川賞落選組の輝き

第一五七回芥川賞・直木賞が決まった。芥川賞は沼田真佑「影裏」、直木賞は佐藤正午の「月の満ち欠け」が選ばれた。ともに初ノミネートだが、沼田はデビュー作で受賞、佐藤は作家生活三四年というベテランという好対照が話題に。なお、佐藤は授賞式を欠席。これも異例のことである。

芥川賞は、古くは太宰治、近年では村上春樹、吉本ばななを候補に上げながら落選、という禍根を残した。島田雅彦が六回の候補でついに獲れず、現在、芥川賞選考委員を務めているのは有名な話。芥川賞は神ではない。いろいろ取りこぼしがあるのだ。

一人出版社の雄・夏葉社の新刊が、山本善行撰『埴原一亟　古本小説集』。この忘れられた作家は、一時期古本屋を営んでいた。建場でゴミの中から古本を選り分ける。露店で妻が売る。店を持つが家賃が払えない。情けないどん底生活に、世の中を観察する目が光る。埴原も芥川賞三回候補の落選組。

考えたら、木山捷平、上林暁、小山清、洲之内徹、山川方夫、小沼丹、後藤明生、佐藤泰志、山田稔など、古書価が高く、古本屋で人気のある作家は、芥川賞落選組ばかり。この点で受賞者は、負け組にはかなわない。

派手さはなく、どこか心に屈託を抱え、それが作品化されても受賞には一歩届かない。しかし、届くと消えてしまう「味」が彼らにはある。負けて光る文学の土俵があるのだ。そこで提案。歴代芥川賞落選者から、未知の作家を探して読んでみよう。まだ評価は定まっていない。自分が発見し、評価するのだ。極めてスリリングな文学的体験になるはず。

二〇一七年秋

本屋さんはどう生きるか

酒の席で、週刊誌も出している某大手出版社の編集者から聞いた話。六十間近だから入社は一九八〇年頃か。彼らを前に管理職が「たとえこの先十年間、本が一冊も出なくても、わが社は安泰」と豪語した。しかし現在は苦境にあえぐ。「若い奴らが本を読まない」と嘆いていた。

この話を聞いた時、すぐ思い浮かんだのが「貧すりゃ鈍する」という成句だった。好景気の上げ潮が止まり、海が凪いだ時、つい不漁を誰かのせいにしたくなるのが人の常だ。ひと騒動となった文藝春秋社長の発言もそんな一例。

二〇一七年十月の全国図書館大会のシンポジウムで、松井清人社長が、文庫本くらいは図書館で借りずに書店で買ってくれと訴えた。一五年同大会では、新潮社社長が図書館のベストセラー複本購入に異議を唱え、ちょっとした話題となった。出版不況の悪者探しは、かつてブックオフなど新古書店の台頭とされ、その矛先が今、図書館に向いている。

二〇一七年一一月二六日付け朝日新聞の読書欄コラムで、地方の書店事情にくわしい南陀楼綾繁は「新刊書店も古書店も図書館もブックカフェも出版社も『本屋さん』。そう考えるほうが、本の世界の風通しがよくなるのではないか」と提言、思わず膝を打った。市場が狭まる中、広い意味での同業者が、悪者探しをするのは得策ではない、と私は考える。

八十年前に出た吉野源三郎『君たちはどう生きるか』が、マンガ版のヒットをきっかけに、原作新装版も二十四万部を売ったという。「本屋さん」も「君たちはどう生きるか」を突きつけられている。

二〇一八年冬

『金色夜叉』小考

テレビの町歩きや旅もの番組で、続けて「熱海」を取り上げていた。千三百年の歴史を持つ関東屈指の温泉街も一時期寂れていたが、いま人気観光地として甦ったという。古びた喫茶、レストラン、駄菓子屋のレトロ感が、若者にも受けている。

しかし、どうかと思うのが、名物の貫一、お宮の像。女性を足蹴にする姿が観光名所なのは、世界でも稀だろう。我々旧世代は、これが尾崎紅葉『金色夜叉』の名場面を写したものと知っている。若者や外国人旅行者は、いったいこれをどう見るだろうと心配になる。とは言いながら、私だって『金色夜叉』は読んでいない。この明治三十年代に「読売新聞」で連載された未完の小説は多大な読者を獲得。続、続々と書き継がれ、芝居・映画・流行歌・講談・浪曲、果ては宴会芸で再生産され人口に膾炙する。原作は読まなくても、誰でも「今月今夜のこの月を僕の涙で曇らせてみせる」（原作とは違う）のセリフは言えるのだ。そんな小説、いま、ある？

角川ソフィア文庫に「ビギナーズ・クラシックス　近代文学編」があり、『金色夜叉』も収録。粗筋、現代語訳、解説、図版で作品世界を凝縮し、若い読者にも味わえる工夫が満載だ。

恋人・お宮に裏切られ絶望し、高利貸に転身したエリート貫一。この「高利貸」に「アイス」のルビが……。解説によれば、甘くて冷たい「アイスクリーム」と「甘言を弄して人を誘うが、その実は冷酷」なイメージを重ねているという。高級なダジャレだ。一度、アイスをなめながら貫一・お宮像を眺めてみたい。

二〇一八年春

「太宰治」小考

太宰治は一九〇九年に生れ、四八年に死んだ。二〇一八年は没後七十年とあって、雑誌「東京人」が特集を組み、読売新聞文芸記者の鵜飼哲夫が渾身の評伝『三つの空白　太宰治の誕生』(白水社)を上梓するなど、再評価の機運が高まっている。しかし生れた年も、死んだ年もタイミングが悪過ぎた。

というのも、二十年も早く生まれれば昭和初期の円本ブーム、二十年長生きすれば、昭和後期の文学全集ラッシュに乗り、生前に巨額の財を成したはずなのだ。作家が洋行したり、別荘を建てたりできたのは、これら出版バブルの恩恵による。

太宰の著作一覧を見て可哀想なのが、立派な装幀、造本の書籍が少ないこと。活躍が戦中と戦後すぐだったため、本がいかにも貧相だ。ハードカバー、布張り表紙、函入りという上製本がほとんどない。古書価が高いのは、もっぱら希少性と人気によるところが大きい。

五歳年長ながら、太宰の死後に作家の活動期が始まった幸田文の場合は対照的だ。作家人生が出版界の高揚期と重なるため、晩年に至るまで、装幀、造本ともに上出来の書籍ばかり世に送っている。全集も二度出たが、特に一九五八〜五九年に中央公論社から出た全七巻全集が凄い。

なにしろ、本体表紙をくるむ布は、染織家・浦野理一への特注で、幸田の好みによる格子柄の手織り。全集完結記念として、この布一反を、百名の読者に贈呈したという。この豪華な別格扱いには、同世代の女流作家がみな嫉妬したと噂が立った。さもありなん。太宰が「生まれて、すみません」と唯一悔いるとしたら、時代に対してだろう。

二〇一八年夏

図書館の受難

「我が名はアラム」などで知られるアメリカの作家、ウィリアム・サローヤン。日本での紹介者は江利チエミ、という説がある。一九五二年、当時十五歳だったチエミがヒットさせた「家へおいでよ」は、共作者もいたが、サローヤン作詞作曲による。文学作品の邦訳は、一九五〇年に始まっていたが、一部の文学愛好家しか、その存在を知らなかった。

再び図書館の受難について書く。何度でも書く。全国の図書館で、蔵書の持ち出し、故意の破損など悪質な行為が後を絶たない。今年三月、九州大の院生が、付属図書館の本をバラし「自炊」していた。清掃業者がごみ置場で見つけたことで発覚。「倫理観のなさを危惧する」と館長は嘆いた。図書館に多大な恩恵を受けている私など、血が凍る思いだ。

サローヤンの代表作に『ヒューマン・コメディ』（関汀子訳／ちくま文庫）がある。第二次大戦中、アメリカの小さな町で懸命に生きる少年を描いた作品。ここに主人公の友だちとして、知的障害を持つライオネルという少年が登場する。彼は文字の読み書きができない。にもかかわらず、本が大好きで町の図書館へ通うのだ。

しかし、彼は知っている。図書館が静かにすべき場所で、本はできるだけ大切に扱うことを……。だから、「抜き足差し足で」歩き、見るために本を手に取る。何が書かれているかわからないが、本の向うに広がる世界に憧れ、うっとりするのだ。図書館職員の老婆は、少年に言う。「さあ、好きなだけ本を眺めてらっしゃい」。

例の大学院生とどちらが賢いかは明白である。

二〇一八年秋

堀辰雄の真髄

日本近代文学の作家は、当時写真が少なかったため、国語の教科書など、たいてい一枚か二枚の肖像写真が使い回される。そのため、少ないイメージで印象が固定するという弊害がある。漱石（旧千円札）、一葉（五千円札）はその代表で、一葉など薄命の美人ということから抜け出せない。

堀辰雄もそうで、丸眼鏡、小さな顎、伏せ目がちというお決まりの顔写真をよく目にし、草食系男子の元祖のようだ。そこへ、フランス文学、軽井沢、結核、「風立ちぬ」のオプションが加わり、繊細で透明な作家だとみんな思っている。作品をロクに読まずに、だ。

堀辰雄全集についた月報が製本された一冊を私は古書市で手に入れ、時々読んでいる。すると、印象が変わるのだ。例えば橋本福夫は、堀が「サツマイモが好きだつた」と回想している。戦時中の食料難とはいえ、堀ファンはちょっとがっかり。親友の室生犀星は、堀があぐらを掻くと、パンツが見えたと証言。婦人の前でもそうだった。パンツ丸見えの「風立ちぬ」！　堀は麴町生まれの向島育ちで、下町の気風を身に付けていたかも知れない。

しかし、こんな話も。フランス語を習いたいという佐多稲子は、教科書からノート、アテネ・フランセの月謝、定期券代まで堀の援助を受けていた。父からの小遣いが減額され、佐多への援助が困難になった堀は、そのことを詫びた。河上徹太郎は、戦時中の学生の「九分九厘までが堀辰雄の愛讀者であつた」と書く。死を直視した若者たちは、肖像写真に惑わされず、堀文学の真髄を見極めていた。

二〇一九年冬

古書に負けない新刊『帷子耀習作集成』

凝った本作りをすることで有名な出版社の編集者Qと話していた時のこと。彼曰く、たいていの新刊は古書に負けている。残るべくして残された古書は、装幀造本を含めて、「いま買っておかないと」という訴求力が強い。「古書に負けないような新刊を作らないと勝負になりません」と。

ところが、二〇一八年秋、「古書に負けないような新刊」が出たとQが言う。思潮社刊の『帷子耀習作集成《かたびらあきら》』がそれだ。著者は男性の詩人。一九五四年甲府市出身。六八年に弱冠十三歳で「現代詩手帖」デビュー。同誌七〇年一月号で現代詩手帖賞を受賞するも、七四年に姿を消した。

早熟の天才が早々と退場……はランボーを想起させる。彼も同じ「伝説」で終わるところを、二〇〇一年に四方田犬彦が一九六八年の鮮烈を「帷子耀覚書」に書いたことで、また点灯した。なんと、その後の本名・大久保正博はパチンコ店社長に収まっていた。

『帷子耀習作集成』は函入り大判の四五九ページ。四千円したが、すぐには手が出ず、私は現物を見ていない。アマゾンでは定価以上の値もついたようだ。「現代詩手帖」二〇一八年八月号で、四方田犬彦・帷子耀・藤原安紀子の鼎談を読み、その一端を知った。

日本のランボーはこんな詩を書いた。「カンシャク玉ごっこの後のうそ寒い焼跡へ見知らぬ生贄の道行の果てしなさはもう焼跡へもうもうともろく飛び散り死水（シャボン）とびおお思いつめての知恵の輪いじりに似る不協和音あれ」（「ふる卵のへりで遊べない朝までは」の一部分）。詩才と衝動が噴出し、花火のように弾けている。

二〇一九年春

江藤淳の文芸時評

一九九二年二月号「すばる」に渡部直己へのインタビューが掲載されている。同誌の渡部による文芸時評は、〇×方式で採点し、物議を醸したのである。この頃すでに文学の危機が叫ばれ、批評も制度疲労を起こしていた。渡部によれば、川村二郎の文芸時評に、批評の役割について思い浮かぶのは「タイタニック号が沈みかけて、その中で依然として音楽を奏でている楽士、それが批評家だ」とあったという。

そう考えると、楽士が響き高く音楽を奏でられた時代があり、その弓の力がもっとも強かった人こそ江藤淳だった。平山周吉による、周到かつ浩瀚な評伝『江藤淳は甦る』（新潮社）を始め、河出書房新社からは読み直しの論集、中公文庫からオリジナル作品集が編まれるなど、再評価の気運が一気に高まってきた。

江藤は漱石論を頂点とする文芸評論のほか、文芸エッセイ、保守派の論客としての発言など広範な仕事ぶりを見せた。しかし、もっとも代表的な仕事は文芸時評ではなかったか。一九五八年から七八年までの二十年間、中断はあったが「私は大抵どこかで文芸時評を書いていた」と、全二巻の『全文芸時評』（新潮社）あとがきに書いている。

私などは、江藤の文芸時評で文学の読みを教えられた。あるいは挟み込まれる寸言にしばし憩うた。「老いを文化の表現としようとする意志を欠いた老年を老醜といい、その意志の稔った老年を豊かな老年というのである」は、小林秀雄『本居宣長』評。江藤は九九年に自殺。享年六十六。「老醜」を恐れたか。

二〇一九年夏

夭折が許されなくなった文学世界

「田辺聖子さんが亡くなって、とても淋しい」と書くのは瀬戸内寂聴。「朝日新聞」連載の随筆「寂聴　残された日々」の二〇一九年六月十三日掲載分から。田辺聖子は二〇一九年六月六日に九十一歳で逝去。享年九十一を追悼する歳上の作家（九十七歳）があり得ることに驚きだ。大変な長寿の時代になったものだ。

「紅葉が三十六歳、独歩が三十七歳、緑雨が三十七歳、子規が三十五歳、樗牛が三十一歳、梁川が三十四歳などと並べてくると、これらの人々の残した仕事が質量ともに一流のもので（中略）、彼らの短命にいまさらながら驚きます」と書いたのは文芸評論家の中村光夫。昭和三十六年一月発表の「年齢」という文章で、中村は五十歳。

中村曰く、長命を保った作家でも、大体三十代に作風や特色は出来上がっていた。大正に到ると、「文壇はさらに青年中心になり、作家は二十代でそれぞれの代表作を書いてしまう。長生きしてしまい、惰性で文業を存続させる例もあったのだ。長生きも芸のうち、というが短命も芸と言えよう。

日本文学では古来、マイナーポエットと呼んで、短命の詩人や作家を贔屓にする風潮がある。啄木、中也、立原、八木重吉、作家では梶井、中島敦など、もっと長生きして円熟した姿が想像できない。透明な宝石のように、小さいながら世界がすでに完結しているからだ。死病だった結核がほぼ根絶し、昭和後半から夭折が許されなくなった。そのおかげで、我々は手元で光る硬質で小さな文学世界の誕生を失った。少し淋しい気がする。

二〇一九年秋

俵万智記念日

一九五〇年代、「チャタレー裁判」渦中の伊藤整は「時の人」だった。西日本新聞連載エッセイをまとめた『文学と人間』（角川新書）はベストセラーに。人気作家の多忙を綴る「私の一日」を読むと、過密ぶりに唖然となる。某日朝、連載中の『日本文壇史』を徹夜で書きあげ、仮眠を取る。午後は講演から原稿受け渡し、打ち合わせをこなし、新聞社で連載二回分の原稿を書いている。帰宅は深夜。

命を縮めるように執筆した畢生の大作『日本文壇史』（講談社文芸文庫）は読み始めると止められない。一七巻第六章は若山牧水を取り上げる。歳上で既婚者の小枝子に恋い焦がれ、明治四十年末から翌四十一年、房総の根本海岸で十二日間をともに過ごす。ここで「あれ？」と思った。というのは、並行して俵万智『牧水の恋』を読んでいたからだ。

旅と酒の歌人を「恋」一本槍で論じた評伝を読むと、根本海岸行きは女性と二人だけではなく同行者がいた（大悟法利雄研究による）。しかも小枝子の従弟だというからややこしい。「くちづけは長かりしかなあめつちにかへり来てまた黒髪を見る」なんてアツアツの歌を詠んだが、第三の男の存在は歌から消されている。

さらにこの本で驚くのは、「惚れてまうやろ！」と俵の大阪弁の突込みが時々入ること。ちょっと意外。調べたら俵は幼少期、大阪で育っている。しかも門真市生まれなら、枚方市生まれの私とは同じ京阪電車利用者で共通する。「同じだね」と知ったからこの日が私の「俵万智記念日」。

二〇二〇年冬

文学はテレビにも必要なのだ

ドラマ「北の国から」が再放送されていて、また観てしまった。一九八一年から放送開始だから、四十年近く前の番組だ。幼い兄妹が電気も水道も通らない廃屋で父と暮らし始める。都会っ子がいきなりの試練。雑木林から木を切り出して運ぶ重労働を、地元民の頼もしい男性（クマさん）が手伝う。

くじけそうになる兄妹に労働の大切を教え、いきなり「お日さんをせながしょえば、はんの木もくだけて光る」と語りだす。兄の純が「何ですかそれ？」と聞く。クマはただぼそっと「宮沢賢治」と答える。引用元は童話「鹿踊りのはじまり」。北の労働者クマは、宮沢賢治が体に入っていて、たちどころに数節を暗誦できるのだ。

暗誦と言えば、郷ひろみがドラマ「ムー一族」の劇中で、いきなり森鷗外「山椒大夫」を諳んじてみせた。「親は子を顧みることが出来ず、子もまた親を顧みることが出来ない。そこは海辺の難所である」。当時私は大学生だったが、「ひゃあ、かっこいい」と思い、すぐさま文庫本を買って読んだ。

思えば八〇年代あたりまで、ドラマに小説や詩が引用されることがよくあった。「天国の父ちゃん　こんにちは」は、寡婦の森光子が下着の行商をして子どもを育てる話。息子が「お母ちゃん、あれやってえな」と言えば、森光子が「貧しいから、あなたにさしあげられるものといったら、柔らかな五月の風と、精一杯愛する心だけです。でも、結婚してくれますね」と亡き夫からのプロポーズの詩を詠む。これには泣けた。やっぱり文学は人生に必要なのだ。

二〇二〇年春

坪内祐三、田村治芳、中川六平

今年まず我々読書人を驚かせたのは坪内祐三の急逝だった。追悼号となった『ユリイカ総特集　坪内祐三』は、六十一という享年を悔やんで止まない人々の思いが集まり、稀に見る充実した号だった。多彩な執筆陣の中に、本当なら当然入っていた二人を思い浮かべていた。坪内が連載を持った書物雑誌「彷書月刊」編集長の田村治芳と、晶文社を中心に注目すべき本を続々と世に送り出した編集者・中川六平だ。田村は二〇一一年に六十歳、中川は二〇一三年に六十三歳で逝去。六十は死のトンネルなのか。中川は遺稿追悼集『おーい六さん』が、かつて部下だった大河久典の手で、今年二月に私家版として編まれた。こちらには間に合った坪内祐三が一文を寄せている。

坪内の初の著書『ストリートワイズ』（晶文社）の編集担当が中川だった。出会った頃を懐かしみながら、「中川さんは人と人とを引き合わせる、まさに天性の編集者だった」と坪内は書く。所縁の人が声を寄せた『おーい六さん』を読めば、坪内評が墓碑銘に使えるぐらい、ぴったりだと分かる。

坪内を筆頭に、田村治芳、石田千、高橋徹、扉野良人など、初の著書が中川の編集というケースが実に多い。酒場で初対面の人に、「本を書かないか」と声をかけていた。今や人気絵本作家のミロコマチコもその一人。「書きたいことがない」とミロコが言うと「いや、君には書きたいことが、ある!」と断言され、文筆の道を意識するようになった。

あの世の田村も中川も、あんまり早く坪内が追いついてきたので驚いていることだろう。

二〇二〇年夏

欲しい本リストを作る

つい最近、古本市の廉価台で江戸川乱歩『黄金の怪獣』を買ったのにはわけがある。ポプラ社刊「少年探偵団」シリーズの一冊だが、前所有者の少年が巻末の全巻一覧リストに書き込みをしている。「もっているもの」には○、「ほしいもの」には△を頭の数字につけているのだ。全四六巻中三十二冊を所持。欠巻を埋めるのが待ち遠しかったろう。

私にも覚えがある。本を買い始めた中学生の頃、星新一や筒井康隆の作品が各社文庫に分散していて、自分で書き出してリストを作った。買ったものにはチェックを入れる。それを眺めながら次はどれを買おうかと考える。いわば読書のオプションだが楽しい時間だった。読書そのものより楽しかったかも。

「リストから読書ははじまっている。」と帯に惹句がある『本のリストの本』（創元社）が出た。南陀楼綾繁、書物蔵、鈴木潤、林哲夫、正木香子の共著で、いずれ劣らぬ本好きの猛者たち。手分けして「ある古本屋の架空図書」「手書き文字のマンガ」「戦前のベストセラー」「私が集めた漢詩集」など「本のリスト」を挙げ解説する。まことにユニークな企画だ。

「戦没学生たちの手記に残された本のリスト」は、死の恐怖を前にして「本のない状況での『書物へのノスタルジー』」が語られ胸を衝く。共著者の一人・南陀楼は書く。「インターネットのない時代には、著者や出版社、刊行年などひとつひとつのデータに重みがあったように思う」。今はたやすく情報が手に入る。しかし簡単に見つかるなら四つ葉のクローバーの値打ちはない。

二〇二〇年秋

上京と文学

「『太宰の跨線橋』岐路」という見出しの記事が「読売新聞」夕刊（二〇二〇年十二月三日付け）に掲載された。JR中央線の三鷹駅東にある鉄橋のこと。晩年を送った太宰ゆかりの場所として唯一現存するのがここ。多くのファンに愛されたが、一九二九年の設置以来老朽化が激しく、所有者のJR東日本と三鷹市の間で撤去か保存かで綱引きが行われているという(二〇二三年十二月より解体開始される)。

私は関西からの上京者だが、東京には歌謡曲、映画、文学に登場する町や場所のおびただしい痕跡があることに気づいた。特に文学。本を片手にそこで描かれた町を散歩するのが趣味になった。荷風と東向島、漱石・鷗外・一葉と本郷、芥川・犀星と田端、宇野千代と大森など挙げ始めればきりがない。

町名や風景は変わっても川や坂、学校名やモニュメントに作品を偲ぶ手がかりが残されている。いわば生きた文学鑑賞で、それだけでも上京した値打ちはあった。ちなみに私は、村上春樹が最初にジャズ喫茶を開いた国分寺市に在住。読み始めたのは関西だが、東京で読むと村上の世界がじつにリアルな体験となった。

ピアニストで文筆家の青柳いづみこが『阿佐ヶ谷アタリデ大ザケノンダ』(平凡社)をこのたび上梓。著者は祖父・青柳瑞穂邸に今も住むが、ここに井伏鱒二、太宰治、上林暁、木山捷平など中央線文士が集い、酒、将棋、骨董で夜を明かした。町の名は記号としての固有名詞ではなく、そこに暮らした人々の吐息や喜びが沁みつき熟成される。タイトルは井伏が訳した漢詩の一節に由来する。阿佐ヶ谷は大酒に似合う町だ。

二〇二一年春

「注解」小考②

川本三郎『「細雪」とその時代』（中央公論新社）が鮮やかだったのは、和服、船場言葉、京都の花見と「和風」と目された小説をモダニズムで読みかえたところにある。いつもながら広く資料を読み込む技術はさすがだが、今回、新潮文庫版の注解を重用しているのが目についた。たしかに細江光の仕事は画期的なものだった。

私も以前から、新潮文庫における細江注解を唸るような思いで読んでいた。『蓼喰う虫』も谷崎の関西移住後の作品だが、性の不一致で離婚寸前の夫婦の話。父親に誘われ文楽を見に行くのを妻の美佐子が「どうせ据わるんでしょう?」と忌避する。細江注は「弁天座は、椅子席ではなかった。モダン・マダムの美佐子は、正座を苦手とする」と解いた。痒いところに手が届く、とはこのことだ。

従来の文庫注解より数が多いのに加え、あくまで作品の背景、時代に合わせ調査し、成果を惜しげもなく蕩尽する。そのお手並みは、『細雪』（上中下）でもいかんなく発揮されている。「桂春団治」を注するに、従来は新潮文庫旧版担当の三好行雄も講談社文庫版の島田昭男も疑いなく「二代目」とした。ところが細江は、これを時制から考え「初代」だと訂正。刀の切れ味が違う感じである。

文庫の注解は労多くしてギャラは少ない。明らかに辞書をそのまま引きうつしたお粗末な例も見られる。細江光注解はそれだけ読んでも面白い。私が怠惰な文学部学生だったらこれで卒論を書く。怠惰な教授は元ネタを知らず驚き、深々と頭を下げるはずだ。

二〇二一年春

個人の日記の魅力②——読書家の郵便局員の青年

『股旅堂古書目録24』が届いた。三百ページ近い古書の通販カタログである。古書購入がネット全盛になった現在も、顧客の心をつかむ紙の目録は健在である。ネットでは目掛けた一冊しか購入しないが、本の森を逍遥するように種々雑多な未知の書目を眺めているだけで楽しい。まだまだ、そういう「愛書狂」が存在するのだ。

「股旅堂」目録のユニークなところは、エログロ、性風俗、盛り場、犯罪、明治・大正・昭和の海外渡航記、金儲けなど「裏街道」の本や資料を集めていること。内容の解説、書影とともに資料的価値も高い。戦後まもない浅草「ロック座」のパンフなど触手が動く。特筆すべきは個人の自筆日記の一群。昭和十二年、尾道高女の「愛国」少女夏休み日記は七千円だが読みたいなあ。

じつは私も密かに無名の個人自筆日記を収集している。三十冊はあるか。時代の生々しい証言であるとともに、見知らぬ故人の魂と対話しているような気になるのだ。『新文藝日記

1927』は元旦から大晦日までほぼ漏らさず記述がある。記名はないが、この年数えで二十歳の青年で、広島県呉市倉橋島在住と分る。

地元郵便局勤務のこの若者、恐るべき読書家で巻末の「知友一覧」にも出版社の名前が並ぶ。本が友だちらしい。毎日、読書を欠かさず、注文した本が届くのを心待ちにし、喜びを日記にぶつける。文芸書が多いようだ。そんな「愛書狂」くんが十一月末、ついに上京していく。このあとどうなったのか、先を知りたくてたまらない。

二〇二一年夏

一九七九年の「学生村」

夏になると読み返したくなるのが開高健『輝ける闇』だ。一九六四年から六五年にベトナム戦争を取材した体験が小説化された。取材に同行した新聞社のカメラマンが秋元啓一。二人はジャングルの銃撃戦に巻き込まれ、二百四人が十七人になった生き残りだった。その秋元啓一が一九七九年六月にガンで死去した。

そのことを話題にした夏があったことを思い出した。「学生村」というものをご記憶だろうか。信州一帯で受験生に部屋をひと夏開放する民宿をそう呼んだ。受験生ではなくなっていた私だが、木曽の「学生村」に投宿して論文を書く友人に誘われて、一週間だけつき合った。午前中は村を散歩（大きな滝があった）、午後は読書の日々。この時も『輝ける闇』を読んでいて、開高ファンの友人と秋元啓一死去を一九七九年夏に悼み、戦友を失った開高の失意を慮った。

私が投宿した「学生村」の茶の間に本棚があって、学生たちが読み捨てたか忘れたかした本が並んでいた。文芸書や山岳書、雑誌など。どおくまん『嗚呼!! 花の応援団』もあった。その中に文庫クセジュの一冊、ジャン・ブラン『エピクロス哲学』を見つけた。

快楽主義者で知られる古代ギリシアの哲学者の解説書である。最初の数ページ、赤線が引きまくっていて途絶えている。難解だったのだろう。私は下界へ戻ってから、古本屋で同著を見つけ購った。現実のわずらわしさを解消する快楽こそを肯定するエピキュリアンに惹かれたのだ。じつはこの本、今でも持っている。

二〇二一年秋

池内紀さんのこと

パソコンを置いた机がわが日々の主戦場で、ソファーに寝転がっている以外は大体ここで椅子を温めている。机の一番上の引き出しは、とにかく邪魔な小物をどんどん放り込むため、爪切りやハンコ、ピンバッジにクリップ、ボールペンのキャップ（捨てろよ）など雑多にひしめき、小学生みたい。そこで、あるものを探していたら、厳重に封をした一枚のはがきが見つかった。

開けてみると池内紀さんからのもので、書評を書いた礼状だった。コロコロ転がりそうな独特の書体は、私の住所の町の近くにかつて住んでいて「しみじみした思いです」と告げている。敬愛する書き手とお近づきになれたようで私もなんだかうれしい。はがきを受け取った時の、中学生のようなまだうぶなときめきを思い出した。

『すごいトシヨリ散歩』（毎日新聞出版）は、池内さんと親交深かった川本三郎さんとの対談集。旅、読書、映画、音楽、食（美食にあらず）など、博識で散歩好きの二人が縦横に自在に語り合っている。その楽しさは、西日の当たる放課後の教室で、高校の先輩と後輩が好きなことだけをおしゃべりする様を想起させる。

共通するのは宿も食事も庶民的を心掛けること。そこでこんなエピソード。澁澤龍彦夫人を中心とする旅に二人とも招かれたが、一泊四、五万円もする高級旅館だった。川本さんが部屋のビールを「高いですよ。いまから外で買ってこようか？」と言ったと池内さんがうれしそうに回顧する。池内紀。二〇一九年八月逝去。合掌。

二〇二二年冬

函入り本

私が「サンデー毎日」の書評ページに関わり出したのがたぶん一九九二年ごろ。以来、無署名時代を含め約三十年、同誌をベースキャンプとして本の紹介をしてきた。定期的に編集部へ通い、献本の山を崩してひと通り通覧し本選びをするのだ。出版業界の三十年にわたる変化を肌で感じてきた。この経験は大きい。

二〇〇〇年に入ったあたりから顕著になったのは、私が知らない書き手が増えたこと。小出版社の健闘が目立つこと。そして、函（箱）入りの本が減ったことが挙げられる。全集類は別にして珍しくなった。安岡章太郎『カーライルの家』（講談社、二〇〇六年）は素晴らしい函入り本だったが。装幀は祖父江慎。

若い人に函入りの本を見せたら、見たのは初めてと驚いていた。コストがかかるのが最大の理由だろう。専門の製本業者も減ったと聞く。しかし、函入りの本は本体保護という実用面以外にも、手に持った重量感や本を抜き出す時にかかる手間が、読書という時間を豊かにしている。分かっている人には説明不要であろう。

役目を終えた函入り本は、いまや古本屋の廉価・均一棚で大量に見ることができる。つい先日も某店で澁澤龍彥『偏愛的作家論』（一九七二年、青土社）を三百円で買った。文庫版は所持しているが、白い大判の函、瀟洒な簡易フランス装の造本にため息が出た。喫茶店のテーブルに乗せ、ゆっくり引き出しながらページを開く時、この時間を決して手放すことはしないぞと誓ったのである。

・「受賞」について

第一六七回芥川賞・直木賞の候補作が発表され、ちょっとした話題になっている。というのも、芥川賞の候補者全員が女性だったから。小砂川チト、鈴木涼美、高瀬隼子、年森瑛、山下紘加の五名。これは史上初のこと。直木賞の方も候補者五名のうち男性はたった一名。オセロなら残る一つもひっくり返ってしまうところだ。

芥川賞受賞者に女性の名が目立つようになったのはここ十年くらいのことか。そもそも選考委員は全員男性で女性に分の悪い時代があったのだ。一九五〇年代にデビューした曽野綾子と有吉佐和子は一九三一年生まれの同い年。光り輝く才媛だったがともに芥川賞の候補となりながら落選している(有吉は直木賞も……)。

それでも有吉はいくつかの文学賞に恵まれたが、曽野は長らく無冠だった。佐伯彰一『回想《メモ》 私の出会った作家たち』(文藝春秋)で、一九八〇年の第十九回女流文学賞に曽野が決まりながら、固く拒んだエピソードが披瀝されている。仲裁を頼まれた佐伯に「私は長い間、何だかまるで賞と縁がなくて、(中略)これが神のご意志だと信じて」と断った。「神のご意志」に怨念がこもっている。

芥川賞に五回、候補になりつつ四十一歳で自死した佐藤泰志。その評伝『狂伝　佐藤泰志　無垢と修羅』（中央公論新社）を読むと、佐藤が候補となった一九八一年下半期から八五年上半期までの八回中、五回が「受賞作なし」。恐るべき冬の時代だった。太宰治も村上春樹ももらえなかったのだ、とあきらめるしかないのか。

二〇二二年夏

受験生よ、上林暁が読み解けるか！

目を離している隙に、大切にしている月見草を庭師が切ってしまった。その喪失にうちひしがれ、友人とともに多摩川の河川敷に咲く月見草を摘みに行く。上林暁「花の精」はそんな話だ。山本善行は編者として『星を撒いた街　上林暁傑作小説集』（夏葉社）にこの一編を選んで入れた。二〇一九年の大学センター試験の「国語」に出題され、仲間うちで話題になったことも記憶に新しい。

私は『武蔵野』（現代教養文庫）に再録されたテキストを読んで、わざわざ小説の舞台となった府中市「是政」駅（西武多摩川線終点）へ文学散歩を試み、月見草を発見したことを某媒体に書いた。ところが返ってきたゲラは、引用にした本文に目を覆いたくなる疑問だしの指摘が鉛筆書きされていた。思わず頭を抱えてしまった。

しかし、これは当たるべき原典が違っていたのである。校正者が見たのはおそらく全集に準拠した夏葉社版。『武蔵野』版は大幅に手を入れた別バージョンなのだ。私はさっそく上林暁全集の第四巻を開いたが、なるほど後者版には削除があり、句読点の変更や細かい表現に異同がある。しかも肝心の部分が省かれていた。

上林暁は『聖ヨハネ病院にて』など病妻ものを代表作とする。妻の発病が一九三九年。「花の精」初出が翌年。初出には妻の入院に触れ、姿を夢に見るまでの妻恋が切々と書かれている。妻を託した月見草が切られたからこそ「私は胸がドキドキして、口がきけなかった」のだ。受験生たちにそれがわかっただろうか。

二〇二二年秋

本の横積み・縦置き

江戸時代の古書好きが登場する映画を見た。田坂具隆監督『冷飯とおさんとちゃん』（一九六五年東映）は、山本周五郎の短編を原作とする三作オムニバスで、いずれも主演は中村錦之助。「冷飯」は旗本四男、つまり「冷飯」食らい大四郎が主人公だ。彼の唯一の趣味が古文書漁りで、部屋の棚は古書だらけ。誰か（私です）みたい。

部屋住みから抜け出すには分家か養子、お城へお召し出しされるしかないが望み薄。しかし、明るさを失わぬ真っ直ぐな青年を若き錦之助が好演する。ところで、大四郎の蔵書は「和書」だから、棚に横積みで並ぶ。安定感はあるがタイトルの隠れるのが難点で、短冊に書名を記し、本と本の間に挟み込みぶら下げている。

日本の書物は近代に入り、洋書にならって造本され、縦に並べるようになった。本棚に縦置きが基本。しかし、ついつい床や階段に積み上げて、誰か（私です）みたいに収拾がつかなくなる。ところが作家の津村記久子は「棚と大人」（「朝日新聞」二〇二二年十月十九日付）で、引越しを期に本棚を持たなくなり、「買った本は床に横置きしている」という。和書時代以来の横積みの復権か。

昔の古本屋は横に積んだ本の山が通路を塞いでいた。それが新刊書店との大きな違いだった。近年、そんな光景を見なくなったと思ったら、先日、東京・港区三田の「小川書店」で、通路を横に積み上げた本の列を見た。腰の高さぐらいまで整然と見事に本の山脈がどこまでも続き壮観であった。お近くへ立ち寄られたらぜひ。

二〇二三年冬

変わる神保町２０２３

取るものもとりあえず神保町、というところが私にはある。都心に出かけて、少し時間が空いたらここへ向かう。古書店が約一三〇軒プラス大中小の書店が集中するこの街ならいくらでも時間がつぶせるからだ。かつては週に一、二度は通っていたが、コロナ禍で軒並み休店状態が続き、この数年、足が遠のいていた。

ようやく復調し、久しぶりに訪れてみると色々と変化があった。音楽書や楽譜専門店の「古賀書店」が閉店し、文学に強い「田村書店」が営業日を減らし、何より「三省堂書店本店」が建て替え工事中のため白いフェンスで覆われていた。隣りの「三茶書房」とともに、本の街の関所のような存在だっただけにショック。

近頃、一番驚いたのは神保町唯一のパチンコ店だった「人生劇場」が閉業し、そのあとに古書の「@ワンダーJG」が入ったことだ。なにしろ一二〇坪はあろうかというフロアを古本が埋め尽くす。ほぼ全ジャンルを網羅し、整然と棚が並ぶ様は壮観である。思えば「人生劇場」も景品交換として大量の本を店内に並べていた。パチンコ玉が吉本隆明や小林秀雄の『本居宣長』に化けたと話題に。

神保町を舞台にした紀田順一郎のミステリ『古本屋探偵の事件簿』（創元推理文庫）には古書の街およびそこに巣くう偏狂的な本マニアの姿が活写されている。「本探しの極意は熱意ではない、殺意だ」とか、目盛りのついたステッキを持ち、その高さまで買わないと錯乱状態となる老人など、今でも似たような人がおりますよ。

二〇二三年春

北原白秋先生のお仕事

カバーなし（裸本）ながら瀟洒で簡素なたたずまいに惚れて一冊の本を買った。背に金文字で「竹林清興　俳句集　北原白秋」とある。昭和二十三年靖文社刊。短歌、詩、童謡と詩歌のデパートのような巨人が俳句を詠んでいたとは知らなかった。「白雨や雀それゆく藪の揺れ」と白秋らしい作もあれば、「へこんだフットボールの革バルコンの陽だ」と自由律も。ただし、あんまり上手くない。

白秋の名に反応したのは、じつはこんなことがあったからだ。前々から「唄はちゃっきりぶし　男は次郎長」（「ちゃっきり節」）というフレーズに感服していた。静岡名物を織り込んで印象的。広告コピーとしても一流だ。作者が北原白秋とわりあい最近知って、なあんだ、出来がいいのも当たり前かと得心したのだった。

江戸期から存在する民謡かと思ったら、これは大正から昭和初期に作られた新民謡。しかもかつて静岡市近郊にあった狐ヶ崎遊園地開園のため白秋に依頼されたCMソングだと知る。生田誠『図説なつかしの遊園地・動物園』（河出書房新社）にくわしいが、静岡鉄道「狐ヶ崎駅」駅前に昭和二年に開園、平成五年に閉じたという。この遊園地を全国的に有名にしたのが「ちゃっきり節」だった。

作詞するため静岡の花柳地に長逗留し、芸者遊びを続ける大先生。一向に仕事をする気配なく依頼主がやきもきしていると、芸者の「蛙《きやアる》が啼くから雨づらよ」と漏らした静岡弁を聞き逃さず、巧みに詩に織り込んだ。いやあ、「ちゃっかり」している。

二〇二三年夏

「紙の本」再考

二〇二三年七月、第一六九回芥川賞・直木賞の発表があった。話題となったのは芥川賞の方。『ハンチバック』で受賞した市川沙央は、先天性ミオパチーという難病を背負い、授賞式も電動車椅子での登壇だった。過去の受難に対する怒りをぶちまけ、受賞作の執筆は「復讐をするつもりでした」と述べ、「圧」の強さが際立った。

おかげで直木賞受賞のお二人の影がやや薄くなったのは気の毒でした。また市川は、一六九回を数える芥川賞史上で障害者のなかったことも難じた。たしかに直木賞にもいないが、寝たきりで江戸川乱歩賞を獲得した仁木悦子、歩行不能で関東大震災に遭遇し行方不明となった俳人の富田木歩、足立巻一が『鏡』で著した、背筋が湾曲した夭折詩人・九鬼次郎ほか障害を持つ表現者は過去にもいた。

市川沙央については「朝日新聞」が連日のように記事で触れ激震は続いた。なかでも重度障害で身体が自由に動かせないことから「私は紙の本を憎んでいた」と告発させた作中人物の言葉は重く響いた。紙の本を優位としそれを是とする読書文化を「マチズモ」とし、「その特権性に気づかない『本好き』たち」を「傲慢」と退けた。

これにはまいった。日頃、その手触りや匂い、装幀や函入り本の美術性、ページをめくる至福を説き続けている私などマッチョそのもの。ムキムキマンではないか。それを享受できない少数者を視野に置かない読書論はもはや無効だろう。ただ六十六歳の私が、残り少ない人生を紙の本に埋もれて送ることをお許しください。

二〇二三年秋

第五章　古本屋見聞録

私の古本屋体験記

あらためて私の古本屋体験から。

私は三十歳過ぎまで大阪、京都、少し滋賀と関西で過ごし、一九九〇年の春に上京してきた。だから関西と東京の両方の古本屋を知っている。のち、古本屋取材、古本についての文章を雑誌で書くようになり、日本中の店を巡ってもいる。客としてのキャリアは四十年以上。「一箱古本市」という素人参加の古本フリマにも長らく出店し、いわば店主側からも客を見てきた。古本屋血中濃度はかなり高い。

本格的に客として古本屋へ通うようになったのは高校時代。京阪電車という私鉄沿線の高校へ通い、土曜日の放課後など、沿線にある古本屋へ立ち寄るようになった。文学に夢中になり始めた頃のことである。少しでも安い本、見たこともない本を入手する手段として、新刊書店ではなく古本屋を発見したのだ。

高校通学に利用する最寄り駅周辺にも小さな店はあったが、いちばんよく通ったのは千林商店街。安売りの庶民的な商店街として有名だが、それに連結する今市商店街とあわせて四、五軒のいわゆる「町の古本屋さん」があった。つまり、雑誌やマンガからエロ、辞書や歴史書、文芸書から理工書までなんでも扱うタイプの店だ。

高校の現代国語の教科書で知った作家や、その周辺の作家の本を、とにかく読みたくて制服のまま通うようになる。これはじつに楽しい体験だった。

文学好きの友だち、古本屋通いをする同好の士もなく、たいてい一人。連れがあると気兼ねするので、古本屋巡りは単独にかぎる。これは今もそのまま習慣として残っている。誰にも邪魔されず、思う存分、古本に触り、古本と戯れたいのだ。

ただし、あんまり頻繁に本を棚から出し入れして、値段だけ確認して元へ戻すようなことをすると店主から注意を受ける。まだ古本屋の流通システムや経営について、何にも知らなかったが、古本屋の商品は、すべて店主の眼力で仕入れたもので、新刊書店のように売れなければ返品というわけにはいかない。売れるまでは、いわば店主の蔵書なのだ。

事実、本の後ろ見返しにある価格を、かたっぱしから見て店主に怒られたことがある。「こら、そんなにむちゃくちゃに触ったら、本が傷むやろ！」と言うのだ。これには恐れ入った。

一九七〇年代前半、喫茶店のコーヒーがだいたい百円ぐらいの時代に、そのコーヒー代より安い本を探していた。古めの文庫本なら、二十円、三十円から買えたのである。いい時代だなあ、と思われるかもしれないが、そうではなく、じつは古本の値段は平成頃から全般に暴落しっぱなしで、いまの方がだんぜん安いのである。

大阪の下町といっていい庶民的な商店街で、数軒の古本屋を順に巡っていると、そのうち色々なことに気づくのだった。

当時、高校生の私が買おうとしていたのは文学一本やりで、漱石、鷗外、芥川といった近代文学から、星新一、筒井康隆などのSF、吉行淳之介、安岡章太郎、庄野潤三など「第三の新人」の諸作、遠藤周作と北杜夫、それに現代文学のトップを走っていた大江健三郎、開高健、安部公房など、これらが続々と文庫化された時代だった。

ある時、某店店頭の均一（廉価本の売られたコーナー）で、大江の初期作品の文庫を手にとっていると、背広姿の中年男性が「ほう、兄ちゃん、そんな難しい本、読むんか。えらいなあ、学者やなあ」と言われたことがある。ほかの客に話しかけられたのはそれが初めて。新刊書店では考えにくく、入口の狭い古本屋が生み出す、何か親密な空気のなせる業ではないか。

しきりにひとり言を言う客もいた。本を手に取り、「これ（作家の名前）、昔はもっとよかったんや。あかんようになったなあ。失礼なやっちゃ」と、けっこう大きな声で喋っている。（どっちが失礼や）と思ったものである。

高校の制服を着たまま、もっぱら文庫ではあるが文芸書を漁っている姿は珍しかったらしく、読書指導を客から受けたことがある。いまやちょっと恥ずかしくて、さきほど名前を省いたが、じつは五木寛之を熱心に読んでいた時期があり、『さらばモスクワ愚連隊』か何かを立ち読みしていたら、おじいさんが表紙をパッと覗き込み、「そんなん、読んでたらあかん。三島を読め、三島を」と怒るのだった。余計なお世話だと思ったが、大阪の町は、他府県よりはるかに人と人の距離が近い。他の町でならびっくりするようなことも自然に起きるのだ。

一回の古本屋巡りで、粘りに粘って買うのはせいぜい二冊か三冊。しかし、これはアーリー文学小僧だった私にとっては、光り輝く買い物であった。喫茶店でコーヒーを飲む、なんていうのはもったいない。そのお金があれば、単行本だって買える。立ち食いソバ、なんてのも食べなかったなあ。「王将」で餃子がひと皿、その頃八十円だったか九十円だったか。あんまり腹が空くと、それをひと皿。出てくる間に、カウンターの席で買ってきた本を少し開いてみる。

古本はページを開くと、プーンと独特の匂いがした。紙の匂い、インクの匂い。それが古本屋の棚で熟成された、独特の香りを放つ。それがイヤだという人もいる。しかし、私にとっては、それこそ「文学」の香りだったのである。

古本屋という職業

古本屋を巡っていると面白いことがある。

某月某日、中央線沿線の店でのできごと——。店主とはなじみがあり、レジ付近で軽口が叩ける間柄である。共通の知り合いの話などしていたところに七十代後半と見える老女が入店してきて、「あのう……」と切り出した。お邪魔すると悪いので、私は少し離れて耳だけ向けていると、探究書の相談で「〇〇のりょこうしゃ、という本を探している。早川書房から出ているらしい」という。「〇〇」はこの時、聞えなかったが、探究書が「ああ、いまうちにありますよ」というケースはまずほとんどない。広めの店で在庫二万冊としても、その中に、ピンポイントでお客さんが探している本が合致することは奇跡に近い。

店主は「りょこうしゃの『しゃ』は会社の『社』ですか、人の『者』ですか」と聞いて「者」だと返ってきた。すぐレジにあるパソコンで検索して、「これは映画のタイトルですね、『偶然の旅行者』……」というのを聞いて、私の灰色の脳髄がバラ色になった。会話に割り込み「あ、原作は『アクシデンタル・ツーリスト』だ。作者はアン・タイラー。ハードカバーで、映画はウィリアム・ハートとキャスリン・ターナー、ジーナ・デイビスですね」と聞かれもしないことが、数珠つなぎで出てきた。
「あ、そうそう」と老女。「ペーパー・バック（文庫のこと）が出てると思うんだけど」と続けて言うので、「いや、あれはハードカバーだけで文庫にはなってないんですよ」と教える。「でも……」と食い下がるので、「ぼくは現物を持っているので間違いないです」と、なんだか判事みたいになってきた。店主は『アクシデンタル・ツーリスト』で「日本の古本屋」で検索。すると一点しかなく、三千円強の値がついている。うーむ、あれば百均の棚にあるような本だが、数が少ないとそういうことになる。よく売れた本でも、文庫になっていないと探すのはけっこう骨かもしれない。残念そうにしている老女に、「家で見つかったら、この店へ持って来ますよ」と実現の可能性が低い約束をする。「ぜひ、お願いします」と言って店を出て行った。

アン・タイラーなど、わずか十五から二十年ぐらい前までは、文春文庫が独占に近い形で邦訳を出していて、いずれもよく読まれていたのに（山田太一が大ファン。作家の平安寿子の筆名はアン・タイラーによる）、気が付くと『歳月のはしご』も『パッチワーク・プラネット』も『結婚のアマチュア』も、あれもこれも品切れになっている。話題に上がることも少なく、そうなるといないのも一緒で、古本屋でようやく口の端に上り、まだ頼もしい読者がいることが分かる。

古本屋での店内におけるこういうやりとりは初めてではなく、店にちょうどいて、お客さんと店主のやりとりを聞いて口を出すことは何度かあった。私だけでなく、老練の常連客は店主や店員になりかわって、ほかの客にアドバイスすることがあるものだ。知識屋は「教え屋」でもあるのだ。

私はもう少し年老いて、書く仕事も減ったら、知り合いの古本屋さんに雇ってもらって、そういう仕事がしたいと思っている。つまり、レジ脇か暖かい日なら店頭に椅子を出して、首から「古本なんでも相談係」の札をぶら下げる。そして、客からの探究書や、読書全般の相談にのる「古本じいさん」になるのだ。

「ああ、それならむしろ、昭和四十年代に出た角川文庫を探す方が早いですよ。星新一、筒井康隆、小松左京、眉村卓など、日本SFの宝庫でした」などと言う。「なるほど、そしたらO・ヘンリーを読んでごらんなさい。短編小説を書くヒントが得られるし、芝居の脚本を書くのにも勉強になるはず」とか。これはいいかもしれない。

古本屋という職業は、単に商品としての本を棚に並べて売ることだけにとどまらず、時に客に情報を提供したり、パソコンが苦手な高齢者のために検索して、場合によっては注文、代行者として本を買ったりもする。そうしているという声をけっこう聞くのだ。もちろん、これは利益にはならない（手数料を取ったりはしない）。長い目で、顧客になってもらうためのサービスである。本の話をするのが大好き、という人種がまだまだ大勢いて、古本屋はそれらの声を聞く駆け込み寺のような存在でもある。

京都市左京区に「古書善行堂」という、開店十年になる店がある。店主は古書についての著書も持つ山本善行（友人なので、さん付けはしない）。彼が書いているブログなどを読んでいると、客としょっちゅう会話して、ときに「こういう本があるから読んでごらん」と奨めている。先日も洲之内徹を知らない客に教えて、喜ばれたと書いていた。「芸術新潮」に長らく「気まぐれ美術館」シリーズという美術エッセイを連載した画廊主だが、文章も人物もめちゃくちゃ魅力がある。知らないと、なかなかその存在に近付けないタイプの書き手（ベストセラー作家ではない）でもあるから、善行堂のような橋渡しが必要だ。

こうなると、同じ本がほかの古本屋で売られていても、善行堂へ行こうという気になるだろう。「古本ソムリエ」と自称するのも、よく分かるのだ。

彼の店に熱心に通ってきた顧客の一人に、清水裕也さんがいて、それまで古本にまったく興味がなかったのに、「古本ソムリエ」の指導で、ずぶずぶと古本の沼にハマってしまった。そうして善行堂との共著として出来上がった『漱石全集を買った日』（夏葉社）には、清水さんがこれまで買った古本（ほとんどが善行堂）を本棚に並べた写真がカラー写真で掲載されている。驚くべきは、わずか数年で、文芸書を中心とした渋めの老練な読書人のレベルに達していることだ。こうなると善行堂は古本の道場で、清水さんはいわば免許皆伝の客でもある。

もちろん、そうしたやりとりを嫌がる店主や客もいるだろう。しかし、これから本を好きになりそうな若い客には、「善行堂」のように店主の方から話しかけてもいいのではないか。

新刊書店の店員さんは忙しすぎて、同様の対応に躊躇するだろうし、自分が生まれる前の出版知識を仕入れる時間と余裕がない。古本屋という職業が、これからも生き残る一つのヒントがそこにあるという気がする。ないと、絶対に困るのだ。

店主とのお喋りはやめられない

じつは二〇一九年ぐらいから、こんなに古本を買わないことってわが生涯で珍しい。まったく買わないわけではない。切れたタバコを買うぐらいには、一週間に数冊とかは買っている。最盛期はそんなものではなかった。いちいちカウントしているわけではないから、正確なところは分からないが、おそらく月に買うのは百冊以上。ときに数百冊。ほぼ毎日、どこかの古本屋へ顔を出して均一(店頭の廉価品)を漁り、週末には神田、五反田、高円寺で開かれる古書会館の古書展(一般客向け古本市)や、デパート展などへも通っていた。

自分で読む、親しむうちはそんなに買う必要はない。路上で素人が本を持ち寄って売るフリマ形式の古本市「一箱古本市」が各所で開かれ、そこに店主として参加するようになってからバカ買いが加速してしまったのである。つまり、自分のため、というより商品の仕入れとして古本を買うようになった。売れ筋と踏んだら、すでに持っている本でも買う。それも何度も買う。「いちおう買っておくか」の「いちおう」が曲者で、ほとんど歯止めがなくなってしまった。

以前、住んでいた市の公民館みたいな場所で年に一度開かれる古本バザーは、値段が思いっきり安い（二冊で百円とか）ということで恰好の草刈り場となってしまった。一度に五十、六十冊買うのは当たり前になって、古き良き読書人時代の底が抜けてしまった。年に千冊単位で蔵書が増殖していく端緒がこれである。「一箱古本市」で売れると言っても、持ち込めるのはせいぜい五十冊で、完売したこともあるが、多くは半分くらいしか売れない。残るのは不良在庫となる。おもしろいもので、売れ残ったといっても、本は生鮮食料品のように品質や価値が劣化するわけではないのに、なぜか二度目、三度目の出馬をしても売れないことが多かった。輝きを失うのであろうか。じつに不思議である。

もう、五年か六年前から、いっさいの「一箱古本市」系の出店から手を引いた。行けば、未知の読者や知り合いに大勢会えて、それだけでも楽しいのだが、ひどく疲れを覚えるようになってきた。仕入れや交通費、出店料や雑費を引いて一日の利益が五千円切るとなると、やっぱり本業のもの書きを優先させたい、と思うようになってくる。そんなわけで各種古本市や古書会館の古書展へも足が向かなくなったのである。神田や五反田へは、もう三年ぐらい行ってないのではないか。ずいぶんとお見限りね、本当に。

それでもまったく買わないわけではなく、書評家と名乗る通り、ひんぱんに各出版社から新刊の寄贈もある。岩から染み出る水のように、乾いたままというわけにはいかない。近日中に、知り合いの古本屋さんに来てもらって、何度目かの蔵書大量処分を行う。三十本はある本棚はすべて埋まり、それと同等の量が床にはみ出している。階段にも本は積み上げられ、私が仕事場兼書庫にしている地下で息を引き取っても、階上へ死体を運び出せない事態となってしまっている。これはいけませんねえ。

とは言いながら、禁酒した男が酒屋の前に来ると、つい鼻の穴を開かせるように古本屋へは依然として立ち寄るし、棚も熱心に眺める。これは野球選手で言えば「バットの素振り」みたいなもので、棚の背文字を追う、チェックすることが古本道における「精進」なのだ。この行為の積み重ねが、古本的思考や知識を育てていく。古本の情報はまず本の背表紙から多く得られることは経験上分かっている。同じ書体で冷たく並べられた書誌用法は並列で、そこに記された以上のことを与えない。函入り、函なしからカバーの紙質、タイトル文字の書体、色など、背は多くを語る。男と同じく、背で人生は語られるのだ。

ところで先日、早稲田の某店に立ち寄った。早稲田の古本屋街は高田馬場から早稲田まで、早稲田通り沿いと界隈に最盛期なら四十軒もの古本屋が立ち並び、神保町に次ぐ古本屋街を形成していたが、この二十年ほどで櫛の歯がこぼれるように減少していった。現在、店売りをしているのはその半分もないのではないか。某店は店売りを続けるうちの一軒で、一九六八年の『古書店地図帖』（図書新聞）に記載はなく、私が熱心に早稲田古本屋街へ通った一九九〇年代、一九九六年刊の『全国古本屋地図』（日本古書通信社）にはある。店の主人は二代目で、気安く言葉を交わせる仲である。この日もあれこれとおしゃべりを。聞くと年齢は四十代後半だという。高卒でこの道へ入ったから、それでも三十年選手だ。そうか、もうそんな歳になったか。ものの三十分ほどの滞在であったが、三名の来店者があった。一人は杖をついたご老人で、店頭の均一台で百円の本を一冊手に持ち、悪い足を運びながらレジまでゆっくり近づいてきた。帰られてから「あんな不自由な足で、それでも古本を買っていく人もいるんだね」と店主に話しかけると「あれはうちの大家さんなんですよ」と。これは驚いた。

二人目は珍しく若い二十代の女の子。店頭均一にも、店内の棚にも目もくれずレジへ近づいてくる。探求書でもあるのかと思ったら「あのう、携帯を落としてしまったんですが、この近くに交番はありますか?」と聞いてきた。なあんだ。店主は丁寧に、複数の交番を教えていたが、礼を言ってさっさと出ていった。お愛想に文庫一冊でも買っていけばいいのに。「帳場に一日座っていると、客以外にも、いろんな人が来るんですよ」と店主。店や道を尋ねにくる客はけっこう多いとか。なるほどなあ。小売業の宿命であろうか。三人目の男性は、ずいぶん熱心に棚を見ていたが、これも買わずに出ていった。私を含め、三十分で四人の客があって、買ったのは私と大家さんだけ。いやあ、これは大変ですよ。

もうずいぶん前だが、同じようにこの店で店主と喋っている時、手に紙袋、帽子、眼鏡、痩身のご老人が「ネコが飢えちゃって、ネコが飢えちゃってねえ」と呟きながら入店してきた場面に遭遇した。さて、ここで問題です。いったいこのご老人は、何をしに店へ入ってきたでしょうか?

分かるわけないよね。私も分からなかった。答えは、本を売りにみえたのだった。初めてではないだろう。しかし、本を売るってことに恥じらいがある。そこで「飼っているネコが腹を空かせて、そのエサ代が必要だから本を売るのだ」と、ご老人は言いたいのだ。本当は自分が腹を空かせているのだろうが、武士の一分というものがある。それを「ネコ」に仮託した。これはもう「文学」ではあるまいか。

私が好んで顔見知りの古本屋店主と喋りたがるのは、そこから本では得られない、生の情報が得られるからだ。こんな楽しいこと、やめられません。この日も定期的に早稲田大学構内で開かれている古本市の情報を聞いた。早稲田古本屋街の店売り以外での主力であった高田馬場駅前「ビッグボックス」、馬場下町「穴八幡宮」境内の古本市が撤退となり、窮地にあった中での貴重な催事だ。露店にテントを張ってのワゴン販売で集客力がある。私も何度か行っている。店主によると、前は、私のようなコテコテの古本おじさんが押し寄せていたが、最近は学生が多くなってきた、とのことである。これは意外だった。早稲田古本屋街の窮乏は、何より、かつては古本を求めてそぞろ歩く大学生が来なくなったことにある。四年間、早稲田大学へ通って、足元の古本屋街へ足を踏み入れたことがない学生が大半となった。私はそのことを憂えていたが、大学構内の古本市には客として戻ってきているというのである。

我々の時代と変わったのは、レジでカード決済をする学生が多いこと。生まれた時から携帯とネット社会にある平成生まれの若者たちにとって、現金で買い物をする習慣が、速やかに失われつつあるのか。駅改札をスイカでくぐりぬける以外、いまだに現金主義の私には、まったくあずかり知らぬ世界である。しかし、その額は全体の売り上げの中で、バカにならないのだという。そういえば、別の古本屋にいて、学生らしき娘が本を片手にレジで「カード使えますか」と聞いて、「いや、うちは使えないね」と言われて、本をもとの棚へ戻したのを目撃したことがある。そういうことになっていたんですね。

自宅で古本屋

朝日新聞（二〇二〇年二月十七日付け多摩版）に「アパート自室に小さな書店」という記事が出た。店名は「本屋ロカンタン」（二〇二三年閉店）。その冒頭を引いてみる。

西荻窪のアパートの一室で、昨年九月、小さな書店が店開きした。映画批評家の男性の自宅兼店舗の棚に、厳選された新刊四百冊と、映画評など店主の愛蔵書一千冊がならぶ。くつろいだ雰囲気で読書や本談義を楽しめる、本好きにはたまらない空間だ。

店主の荻野亮さんは三十七歳。三重県名張市の出身で、高校卒業後、芸人を目指すが挫折。大学に進学し、映画の仕事に関わるようになった。ところが二〇一二年にうつ病を発症、自宅でできる仕事をと自宅書店を始めたという。最初はいまと違う場所で始めたが、住居用物件だったため予約制にせざるをえなくなり、現在の場所に移り、ようやく住所を公開し、フリーな営業となった（記事執筆は田中紳顕）。

私は中央線沿線族として、西荻窪はよく立ち寄る町だが未踏。先に、早々と訪れてブログに報告した「古本屋ツアー・イン・ジャパン」こと小山力也さんによれば、古本も販売されているとのこと。自宅で住居兼本屋、古本屋と聞けば、知らない人は驚かれるかもしれないが、過去に例がないではない。

たとえば「あきら書房」は、東京・杉並区の住宅街のごく普通の一軒家の一室で老婦人が古本を販売していた。どうやら、亡くなったご主人の蔵書処分として始めたらしく、店を経営するという意識はなかったようだ。いつのまにか、古本販売は中止。元の、ごく普通の住まいに戻っていた。横浜市本牧にも「古書けやき」という自宅の一部を改装して営業する古本屋がある。試しにグーグル検索してみると、「本牧」「古本屋」でちゃんとヒットした（執筆当時の情報）。住所は本牧間門一一—七。曜日や時間を限定しているので注意。

私の故郷である大阪府枚方市にも「ぽんつく堂」というレトロマンションの一室で古本を並べる店がある。残念ながらこれも未踏。ホームページの写真を見ると、外観は「まさかこんなところに古本屋が？」と思えるタイル張り外装のマンションの一階に、看板が出ている。当然ながら、玄関で靴を脱いで入室するスタイル。「古本と印刷」とあるから、印刷業務も兼ねているらしい。今度来阪する時は行ってみたい筆頭の店である。

そして、ぜひとも紹介したいのが「古書ますく堂」。この春（二〇二〇年）に、東京から大阪へ移転してしまうが、ここは異色の店であった。店主の増田啓子さんは広島出身で、長らく神戸の書店に勤めていたが、独立して東京で古本屋を開業した。それが二〇一一年十月のこと。ここもまさかと思えるようなロケーションでの開業だった。じつは、現在の店舗は三つ目で、だいたい三年ごとに移転を繰り返す九年だったが、すべて住居兼店舗であった。つまり、増田さんは店の片隅に居候するように寝起きして、店を経営してきたのだ。

いずれも住所は豊島区西池袋。立教大学の南エリア、およそ四百メートルの範囲で移動してきた。最初の店が衝撃的で、路地裏のさびれたスナック店を内装そのままに居抜きで入店した。だからカウンターも椅子も、壁の食器棚（コップも入っていた）もある古本屋だったのだ。たまにネコが通りを行き来するだけで人影がまったくない、つげ義春の漫画に出てきそうな風景でのスタートだった。先述の通り、増田さんは店の奥で生活していた。

こう言っては何だが、とても繁盛するとは思えない。事実、この九年間、店の利益だけではやっていけず、アルバイトと両立しての運営が続いた。しかし悲壮感はなく、好きなことをやるために別の働き口を持つのは当然というふうに、増田さんはいつもニコニコと目を細めながら本に触り、客と応対していた。詩集に強いのが売りで、これだけは譲れぬ棚として、利益が上がらない中でも牙城を守っていた。現在もそうである。

二店目は西武池袋線「椎名町」駅寄りの住宅街の一角で、ギャラリーの隣にある、たしか小料理店だった物件に入居した。前の「元スナック」よりは店らしくなったが、小上がりがそのままあったりして、古本をどかせば、そこが古本屋だったとはまず分からない店ではあった。とにかく、本の置かれた余りのスペースで暮らすスタイルは変わらず、段ボール箱がそのまま床から積み上げられ、雑然とした印象は否めない。ここでまた三年。

そして東京では最後の店となったのが、先の店と同じ区画の、円で言えば九十度ぐるりと回した場所だった。今度は事務所仕様で、奥に住居専用として使える一室があり、ようやく店らしい店になった。ところが隣の保育園の拡張に伴い退去を求められ、大阪移住を決断したという。大阪市阿倍野区共立通一―四―二六にある平屋の一軒家で再スタートを切る。住居兼用なのは変わりない。

この住居兼用店舗の難しいところは、私と公の切り替えがない点であろう。同じ家屋で奥の部屋や二階などに独立した住居がある場合は別として、暮らしながら、同時にいつ来るか分からない客を出迎える気持ちの準備が必要だ。これは思ったより大変そう。そこをクリアできれば、住居と店舗の家賃の二重払い（ほとんどの店がそうだと思う）というリスクは減る。あくまで想像だが、このタイプのカジュアルな店は増えていくのではないだろうか。

古本にしかない魅力

時々だが、古本そのものよりも、そこに付着したものが欲しくて買ってしまうことがある。先日、某店で『現代詩大系４　田村隆一・北村太郎・茨木のり子・渡辺武信・三好豊一郎』（思潮社　一九六七年）を百円で買ったのも、どちらかというとその「付着」の方に魅かれてだった。中身はすでに知った現代詩のスターたちの代表作選で、いまさらの感もある。

この函入りの本体を開くと、後ろ見返しにまず書店票が貼ってあった。「書店票」とは、その店が独自に作る価格シールで、たいてい上部が店のロゴ（書店名）、下部は切り離しになっていてそこに古書価が書かれている。帳場で購入の際、その下部が切り取られ上部は本に残るのである。もう最近ではほとんど見かけなくなったが、たまに古い本を買うとそのまま書店票が残されていて、この本が前にどこで売られていたかが分かる。私はこの書店票のコレクターで、珍しいものは上手にはがしてスクラップ帖に保存している。数えたことはないが、数百はあるだろう。

『現代詩大系』には「文紀堂書店」の書店票が貼られていた。茶色地の横長サイズで書店名の下に住所（渋谷道玄坂中程）と電話番号が記してある。たとえば買った人が、蔵書を処分しようとする時、この書店票が広告替わりになるわけだ。一九九〇年春に上京した私は、二カ月ほど働きもせず、東京中の古本屋をかたっぱしから巡ったことがあって、その際、渋谷「文紀堂」へも行った記憶がある。「戦前創業の古本屋です。元々は渋谷・道玄坂の中程で長い間営業しておりました。平成十三年に世田谷区代沢（京王井ノ頭線池ノ上駅すぐ）に移転し、十三年間営業。平成二十七年春、調布市仙川に新店舗をＯＰＥＮいたしました。現在は、地元仙川育ちの三代目が店主を務めています。」とホームページに書かれている。その歴史の最初の痕跡が、この書店票によって残された。まちがいなく、このシールは道玄坂店の空気を吸っている。

それだけではない。この本にはほかにも、かつて神保町に店舗を構えていた古本屋「古書りぶる・りべろ」の即売会用短冊（古書価は五百円）、それに新刊書店で挟まれているスリップ（売上カード）もそのまま残されていた。普通、スリップも即売会短冊も客が購入する時点ではずして、店側に残るものである。なぜ二度の関所を潜り抜け、この古本が放浪したか。ちょっとしたミステリーである。私には大体の想像はつくが、まあここは読者への宿題にしておきましょう。

さらにさらに、面白いなと思ったのが、本体に『竹内勝太郎全集』の月報が挟まれていたことだ。竹内は大正末期から昭和初期に活躍した詩人。全三巻の全集が『現代詩大系』と同じ思潮社から出されている。これで、本の持ち主がかなりの詩歌ファンだったことが分かる。ホームズなら、ここから持ち主の年齢や出身地、どういった風貌の人物かも言い当てるだろうが、私にはこれが限界。しかし、売られた店や所持者の痕跡を履歴書のように残して、また次の購入者へ手渡すのが古本の面白いところ。これを「面白」がらないような人は、何をやっても大成しません（本当かしら?）。

一冊の本が五十年以上かけて、古本屋での売買を通して人の手から人の手へバトンタッチされていく。私など、それだけで本が愛おしくなるが、これだけ清潔志向が蔓延すると、そんな考えもアナクロに過ぎなくなるかもしれない。私の古本との付き合いもちょうど五十年くらい。靴底をすり減らして、大阪、京都と古本屋だけめがけて、街をうろついていた時代が懐かしい。あれはまさしく、若さから発動される情熱であった。そんな人種からすると、昨今の古本屋事情について、ときに驚愕するような話を聞くことがある。ボブ・ディランは「時代は変わる」と歌ったが、まさに「時代は変わる」のだ。

これは某古本屋さんが発信するブログで読んだ話（迷惑がかかるといけないので名を秘す）。ある時、アルバイトが店番をしている時に電話がかかってきた。この店で古本を買った客からだったが、「そちらで購入した本が好みではないので返品できますか?」と言った。「マジっすか?（冗談でしょう）」と聞き返したくなる言葉だ。もちろん、買った時には気づかなかった本の傷（ページの破れや汚れ、書き込みなど）がある場合は返品に応じる。しかし、この場合は違う。ラーメン屋でラーメンを全部食べて、汁も飲み干してから「これはまずい。金を返せ」というようなものである。

それを聞いた店主はこう書く。「この極端な一例を薄く伸ばした空気が確実に漂っていて、その濃度がだんだん高くなっている気がして怖い」と。ファストフード店、コンビニなど、店員の立場がもうこれ以上下がると崖から落ちるというところまで、下がり、へりくだり、客は王様と甘やかし続けた習慣が、もう取返しのつかないところまで蔓延している。万引きした少年を説諭して家に帰したら、あとで親が怒鳴り込んできたという話も聞く。普通は詫びるでしょうに、普通は。

また逆に、同じ店で起きたできごとで、こんなのもある。八十代らしき老婦人がやってきて、店主にこう告げたという（多少、文章に手を入れて引用します）。曰く「目が悪くて眼医者に通い、もう左目がほとんど見えない。だから、本は読めない。でも、小さい頃からずっと本が大好きだった。だから、こうやって本が並んでいるところへ入ってくるだけで、ホッとして懐かしいの」。いい話だなあ、と私などは思う。「どうぞどうぞ、お客さん、ゆっくりしていって下さい」とも言いたくなる。資本主義の論理から言えば、「返品を要求した客」は、それでも購入したが、「目の悪い老婦人」は本を買わないから売り上げはゼロである。しかし前者を「善」で、後者を「悪」とは言えない。その間に深くて暗い河がある。古本屋という接客を含む小売業の難しさも喜びもその河の中にある。

古本屋とコロナ

由々しき事態となってきた。二〇二〇年四月二十日の段階で、拡大するコロナ禍の影響が古本屋という業態にも影響を及ぼすようになってきた。神保町を始め、都内の多くの店が休業を余儀なくされているのである。

いやあ、困った困った。「新型コロナウイルス感染拡大に伴う緊急事態宣言および休業要請を受け、四月十六日より五月六日まで店舗を「休業」致します」とは、都内某店がホームページに出した告知。他店もだいたい、同様の意向である。とくに都の要請で営業自粛を求められる店舗に、古本屋が指定されてしまったことが大きい。百㎡以下を対象外とするという条件がついて、大型チェーン新古書店以外でそれほどの規模を有する個人店はないが、「古本屋」が名指しされた影響は大きい。四月十六日から連休明けの五月六日まで休業すると、協力金として単一店舗の場合は五十万円、二店舗以上の場合は百万円が支払われるとのことで、それならと決定した店も多くあると思われる。

同じく「本」を取り扱う新刊書店はセーフで、古本屋がなぜアウトか。「不要不急」のキーワードがまかり通り、後者が「趣味的」である、というのが理由だそうだ。このことは議いと古本屋へ行かない人の間で、そういうイメージが抱かれているといいう点は認識しておきたい。

駅からは少し離れた十坪程度の広さを持つ都内某店を以前に取材した時、やってくるお客さんの話を店主からいろいろ聞いた。メモが残っているので、ここで紹介しておきたい。とにかく古本屋にはいろいろな客がやって来る。それは、この商売を始める前には想像もつかなかったようなことだった。七十代の年輩男性客は、来るたびに池内紀の本を買っていく。いい趣味だ。聞くと「仕事をやめて、今は時間がたっぷりある。たくさん本を読める時間があることがうれしい。だから読む。古本屋はいっぱい本が買えて、いっぱい読める楽しさがある」。年金生活者にとって、なかなか新刊書店で「いっぱい本」を買う経済的余裕はないかと思われる。「いっぱい本」を買う楽しさがあるということを古本屋が教えてくれる。

こちらは若い女性。「旧仮名遣いで書かれた本が読みたい」と言う。うーんと店主は考え込んだ。そういう需要にどうこたえるか。漱石だって古い版なら旧仮名の本がある。考えたあげく、間違いのないところで「幸田露伴」を奨めた。露伴なら「旧仮名」で読む方が雰囲気もある。なるほど。

古い文学全集を持ち込んだ客がある。「図書館でも引き取ってもらえない。古本屋でも引き取ってもらえない。しかし、捨てるにはしのびない」と、すがるように言う。同店でも買い取りはできないが、客の気持ちはよく分かるのである。結局、誰かの役に立てばと金を取らずに運び込んできた。客の意志を生かし、百円で店頭の均一箱に放り込んでおいた。すると、忘れた頃に、一冊、二冊とぽつぽつ売れていく。店主は改めて思うのだ。「捨てればただのゴミ。しかし、一冊百円でも誰かの手にわたれば、また生きていく」。

この古本屋における多様な嗜好性を「趣味的」と切り捨てればそれまでのこと。ただし、書物文化にとっては、多く「有要有急」であるとも思われるのだ。そんなことを強く思うのは、青木正美『古書と生きた人生曼陀羅図』（日本古書通信社）を読んだせいもある。一九三三年東京生まれの著者は、五十三年から葛飾区堀切で「青木書店」を開業、店は息子さんに譲ったが、健筆で古書関係の著書多数の人物なのだ。本書では、戦後から現代まで、主に下町で営業した古本屋店主たちの姿を描く。これがめっぽう面白い。

東京の山の手、下町の定義と区分は難しいが、いま荒っぽく足立、荒川、葛飾、江東、墨田各区を念頭において話を進めれば、細い路地、小さな工場、元気のいい商店街、低層住宅と木造アパートの群れが映像として頭に浮かぶ。いわゆる「庶民」の町を指し、かつては貸本屋、古本屋がたくさん点在した。青木さんの調査によれば、昭和十六年の組合員名簿には、上記の区に相当する地域に三百以上の古本屋が存在した。現在はせいぜいその十分の一ぐらいではないか。とにかく、古本がよく売れた時代があったのだ。

サトウ書店・佐藤芳次郎は明治末年生まれ。露店営業から始め、昭和十四年店舗を持つ。

戦時中は工場に徴用され、敗戦後の昭和二十五年、千住新橋北詰に「サトウ書店」を再開。この時、青木さんは古本好きの客の側だった十七歳。「これほど客で埋まった古本屋を見たことがなかった」と書く。特に娯楽雑誌が飛ぶように売れた。「すでにテレビ放映は始まっていたが、まだまだ下町の人たちの娯楽の中心は読書だった」。今から考えると夢のような話だが、子どもたちは月刊だった少年少女雑誌に食いつき、若い男女は各百万部以上の雑誌だった『平凡』『明星』の発売を心待ちにした。風呂（銭湯）帰りの労働者は、古本屋に立ち寄り、読み物雑誌や時代小説、推理小説を購い、一杯ひっかけながら就寝までの時間を読書に費やしたのである。古本は売れて当然。棚がごっそり空いたら、そこに補充すれば済んだのである。これは店主もやりがいがあっただろう。

売り買いが盛んで店の商品の回転率がいいと、買い取りの値段も今よりよかったと聞く。人気商品ならまたすぐ売れると分かっているから、高めに買っても利益が出た。「薄利多売」なんて言葉が生きていたのである。ご承知の通り、現在でも「薄利」の商売ではあるが、「多売」が通用しなくなった。

私小説作家の小山清に「落穂拾い」という古本屋小説の傑作がある。著者と思われる「私」は売れない小説家で、貧しく暮らしているが、駅前近くの小さな古本屋「緑陰書房」へ行くのを楽しみにしている。店主は高校を卒業して開業した少女で、古本屋を始めた理由を「わたしはわがままだからお勤めには向かないわ」と言った。この健気な少女と、もう若くない「私」とのささやかではあるが心温まる交流を描く。戦中戦後しばらく、高度成長期あたりまでの東京の町の片隅に、このような小さなドラマが古本屋を舞台に展開されたのではないか、とひそかに想像してみるのである。

古本屋とコロナ　その後

二〇二三年十月末現在、完全に終息したとは言えないが、少なくとも新聞やテレビで「コロナ」の話題はほぼ消えた。バド・パウエルの曲「テンパス・フュジット」がラテン語で、「時間は矢のように過ぎる」という意味だと最近知ったばかりだが、新型感染症にふりまわされたこの四年間は、振り返ればまさに「光陰矢の如し」であった。

データや資料を用意せず、あくまで少ない情報と体感だけで書くのだが、そもそもの発症は二〇一九年十二月の中国の武漢から。翌年一月には日本で発症例が認められ、またたくまに蔓延していった。当初は、正直言って、数カ月もたてば騒動も消えると思っていた。ところが四月に緊急事態宣言が発令され、不要不急以外の外出自粛、休校、イベントの中止、自宅勤務、小売店や飲食店にも休業要請が出た。

マスク着用と手洗いや消毒の励行があっというまに浸透し、街から人の姿が消える事態は、年始めにまったく予想しなかった。むしろ二〇二〇年一月は、坪内祐三の急逝の報に仰天し、しばらくその余波を引きずっていた印象の方が強い。そうか、坪内さんは「コロナ禍」を知らないままあの世に逝ってしまったのか。

店舗への休業要請は国と自治体で対象に微妙な食い違いがあり禍根を残した。たとえば東京都では、同じく本を扱う業種ながら、新刊書店には出されなかった休業要請が古本屋には発動された。「生活に欠かせない不要不急」のレベルがポイントになったようだが、「いやちょっと待ってくれ」と「古本者」たちは心で叫んだはずだ。私もそうだった。

その後も繰り返された「休業要請」に、おとなしく従った古本屋は多い。私が庭とする中央線沿線も、軒並み店を閉じていた。それは、夏のお盆時期や年末年始以外には見ることのない光景であった。協力金が支払われたものの、店を休むことは経済以外でも被ったダメージは大きく、この四年で撤退、もしくは店売りを止めた古本屋は多い。長引く不況と本離れ、後継者不足でじわじわ寄せた波が、ここで一挙に押し寄せたふうであった。誰に怒りをぶつけるわけでもなく、みな静かにシャッターを下ろしていったのである。

本書でも書いているが、私は三日も古本屋を覗かない日が続くと心身に不調をおぼえる「古本者」である。ネットで購入するのとは別で、店に足を運ぶことで新しい本との出会いが待っていることと、とにかく古本に囲まれた空間が好きなのだ。川のほとり、草原、峠道、古い家並みを持つ街などと同等に、この世でいちばん落ち着く場所が古本屋だ。

二十代から本格化した古本屋通いだったが、年末年始、お盆の時期以外で、これほど長期に古本屋を覗かない日々を送ったのは初めて。それは経験したことのない非日常の感覚だった。夢に何度か、古本屋をめぐる自分の姿が出てきたが、夢に見るほど渇望していたといえよう。二〇二二年八月には、人並みにコロナ感染して十日ほど、家に引きこもっていた。発熱したのも最初だけ。あとは軽い咳が出るくらいで症状は軽かった。お盆の時期を挟んでいたが、それでも古本屋欠乏症という別の病気に罹り、仕方なく自分の書庫（数万冊の蔵書）を古本屋に見立てて、本を整理したり「え、こんな本を持っていたのか」と驚いたり、無聊を慰める日々であった。しかし、誰も「いらっしゃい」や「どうも、おかざきさん」や「こんな本が入りましたよ、やばいです」などと声をかけてくれる人はいなかった。

大きな災害や危機には、経験したあとに何かしらの教訓をもたらすものだ。この長期にわたる新型感染症に教訓はあっただろうか。人々がみなもの静かになり、自宅で過ごす時間が増えたのは確かだ。リモートワークや外出自粛で、一時期本の売り上げは微増したという。少しぐらい、いいところもなければ人間は耐えられない。

大正期に、やはり全世界を襲った「スペイン風邪」も、たしか四年ほど終息に時間がかかったはずだ。今回はどうか。私としては、とにかく古本屋へいつも通り通える日常が少しでも長く続いてほしい。本当に、もうそれだけなのである。

あとがき

本書のなりたちについては、巻頭の「『古本大全』について」で書いた通り。ここでは補注、および思いついたことを書いておこうと思う。

これまで多くの「古本」本を書いてきたが、それらのエッセンスを一冊にまとめたいという気持ちはこれまでにもあった。編集者の中川六平さんが、晶文社に籍をおいた時期に、高橋徹（月の輪書林）、内堀弘（石神井書林）、田村治芳（なないろ文庫）と古本屋三羽烏の著書を世に送り出し、坪内祐三、荻原魚雷、扉野良人と、古本を中心にした新しいカラーを打ち出した。二〇一三年九月に逝去されたのが残念で、まだ六十六歳だった。つまり、現在の私の年齢である。

じつは中川さんには、某所の酒席でお目にかかった時、こんなことを言われていた。「岡崎さんさあ、あなた、これまでにたくさん古本の本を出して、（古本の）文章もたくさん書いているんでしょ。それ、すべて集めて一冊にまとめない？　いいと思うけどなあ」酒が入っていたことはこの際無関係で、私は想像もしていなかったそのアイデアに驚き、

「ぜひ」と答えたのだった。『古本大全』は一度、ありえたかもしれない本であったが、中川さんがその後、まもなく急逝されたことで泡と消えた。

　あれからもう十年以上たつが、『古本大全』の構想は、私の胸の中には残っていた。

　そして今回、ちくま文庫の窪拓哉さんからの申し出で十年越しの夢が実現することになった。品切れになった四冊を再編集し、せっかくだから他所で書いた文章の単行本未収録の原稿も入れてもらうことにした。原稿の取捨選択や章分け、全体の構成については編集者の窪さんにおまかせした。その方がいいものができるという信頼あってのことだ。

　第二章に収録の「木山捷平『軽石』体験ツアー」の一文のみ、特に強く推して収録してもらった。私が書いた文章のうち、とりわけ評判がよかったからである。

　単行本未収録で、まとまった原稿となる第四章「愛書狂」と第五章「古本屋見聞録」について少し説明しておきたい。

「愛書狂」は、現在も連載が続く白水社の季刊PR誌「白水社の本棚」のコラムの全六十七回、十五年分を収めた。当初は、東京大学出版会、白水社、みすず書房三社合同によるタブロイド判の出版情報誌での連載だった。この時は匿名で（野）と名乗った。それが、白水社のみ独立。A5判中綴じの季刊「白水社の本棚」になった時、連載もそのまま引っ越しとなり、今度は署名記事として巻頭ページを飾ることに。

　季刊という連載スタイルは、調子がつかめずやりにくい点もあるものの、六百字強という短い原稿に挑みかかるように、ライターとしての力量をつぎ込んだ。少し肩が凝るような硬い畳みかけた文章は、私がほかで書く感じとは少し違うと思う。

第五章「古本屋見聞録」は、ネット販売の「古本一括査定.ｃｏｍ」がウェブページ用の連載読物として、「古本屋での体験を具体的に」と編集者の仲介により依頼があった。二〇一九年十一月からのスタート。組みあがった校正ゲラはチェックしていたが、ウェブ上で公開されたのを読むこともなく、申し訳ないが半ば忘れていた原稿であった。

読み返してみると、最終回で新型感染症に言及している。これも失念していた。なんでも書いておくものである。文中で「青木書店」青木正美さんについて触れているが、今年、九十歳で逝去された。コロナ禍で失われたような四年間で、いつ何があったかについては記憶の混乱があり、なんだかのっぺりと馴らされたような時間の感覚がある。その中で、人の死だけがはっきりしており、不確かな時間の流れに楔を打つ。

二〇二三年は、人の勧めでYouTube「岡崎武志OKATAKEの放課後の雑談チャンネル」、「X」(旧ツイッター)を「okatake2022」として始めた。二〇二二年から「本の雑誌」誌上で「岡崎武志古本屋になる！」という連載も開始し、「メルカリ」で本を売り、古物商免許も申請し、ぶじ取得した。新しいことに挑戦、というより、もがいている感が強い。「不惑」(四十歳)をとっくに過ぎて、いまなお「惑」いっぱなしだ。確実なのは古本屋が好きで、古本を買うのは楽しいということ。『古本生活読本』(ちくま文庫)の解説で角田光代さんが、私の病癖とも言えるあきれた古本好きについて、こんなふうに書いてくれている。

「たのしいからである。単純に、古本屋はたのしい。そのたのしさは一種類ではなくて、何通りものたのしさがある。その種々のたのしみを、本書はじつにていねいに、惜しげもなく私たちに教えてくれる」

いやあ、参ったなあ。角田さん、よく言ってくださいました。本当、その通りだもの。残る人生、古本屋を歩いて訪ねるだけの体力は温存しておきたい。望みは、ただそれだけである。

なお、旧著からの再録（古いものは二十年以上前）ゆえ、時制や異動（古本屋の閉店）など、現状に見合っていない記述も含まれている。なるべく手を入れたが、文章の流れによりそのままの個所もある。一つの記録として、大目に見て読んでいただければ幸いである。

単行本未収録の「愛書狂」のテキスト収録については、白水社の中川麻子さんのお手をわずらわせた。カバーデザインは古本道の相棒である小山力也さん。自宅までわざわざ写真を撮りに来てくださった。古本屋みたいに見えるが、これはわが書庫である。ともに感謝申し上げる。

本書と同じ時期には、盛林堂書房から「古書通信」連載八年分をまとめた『昨日も今日も古本さんぽ』も出る。これも四百ページ級の大著。思いがけない六十六歳の一年となった。何もかもありがたく思っております。

二〇二三年十一月

岡崎武志

出典一覧

『古本でお散歩』（2001年）は①
『古本極楽ガイド』（2003年）は②
『古本生活読本』（2005年）は③
『古本病のかかり方』（2007年）は④
すべてちくま文庫より刊行

第一章　古本屋と古本のお作法

買った本、全部読むんですか？＊——①
古本屋の作法指南＊——①
古本道への入口＊——③
値段はどこに書かれているか？＊——④
古本はねぎるな！＊——③
本を売るのに王道なし＊——④
美本 VS 補修＊——①
パラフィン紙と至福の時間——③
古本屋のBGM——④
ベストセラー狂躁曲——②
十年前の本は古いが、三十年たてば新しい——③
背の汚い本こそ見逃すな——③
視力がよくなる？——④
タイムカプセルとしての古本＊——③
奥付に感じる体温——「検印小考」＊——③
本以外にも売っているもの——③
「そいなみ本」とは何か？——①
古本屋で売られている個人のアルバム＊——①
古本世界を女性の目線が変える——女子の古本屋のこと＊
——「THE BIG ISSUE JAPAN 251」2014年11月15日号

第二章　古本ワンダーランド

第三章　古本と私——大阪・京都・東京

古本屋は道場だ*――②
初めて買った文庫*――②
父の死と庄野潤三――②
新聞部のころ――②
一万冊の上京――②
東京で仕事探し*――②
家の中の古本屋――②
京都青春古本地図――④
古本は中央線に乗って
――『昭和三十年～平成二十九年　中央線古本屋合算地図【新宿駅～八王子駅】』　書肆盛林堂　2017年
ふるほん人生双六――③

第四章　愛書狂――二〇〇八年から二〇二三年の本の話

白水社 PR 誌「白水社の本棚」の2008年７月11日から2023年秋号までに掲載された「愛書狂」67回分を収録

第五章　古本屋見聞録

私の古本屋体験記*――「古本一括査定.com コラム」2019.11.29
古本屋という職業*――「古本一括査定.com コラム」2019.12.26
店主とのお喋りはやめられない*――「古本一括査定.com コラム」2020.1.26
自宅で古本屋*――「古本一括査定.com コラム」2020.2.26
古本にしかない魅力*――「古本一括査定.com コラム」2020.3.26
古本屋とコロナ*――「古本一括査定.com コラム」2020.4.29
古本屋とコロナ　その後――書き下ろし

*印は、本書収録にあたり改題したもの、新たに題をつけたもの

本書はちくま文庫オリジナル編集です。

本屋、はじめました　増補版　辻山良雄

リブロ池袋本店のマネージャーだった著者が、自分の書店を開業するまでの全て。その後のことを文庫化にあたり書き下ろした。（若松英輔）

ガケ書房の頃　完全版　山下賢二

京都の個性派書店青春記。２００４年の開店前からその後の展開まで。資金繰り、セレクトへの疑念など本音で綴る。帯文＝武田砂鉄（島田潤一郎）

わたしの小さな古本屋　田中美穂

会社を辞めた日、古本屋になることを決めた。倉敷の空気、古書がつなぐ人の縁、店の生きものたち……。女性店主が綴る蟲文庫の日々。（早川義夫）

ぼくは本屋のおやじさん　早川義夫

22年間の書店としての苦労と、お客さんとの交流。どこにもありそうで、ない書店。30年来のロングセラー！（大槻ケンヂ）

女子の古本屋　岡崎武志

女性店主の個性的な古書店が増えています。カフェを併設したり雑貨も置くなど、独自の品揃えで注目の各店を紹介。追加取材して文庫化。（近代ナリコ）

野呂邦暢　古本屋写真集　野呂邦暢　岡崎武志／古本屋ツアー・イン・ジャパン編

野呂邦暢が密かに撮りためた古本屋写真が存在する。２０１５年に書籍化された際、話題をさらった写真集が増補、再編集の上、奇跡の文庫化。

ボン書店の幻　内堀弘

１９３０年代、一人で活字を組み印刷し好きな本を刊行していた出版社があった。刊行人鳥羽茂と書物の舞台裏の物語を探る。（長谷川郁夫）

「本をつくる」という仕事　稲泉連

ミスをなくすための校閲。本の声である書体の制作。もちろん紙も必要だ。本を支えるプロに仕事の話を聞きにいく情熱のノンフィクション。（武田砂鉄）

あしたから出版社　島田潤一郎

青春の悩める日々、創業への道のり、編集・装丁・営業の裏話、忘れがたい人たち……「ひとり出版社」を営む著者による心打つエッセイ。（頭木弘樹）

ビブリオ漫画文庫　山田英生編

古書店、図書館など、本をテーマにした傑作漫画集。主な収録作家——水木しげる、永島慎二、松本零士、つげ義春、楳図かずお、諸星大二郎ら18人。

ぼくは散歩と雑学がすき　植草甚一

1970年、遠かったアメリカ。その風俗、映画、本、音楽から政治までをフレッシュな感性と膨大な知識、貪欲な好奇心で描き出す代表エッセイ集。

せどり男爵数奇譚　梶山季之

せどり＝掘り出し物の古書を安く買って高く転売することを業とすること。古書の世界に魅入られた人々を描く傑作ミステリー。（永江朗）

20ヵ国語ペラペラ　種田輝豊

30歳で「20ヵ国語」をマスターした著者が外国語の習得ノウハウを惜しみなく開陳した語学の名著であり、心を動かす青春記。（黒田龍之助）

ポケットに外国語を　黒田龍之助

言葉への異常な愛情で、外国語本来の面白さを伝えるエッセイ集。ついでに外国語学習が、もっと楽しくなるヒントもつまっている。（堀江敏幸）

英単語記憶術　岩田一男

単語を構成する語源を捉えることで、語の成り立ちを理解することを説き、丸暗記では得られない体系的な英単語習得を提案する50年前の名著復刊。

増補版 誤植読本　高橋輝次編著

本と誤植は切っても切れない⁉ 恥ずかしい打ち明け話や、校正をめぐるあれこれなど、作家たちが本音を語り出す。作品42篇収録。（堀江敏幸）

文章読本さん江　斎藤美奈子

「文章読本」の歴史は長い。百年にわたり文豪から一介のライターまでが書き綴った、この「文章読本」とは何ものか。第1回小林秀雄賞受賞の傑作評論。

読書からはじまる　長田弘

自分のために、次世代のために――。「本を読む」意味をいまだからこそ考えたい。人間の世界への愛に溢れた珠玉の読書エッセイ！（池澤春菜）

本は読めないものだから心配するな　管啓次郎

この世界に存在する膨大な本をめぐる読書論であり、ブックガイドであり、世界を知るための案内書。読めば、心の天気が変わる。（柴崎友香）

「読み」の整理学　外山滋比古

読み方には、既知を読むアルファ（おかゆ）読みと、未知を読むベータ（スルメ）読みがある。リーディングの新しい地平を開く目からウロコの一冊。

ちくま文庫

古本大全《ふるほんたいぜん》

二〇二四年一月十日　第一刷発行
二〇二四年四月二十日　第三刷発行

著　者　岡崎武志（おかざき・たけし）
発行者　喜入冬子
発行所　株式会社　筑摩書房
東京都台東区蔵前二―五―三　〒一一一―八七五五
電話番号　〇三―五六八七―二六〇一（代表）
装幀者　安野光雅
印刷所　星野精版印刷株式会社
製本所　株式会社積信堂

ISBN978-4-480-43934-5 C0195